본 헌터

본 헌터

어느 인류학자의
한국전쟁 유골
추적기

고경태 지음

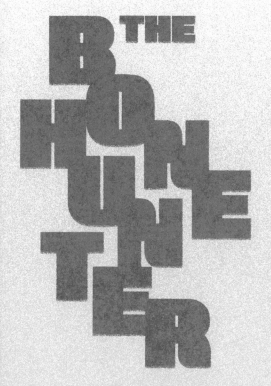

THE
BONE
HUNTER

서문

기적을 꿈꾸며

기분이 이상하다.

1999년부터 25년 동안 베트남전쟁과 인연을 맺었다. 지금도 한국 군이 작전했던 중부 5개 성의 이름을 다 외우고, 학살이 벌어졌던 퐁니·하미·뚜이호아·고노이·빈안·주이선 같은 지명을 쉽게 읊을 수 있다. 줄기차게 베트남에 가면서 '왜 집착하느냐'는 소리도 들었다. 이런 내가 한국전쟁을 주제로 책을 낼 줄은 몰랐다.

베트남전쟁 취재의 축이 꽝남성 디엔반 퐁니·퐁넛이었다면, 한국 전쟁 취재의 축은 충남 아산이었다. 처음 그 작은 도시에서 1000명 넘게 죽었다는 사실을 알았을 때 놀란 입을 다물지 못했다. 그러나 아산은 예외적인 경우가 아니었다. 이름만 들으면 아는 대한민국 지역 중에 전쟁과 학살의 광풍을 비껴간 곳이 거의 없다. 그 지명 뒤에 모두 '대학살'이라는 말을 붙여도 모자람이 없다. 도대체 얼마나 많이 죽이고 죽었다는 말인가.

 이미 여러 전문가들이 나보다 열 발짝, 백 발짝은 먼저 한국전쟁기의 민간인 학살 문제를 조명해왔지만, 아직도 그 조명이 닿지 못한 곳이 더 많다. 주변 사람들에게 물어봐도 노근리·골령골 외에 다른 지명을 잘 대지 못한다. 21세기 한국사회에 끼친 이 전쟁의 압도적인 영향력에 비하자면 관심이 너무 미미하다. 한국전쟁에 관해 아주 작은 점 하나를 찍어 보탠다는 마음으로 책을 펴낸다.

 2023년 4월은 어떤 출발점이었다. 사회부 현장기자로 발령받아 '사회부에서 가장 사회부스럽지 않은 기사를 쓰겠다'며 호기를 부렸는데, 운 좋게도 이야깃거리를 빨리 찾았다. 아산 유해 A4-5의 독백으로 시작해 주 2회씩 초스피드로 기사를 연재했다. 진실·화해를위한과거사정리위원회(진실화해위원회)를 출입하며 스트레이트 기사도 썼다. 이 중에서 상당수가 한국전쟁 관련 뉴스였다. 여기엔 한국전쟁기 민간인 희생자들을 문제적으로 언급해준 진실화해위원회 김광동 위원장의 공 아닌 공이 크다.

 한국전쟁은 어릴 적 지겨운 주제였다. 그 참화를 경험했던 세대인 아버지는 밥상머리에서 당신의 동생을 업고 충청도로 피난 간 이야기를 들려주시곤 했다. 증조할머니가 인민군 몰래 할아버지 밥을 날랐다거나, 외할아버지가 인민재판에 회부돼 죽을 고비를 넘겼다는 이야기도 들었다. 당시의 나는 시큰둥했다. 지금은 그때 디테일들을 더 묻지 못해 후회스럽다.

박선주 선생님은 이 책의 주인공이자 일등공신이다. 체질인류학자로서 반세기 넘게 현장을 지키며 쌓은 폭넓은 경륜과 "사실을 알고 싶어 미치겠다"는 치열한 호기심, 탐구 정신에 존경의 마음을 보낸다. 덕분에 이야기가 1950년 한국전쟁에 머물지 않고 구석기 시대로, 250만년 전 현생인류의 조상으로 팽창해 나갔다. 또한 민간인 학살을 넘어 국군 전사자와 강제징용자, 세월호 희생자에 관해서도 더듬어볼 수 있었다. 참고삼아 책의 제목 '본 헌터bone hunter'는 그대로 박 선생님의 이메일 주소임을 밝힌다. 이전에는 검색이 불가능했던 새로운 조어다.

그 밖에도 많은 분들이 자료 제공과 제보를 통해 소재가 고갈되지 않도록 힘을 주셨다. 원고를 집필하는 내내 목소리 녹음으로 길동무가 돼주었던 극단 신세계 친구들은 삭막한 텍스트에 온기를 채워주었다. 또 주용성 사진작가는 귀한 발굴 현장 사진을 제공해주었다. 이 밖에도 홍남화 선생 등 여러분께 감사하다.

그리고 마지막 열망. 아산 성재산 교통호에서 완전유해의 형태로 나온 식별번호 A4-5의 정체를 더 알고 싶다. 국가의 용역을 받은 DNA 포렌식 업체가 발굴 유해의 허벅지뼈 조각과 유가족들의 유전자 시료를 대조해 분석 작업을 하는 중이나, 신원이 드러날 확률은 극히 희박하다. 그래도 0.0001퍼센트의 가능성이 이뤄진다면, 쪼그려 앉아 있던 유해가 벌떡 일어나서 다가와 악수를 청하는 환상에 사로 잡힐 것만 같다. 그와 통성명할 기적을 꿈꾸며 《본 헌터》를 세상에 내어놓는다.

2024년을 맞이하며
고경태

차례

서문　기적을 꿈꾸며　　　　　　　　　　　　　　5

1부

65만 시간의 기다림　　　　　　　　　　　　　15

사람을 할 결심　　　　　　　　　　　　　　21

나, A4-5　　　　　　　　　　　　　　　　27

끈기의 합기도 소년　　　　　　　　　　　　33

중학생의 절규　　　　　　　　　　　　　　38

슬기슬기 손 선생　　　　　　　　　　　　　45

"여긴 땅 파면 다 시체야"　　　　　　　　　51

모란, 폐결핵, 사투   57

검은 낫은 말이 없고   63

버클리의 두 얼굴   69

나는 어느 집 자식이었나   76

뼈들에 압도당하다   83

소리 없는 도망   90

아치섬에서 온 손님   98

사색 없이 사형, 사형   104

인류의 조상, 루시   110

나는 프락치가 됐다   116

흥수아이에 대한 추리   123

은비녀의 독백   130

장 선생 뼈의 증언   137

오빠의 환청   145

머리뼈의 역사   152

아버지를 찾아서   159

경식의 치아가 사라졌다   166

2부

"부역 혐의 처형"   175

육군유해발굴단으로   181

맹씨네 연좌제   188

태극기 휘날리며   197

7일간의 감금   204

미완의 집념   211

우리는 이성의 빛을 품고 있는가   218

역사와 목숨에 대한 상상력   224

죽음은 평등하지 않다는 것   231

금정굴 유해 발굴   238

큐브의 말들   244

귀신의 바다   252

왜 이렇게까지 죽였을까   258

상왕동의 찡그린 남자   264

충무공의 후손들   273

골령골과 모던 미스   280

신은 위대했다   289

슈팅스타가 창공을 가르자   296

사라진 아버지의 진실 302

사람이 아니라 시스템으로 309

아버지는 인민위원장 315

해양 뼈대학 322

피해자가 가해자로 328

마침내 만나다 334

본 헌터 342

봄을 기다리며 349

발문 한국전쟁 전후, 광풍의 역사 틈으로·강성현 357

부록 인물 이름 대조표 369

한국전쟁 전후 민간인 학살 희생자 유해 발굴 연표 376

* 1부 '소리없는 도망' '사색 없이 사형, 사형'은 《재판관의 고민》(유병진, 신동운 편저, 법문사, 2008)과 〈신태양〉 1957년 7월호에 실린 같은 제목의 기고문을 출판사와 편저자의 허락 아래 발췌, 재구성했음을 밝힙니다. 또한 1부 '나는 프락치가 됐다'는 《법률가들》(김두식, 창비, 2018), 《한국 근현대 아산 사람들》(조형열, 순천향대학교 아산학연구소, 보고사, 2012), 《동산리지》(류한영 편저)를 참고했습니다. 이 밖에도 나머지 글들은 1·2기 진실화해위원회의 아산 등 각 지역 한국전쟁기 민간인 학살 사건 진실규명보고서와 《아산 민간인학살 전수조사 보고서》(한반도통일역사문화연구소, 2020)를 참고했음을 밝힙니다.

1부

65만 시간의 기다림

◆

나는 앉아 있었다.

얼마 동안 앉아 있었냐면, 아주 오래 앉아 있었다. 날짜로 말해야 한다면 2만 6440일 이상, 시간으로 환산하면 63만 4560시간 이상 앉아 있었다. 좀 더 쪼개 말하자면, 22억 8441만 6000초 이상 앉아 있었던 셈이다.

정확히 말하자면, 쪼그려 앉아 있었다. 그 시간이 얼마나 숨 막혔는지 의식할 수도 없었다. 쪼그려 앉은 채로 숨이 끊어졌고, 머리 위로 흙이 덮였지만, 자세를 고치지 못했다. 한번 고치지 못한 이상 내 힘으로는 영원히 고칠 수 없었다. 쪼그려 앉아 흙과 하나가 되었다. 땅과 하나가 되었다. 산과 하나가 되었다. 자연의 일부가 되었다.

이 자세로 100년 더 있었을 수도 있다. 1000년 더 있었을 수도 있다. 1만 년, 10만 년, 100만 년 뒤 불현듯 나타나 후대의 고고학자들에게 연굿거리를 제공했을 수도 있다. 아니면 거대하고 육중한 콘크리트 구조물이 두개골을 쑤시고 들어와 일찌감치 가루가 되었을지도 모른다. 내가 오르던 산 위에서 굴삭기와 덤프트럭, 타워크레인의 소음이 숲을 흔들던 시절이 있었다. 1996년, 북쪽으로 340미터 지점에 공장이 들어섰다. 2017년, 남쪽 470미터 지점에 공장이 들어섰다. 두 공장의 가운데 지점에서 나는 철근 아래 처박히거나 배려 없이 버려지는 운명은 피했다.

기회가 왔다. 산에서 빠져나올 천금 같은 기회. 2022년 4월, 나를 찾기 위해 사람들이 왔다. 일본제 바이오35 4톤 굴삭기를 앞세우고 왔다. 굴삭기는 내 옆을 지나 북쪽 산등성이 높은 곳에 올라, 불로초라도 찾으려는 심마니처럼 3일간 땅을 뒤지고 다녔다. 120미터에 이르는 구간에서 너비 80센티미터, 깊이 60센티미터의 땅을 팠으나 아무것도 나오지 않았다. 내가 산등성이 높은 곳에 있을 거라고 판단한 게 문제였다.

굴삭기는 산 아래로 내려왔다. 이번에는 내가 있는 곳 아래 지점에서 35도 각도의 비탈을 올라왔다. 굴삭기 앞에 달린 버킷이 땅을 가볍게 파낼 때 나뭇잎 속에 감추어져 있던 무언가가 걸렸다. 두 개의 어떤 조각이었다. 사람의 조각인가, 동물의 조각인가. 알 수 없었다. 다음 날 그 답을 얻기 위해 또 다른 사람들이 왔다. 그것은 사람의 조각으로 판명 났다. 두 사람의 허벅지 뼈와 정강이뼈였다. 그 옆에서도 계속 조각이 나왔다. 그들은 이제 나를 찾을 수 있을 거라 확신하는 듯했다. 조각이 발견된 곳에 현장 보전 조처가 내려지고 하얀색과 빨간색이 칠해진 폴대가 꽂혔다. 하지만 그들은 한동안 다시 돌아오지 않았다. 절차를 기다려야 했다. 산에는 침묵이 찾아왔다. 300여 일간 그 침묵은 지속됐다. 자동차들이 산 아래 왕복 2차선 도로를 무심하게 달렸다.

사계절이 순환하고 봄이 돌아왔을 때, 다시 그들이 왔다. 이번에는 작정한 듯 매일 왔다. 2023년 3월 6일, 산 위로 오른 굴삭기가 내 북쪽 2미터 부근에서 움직였다. 동쪽에서 서쪽 방향으로 땅을 건드리며 45도 각도의 비탈 아래로 내려오는데 무언가가 걸렸다. 반대편에서는 호미질이 한창이었다. 며칠간의 작업 끝에 남쪽과 북쪽을 연결하는 어떤 라인이 포착되었다. 2023년 3월 10일 오전 9시 30분, 그들의 용어를 빌리자면 나는 '노출'되었다.

굴삭기의 무한궤도 소음이 잦아들면서 호미질 소리가 아득한 곳에서 점점 가까워졌다. 내 머리 위를 짓눌렀던 두꺼운 표토층이 벗겨졌다. 호미는 그 옛날 나를 덮었던 흙 사이로 부드럽게 침투해 들어왔다. 흙더미가 쓰레받기와 양동이에 실려 버려진 뒤 내 머리뼈가 삐죽 돌출되었다. 나머지 흙들도 떨어져나갔다. 나의 전체 윤곽이 드러났다. 처음 목격한 사람들은 동굴 속의 불상을 연상했는지도 모른다. 호미는 더 이상 다가오지 않았다. 대신 정교한 기구들이 접근해왔다. 대칼이, 스패출러라 부르는 주걱이 주변을 조심스럽게 긁더니 내 몸 사이사이를 헤집었다. 몸을 채웠던 흙과 모래가 조금씩 빠져나갔다.

아직은 때가 아니었다. 나는 일어서지 못했다. 이 산을 함께 오른 동료들이 있었다. 그들은 모두 어둠 속의 땅에 박혀 누운 채였다. 쪼그려 앉아 있는 이는 나 혼자였다. 누워 있는 이들도 하나씩 형체를 드러냈다. 그들을 가렸던 흙들도 밖으로 퍼 날라졌다. 얼마만의 달콤한 햇빛이던가. 그 빛을 어둠이 밀어낼 시간이 되면 사람들은 돌아갔다. 서너 장의 신문지가 나와 동료들을 감쌌다. 그 위에 다시 두꺼운 방수포가 얹혀졌다.

아침 이슬이 맺혔다가 사라지면 사람들이 산으로 올라왔다. 나와 동료들은 다시 밖으로 몸을 드러내고 작업 대상이 되었다. 낮과 밤이 반복되는 동안 누워 있던 동료들이 하나둘 떠났다. 사람들은 그것을 '수습'이라 불렀다. 끝내 나 홀로 남았다. 3월 28일 오전 11시, 기자들이 나를 만나러 왔다. 누워 있다 수습되었던 동료들도 다시 나와서 그들을 맞았다. 카메라 셔터와 플래시가 쉴 새 없이 터졌다.

산을 떠나는 날이 왔다. 2023년 3월 29일 아침 9시, 나는 일어서는 대신 분리되었다. 머리뼈가 먼저 내 몸과 이별했다. 두 팔이, 흉부가, 골반이, 척추가, 허벅지가, 정강이가 각자 떠났다가 한자리에 모였다. 애초에 나의 팔을 묶었으나 이제는 헐렁해진 삐삐선(군용 전화선)도 떨어져나갔다. 하나였던 나는 플라스틱 모판 위에서 206개로 나누어 앉은 모습 그대로 발굴된 A4-5.

졌다. 이제야 누운 것인가. 아니다. 놓인 것이다. 붓의 솔이 머리뼈에서 발가락뼈 끝까지 마디 사이를 간질였다. 흙과 잔여물을 털고 목욕을 할 시간. 무색의 아세톤 용액 속에 206개의 나는 하나씩 담가졌다. 세척을 마쳤다. 그늘을 찾았다. 바람을 맞았다. 물기를 털었다.

나는 측정되고 감식되고 분석되었다. 머리뼈는 어떠한가. 최대 길이는 170밀리미터, 최대 너비는 142밀리미터, 광대 사이 너비는 145밀리미터…. 기초조사가 하나씩 진행되었다. 나는 남자인가, 여자인가. 어른인가, 아이인가. 내 키는 몇 센티미터인가. 또 얼마나 성한 상태인가. 그보다 가장 중요한 질문이 있다. 도대체 나는 누구인가. 이렇게 묻기까지 몇 년이 걸린 것인가.

73년. 나는 A4-5다.

사랑을 할 결심

사랑이 꽃피는 계절이었다.

싱싱한 초록의 나뭇잎들이 연도에 도열해 축하 박수를 쳐주는 기분
이었다. 선주의 마음도 부풀어 올랐다. 짙은 감색 양복에 붉은색 니트
를 입고 넥타이도 맸다. 서울 중곡동에서 출발한 폭스바겐 승합차가
광화문 중앙청을 지나 아현동을 거쳐 양화대교로 들어섰다. 김포공항
국제선 출국장으로 가는 길이었다. 내일이면 두희를 만난다.

신혼이었다. 결혼식을 올린 지 한 달이 조금 넘었다. 2주간 신혼여
행을 다녀온 뒤 신부는 미국에 건너갔고, 이제 신랑이 갈 차례였다. 배
웅해줄 가족들이 폭스바겐 승합 차량에 탔다. 형수, 어머니, 누나 두
명. 맨 뒷좌석에는 큼지막한 이민용 가방 두 개와 캐리어가 실렸다. 책
과 살림살이는 배에 이미 실어 보낸 상태였다.

대학 1학년 때 돌아가신 아버지 노릇을 열두 살 위 큰형님이 해줬

21

다. 배포 크게 사업을 운영하는 큰형님은 가끔 집안을 말아먹기도 했으나 그때마다 놀라운 회복력을 발휘해 재기했다. 큰형님이 없었다면 미국행은 꿈꾸지 못했을 것이다. 안타깝게도 큰형님은 일주일 전 자동차 사고를 당해 조카와 함께 병원에 있었다. 그거 하나만 빼면 모든 게 순조로웠다. 선주는 두희와 한 달 전 결혼식을 했고, 혼인신고는 일찌감치 1년 전에 했다. 혼인신고 스토리를 들려주면 사람들은 깜짝 놀라 입을 다물지 못했다.

사랑이란 무엇인가. 당장 손으로 움켜잡아야 하는 것이었다. 선주는 그랬다.

만난 지 일주일 되던 날, 선주는 두희에게 핑크빛 장미 한 다발을 선물했다. 달달한 청혼이었다. 그리고 화끈하게 법적 절차를 밟았다. 청혼 당일 두희의 본적을 떼오게 한 뒤 함께 자신의 본적지를 관할하는 마포구청으로 갔다. 혼인신고 서류를 접수했다. 두희는 벙찐 표정이 역력했다. 그러면서도 순순히 도장을 찍었다. 곧 미국으로 떠나는 그녀를 꽉 잡아놓아야 했다.

1978년 봄, 벚꽃이 캠퍼스에 피어날 무렵, 두희를 처음 만났다. 졸업 후 고교 선생으로 일하는 대학 산악반 선배가 주선한 자리였다. 한때 지게 배낭을 지고 함께 산에 오르던 사이였다. 이민 간 자신의 옛 제자가 오랜만에 한국에 왔다면서 소개해주겠노라고 했다. 선주는 박사과정 대학원생이었다. 두희는 미국에서 대학을 중퇴하고 백화점에

다닌다고 했다.

선주는 서른한 살, 두희는 스물두 살이었다. 첫 대면 때는 대학원생 동료 예닐곱 명이 몰려왔다. 내밀한 이야기를 할 틈이 없었다. 두 번째 부터 단둘이 만났다. 네 번째 만날 때 선주는 자신의 손가락에 있던 금 반지를 두희의 손가락에 끼워주었다. "어머니가 주신 건데, 맘에 드는 사람 생기면 주라고 하셨어." 선주는 그런 말을 들은 적이 없었다. 거 짓말이었다. 그러나 진심이었다. 두희는 반지를 순순히 받았다.

일주일을 만났다. 확신이 들었다. 이야기가 통했다. 평생 같은 곳을 바라보고 살 만한 사람 같았다. 이 여자를 놓치면 안 되었다. 인생을 걸기로 했다. 샌프란시스코의 아이매그닌 백화점 전산실에서 일하는 두희의 외모는 화려했다. 아이매그닌 백화점은 1913년 조셉 매그닌 이라는 인물이 아버지 아이작 매그닌의 이름을 따 세운 럭셔리 백화 점이다. 선주는 두희의 화려함 속에 감춰진 검소함과 때 묻지 않은 성 정을 꿰뚫어 보았다. 반했다.

혼인신고 일찍 하기를 잘했다. 덕분에 빨리 배우자 비자를 얻어 미 국 가는 수속이 수월했다. 미국에서 신혼살림을 차린 뒤 미국의 대학 문을 두드려볼 계획이었다. 도착하자마자 토플 시험 준비부터 해야 했다. 영어도 더 갈고 닦아야 했다. 선주는 캘리포니아 버클리대학교 박사과정을 마음에 두고 있었다.

비행기 트랩에 올랐다. 도쿄 하네다로 가는 일본항공JAL이었다. 환송장 유리창 너머 손을 흔드는 가족들이 보였다. 선주도 손을 흔들었다. 비행기가 떠올랐다. 선주의 인생이 모험의 항로를 향해 이륙하는 순간이었다. 두려움은 없었다. 젊은 시절, 죽을 고비도 넘겨보았다. 태생적인 낙관과 긍정의 힘이 있었다. 생전 처음 타보는 비행기였다. 일본인 승무원이 기내식 주문을 받을 때 무릎을 꿇는 모습이 낯설고 신기해 자꾸만 시선이 갔다.

선주와 두희가 만난 지 일주일 만에 혼인신고를 하자 처가에서는 황당해했다. 두희의 오빠들은 선주의 주변 사람들을 수소문하며 신원 확인을 하는 낌새였다. 두희와 함께 한국에 온, 장모 될 사람을 만났다. 결혼을 승낙해야 하나 망설여져 기도원까지 다녀왔노라고 했다. 어떻게 벼락같이 혼인신고를 했냐고 타박을 하면서도, 결혼에 관해선 하나님께 '예스'를 받았다고 했다. 선주는 장인 될 사람에게 편지를 썼다. 그동안 어떻게 살아왔고 앞으로 어떻게 살아갈지에 관해, 8절지 갱지에 빼곡히 서술했다. 장인이 선주 얼굴을 보기 위해 한국에 왔을 때는 김포공항에 나가 큰절을 했다.

결혼식 날짜가 정해졌다. 1979년 4월 14일. 그사이 선주는 두희에게 매일 항공우편을 보냈다. 매일 절절한 편지 문장이 쏟아져 나왔다. 드디어 4월 14일이 왔다. 홍릉의 세종대왕 기념관에서 신랑 신부는 행진을 했다. 두희는 일주일 만에 떠났다. 이제 선주가 둘만의 새로운 둥지를 향해 가는 길이었다.

1979년 4월 신혼여행 길, 포니 앞에서 포즈를 잡은 선주와 두희.

환승을 하는 하네다 공항 면세점에서 카메라를 샀다. 앞으로의 연구 작업을 위해 카메라가 필요했다. 아사히 펜탁스, 300달러를 지불했다. 다음 날 오전 동이 틀 무렵, 샌프란시스코 공항에 내렸다. 공항에는 큰처남과 두희가 나왔다. 큰처남이 베이지색 뷰익을 운전했다. 공항을 빠져나오면서 차창 밖을 바라보았다. 건물들은 의외로 나지막했다. 양옆에 늘어선 주택들은 이쁘고 평화롭기만 했다. 다운타운으로 들어서자 큰 빌딩들이 나타났다. 재난영화 〈타워링〉에서 본 높다란 빌딩 숲이 펼쳐졌다. 멀리 샌프란시스코의 랜드마크라고 하는 골든게이트브릿지가 눈에 들어왔다. 세계 최초의 현수교라고 했다. 하늘과 바다가 맞닿은 듯한 그림 같은 풍경에 감탄을 했다. 처가는 샌프란시스코 피어39가였다. 그 바로 옆 25가의 아파트에서 신혼살림을 시작할 참이었다.

사랑에 불타는 청춘이었다. 한 사람을 사랑해서 결혼을 했다. 향학열에 불타는 청춘이었다. 또 하나의 꿈은 사람이었다. 사람은 필생의 연구과제이기도 했다. 사람이란 더 정확히 말하자면 사람의 뼈였다. 선주는 혼잣말처럼 말하곤 했다. "나는 사람을 할 거야." 선생님에게도 말했다. "저는 사람을 하겠습니다."

1979년 5월 21일, 선주는 처갓집에 짐을 부렸다. 갖은 열망을 안고 10년의 미국 생활 출발선에 섰다.

나, A4-5

◆

나는 A4-5다.

왜냐고 묻지 마라. 붙인 사람 마음이다. 처음으로 사람의 조각이 발견된 날, 그 자리에 폴대가 꽂혔다. 나와 동료들이 묻혔던 곳의 라인이 포착된 뒤, 폴대가 있는 곳부터 1미터 단위로 구역이 나뉘었다. A1구역에서 나는 4미터 북쪽으로 떨어진 A4구역에 있었다. 그리고 서쪽에서부터 다시 번호가 매겨졌다. 그렇게 내 앞에 누워 있던 네 명의 동료는 각각 A4-1, A4-2, A4-3, A4-4의 이름이, 나는 맨 끝에 있었으므로 A4-5라는 이름이 붙여졌다.

나를 처음에 마주한 사람들은 표정까지 보일 것 같다고 했다. 내가 살아 있는 사람처럼 쪼그려 앉아 있었기 때문일까. 실의에 빠진 사람처럼 고개를 처박고 있었기 때문일까. 살가죽이 모두 벗겨진 육탈된 해골에서 어떻게 표정이 보인다는 말인가. 억울해 보인다고 했다. 슬

폼과 절망이 뼈에서도 투시된다고 했다. 웃기지 마라.

나와 동료들이 발견된 곳은 길이 25미터, 폭 7미터의 야산 기슭이었다. 깊이와 폭이 각각 50센티미터인 교통호가 남북으로 이어졌다. 2~3미터 간격으로, 돌출된 참호가 동쪽과 서쪽에 있었다. 나는 동쪽으로 튀어나온 참호 안에서 발견되었다. 내 머리는 북서쪽을 향해 있었다. 산 정상을 등진 상태였다. 두 손은 모인 채였다. 그 위에 삐삐선이 감겨 있었다.

다른 동료들은 죄다 나를 마주 보고 있다가 눈을 감은 것 같다. 그들은 두 줄이었다. 그들의 손도 삐삐선으로 묶였다. 옆으로 누운 8자 모양의 줄은 서로 연결되어 있었다. 연결된 각 삐삐선의 길이가 50센티미터였다. 나와 동료들은 손이 묶여 이곳에 끌려왔다. 산속 깊이 들어오지도 않았다. 자동차가 씽씽 달리는 도로에서 50미터 거리도 안 된다, 그때는 이 길에 자동차가 안 다녔겠지만. 도대체 왜 손이 묶인 채 여기에 왔는가. 왜 나만 방향이 달랐는가. 왜 나만 쪼그려 앉았는가. 추리에 들어가야 할 시간이다.

나는 특별했다. 73년 전 이 산에 끌려온 인물 중에 가장 먼저 처형되었을 가능성이 크다. 나는 중요한 사람이었다. 놈들에게 미움을 살 짓을 했던 것일까. 놈들은 나를 주동자급이라고 판단했던 것일까. 그래서 방향을 달리해 나만 참호 안에 특별하게 앉혀놓고 죽인 것일까.

내가 쪼그려 앉아 있던 자리에서 무슨 일이 있었는지를 증명하는 물건들이 나왔다. 미국제 M1 소총 탄피 5개가 나왔다. 북한제 모시나 강 소총 탄피 2개가 나왔다. 분류가 안 되는 탄피 2개도 나왔다. 조각난 탄창 1개도 나왔다. 나를 분석한 전문가는 무릎과 가슴에 총을 맞은 것 같다고 했다. 허벅지와 정강이가 만나는 연결 부위 위아래에서도 총탄 자국이 많이 발견되었다. 머리뼈에서는 총탄 자국이 나오지 않았다. 나의 몸통은 무차별 난사당했다. 갈비뼈와 등뼈가 파손되었다. 발가락뼈도 끝이 부서졌다. 그럼에도 내 뼈는 206개가 다 나왔다. 부분적으로 파손되었을 뿐이다. 이렇게 온전한 형태로 노출되고 수습된 경우는 전례가 없다고 했다.

흙 덕분이었다. 내 육신을 채운 흙은 고운 모래질이었다. 습기가 덜 했고, 물기가 잘 빠졌다. 내가 쪼그려 앉아 있던 곳 위의 땅은 노란색에 가까웠다. 이 구역의 땅이 다 그렇지는 않았다. 나를 중심으로 남쪽과 북쪽에 있던 동료들은 흐르는 물에 뼈가 많이 훼손됐다. 흙을 털 때 뼈가 부스러져 없어지는 경우도 있었다. 206개의 뼈가 모두 나온 동료는 20명이었다. 나머지는 절반 이상의 뼈가 부식되거나 사라졌다. 허벅지 뼈나 정강이뼈만 나온 동료들도 있었다.

내 자리에서는 사각의 군용 혁대 버클이 나왔다. 손바닥보다 작은 옷가지가 나왔다. 구멍이 2개인 단추가 세 종류가 나왔고, 무궁화 같은 꽃무늬 단추 2개도 나왔다. 단추를 끼우는 옷을 2개 이상 입었다는 이야기다. 고무로 된 밑창이 발견됐는데 군화 신발 조각이라고 했다.

23 아산 성재산 A4-6

206개의 조각으로 분리된 A4-5. M1탄피와 단추, 버클 등 유품이 함께 나왔다.
(A4-6은 존재하지 않는다. 발굴단원들이 실수로 5를 6으로 바꾸어놓았다.)

군화의 줄을 끼우는 구멍 2개도 나왔다. 지카다비(엄지발가락과 다른 발가락들 사이가 갈라진 일본식 신발겸용버선)식으로 고무창 양쪽을 헝겊으로 댄 북한 인민군 군화일 가능성이 크다고 했다. 내가 특별했을 가능성은 더더욱 커졌다. 군용 버클과 군화라니. 왜 나는 그걸 허리에 차고, 발에 신었던 것일까.

나의 몽타주를 그려본다. 머리뼈 계측 자료에 따르면, 얼굴이 넓적하고, 코는 길쭉하고 좁다. 눈은 찢어졌다. 코가 길쭉하다는 것은 남방 계통이 아닌 북방 계통이라는 것을 말한다. 남방형은 코가 옆으로 넓적하고 위아래가 짧다고 한다. 북방계는 얼굴이 타원형으로 길고 정수리가 돌출해 고구마형 얼굴이라 부른다고 했다.

나의 나이는 최소 18세, 최대 22세로 판정되었다. 아래턱뼈에서 치아가 솟아난 정도와 닳은 정도, 머리뼈의 이음새, 사지뼈 골간의 붙은 정도를 종합하여 감식한 결과다. 골반과 머리뼈, 사지뼈 그리고 엉치뼈의 특징으로 보건대, 나는 또한 남자였다. 내가 아직 많은 일을 하지 않은 나이라는 걸 허벅지 뼈가 증명했다. 허벅지 뼈의 고관절 부위가 좌우로 넓고 앞뒤로 좁으면 일을 많이 한 상태라고 했다. 나는 그렇지 않았다. 치아 상태가 고르고 나쁜 편이 아닌 걸로 보면 영양상태도 좋다고 했다. 허벅지 뼈를 기준으로 키는 165센티미터로 계측되었다. 1950년대 한반도 이남 지역 20대 남성의 평균 키는 161~163센티미터였으니 나는 큰 편에 속한다. 한국전쟁 때 미국의 영현 부대(주검 처리 부대)가 함수 방식에 근거해서 주검의 키를 계측하던 방식은 여전히 유효하다.

결론적으로 나는 건강한 10대 후반 또는 20대 초반의 남성이었다. 키도 크고 영양상태도 좋은 걸로 보면, 나는 빈한하지 않은 집안에서 괜찮은 교육을 받았을 가능성이 크다. 앞길이 창창한 꽃다운 청춘이었다. 그 청춘은 피어나기도 전에 이 산기슭에 파묻혔다. 그 시점은 언제였던가.

굴삭기를 앞세워 나를 찾으러 산에 왔던 사람들은 옛날 자료를 뒤졌다. 나와 동료들의 가족을 수소문했다. 살아남은 이들의 증언을 청취했다. 우리들 곁에서 쏟아져 나온 다양한 유품들을 분석했다. 그 결과, 그날을 1950년 10월의 하루로 추정했다. 그날, 무슨 일이 있었는가.

이제 동료들의 이야기를 들어봐야겠다.

끈기의 합기도 소년

●

선주는 오늘도 도장에 간다.

하얀 무도복으로 갈아입고 매트 위에 선다. 대련자와 함께 꺾기·던지기·발차기의 여러 기본 동작을 연마하고 또 연마한다. 쉬는 날이 없다. 학교에 가는 날이면 반드시 도장에 간다. 중고등학교 시절엔 방과 후 오후 5시에 갔다. 대학교에 입학하고 나서는 새벽 5시에 일어나 버스를 타고 갔다. 정확히 6시부터 수련이었다. 중학교 1학년 때부터 일상이 돼버린 합기도다.

원래는 유도를 배웠다. 1961년 5·16 군사정변이 일어나기 직전, 선주는 서울 종로구 조계사 부근에 있는 중동중학교에 입학했다. 막 창설된 유도부가 학생들을 모집했다. 체육 선생님이 유도 2단이라고 했다. 동네 형들과 역기나 아령을 들면서 알통 키우는 흉내를 냈던 선주는 유도부에 들어갔다. 소공동에 있는 유도학교(현 용인대학교)에서 일주일에 두 번씩 연습했다. 낙법을 익히기 위해 숙어라고 내던져졌다. 한 학기가 끝날 무렵, 한 친구가 합기도를 배운다고 했다. 바로 실전에 쓸 수 있다며 자랑을 했다. 친구를 따라 종로1가 보신각 옆 건물 4층에 있는 성무관이라는 합기도장에 갔다. 유단자들이 공중을 날면서 발차기를 했다. 근사해 보였다. 그날부로 유도를 때려치웠다. 합기도로 전향했다.

중학교와 합기도장은 모두 종로에 있었으니, 걸어서 10분이 채 걸리지 않았다. 합기도를 소개해준 친구는 몇 달 지나지 않아 도장에 나오지 않았다. 하지만 선주는 끈기가 있었다. 하얀 띠로 시작했던 선주는 중2 때 파란 띠를 맸다. 중3 때 빨간 띠를 맸다. 고1 때는 빨간 줄이 들어간 검은 띠를 맸다. 드디어 초단, 유단자가 된 것이다. 단수를 높이는 재미와 보람이 있었다. 고3 때 2단, 대학 2학년 때 3단, 대학 졸업할 때 4단, 결혼하며 미국으로 갈 때 6단이었다. 미국에서는 드디어 7단이 되었다. 왜 이토록 합기도에 미친 것일까. 한번 꽂히면 끝까지 가는 게 선주의 기질이었다. 아니, 그런 기질이 합기도를 하면서 생겼다.

합기도의 창시자는 어릴 적 일본인의 수양아들로 바다를 건너간 용술이라고 했다. 일본 황실의 무술로 알려진 '야와라'를 습득하고 해방 후 대구로 와 도장을 내면서 퍼졌다고 했다. 용술은 유도나 주짓수와 유사한 야와라에 택견의 발차기 기술을 접목해 독자적인 합기무

술을 창안했다. 용술이 대구의 도장에서 가르친 제자 한재가 1957년 서울 종로에 올라와 차린 도장이 바로 성무관이었다. 한재는 소룡이 1978년 감독과 주연을 맡은 영화 〈사망유희〉에 합기도 고수로 출연한 인물이기도 했다.

1960년대 초반 종로에는 무덕관과 청도관이라는 태권도장이 유명했다. 태권도를 하는 이들 사이에서는 무덕관이 더 세니, 청도관이 더 세니 하는 논쟁이 벌어질 때였다. 태권도의 동작은 그다지 화려해 보이지 않았다. 선주의 눈에는 합기도가 더 멋졌다. 태권도 발차기는 직선으로 뻗는 데 반해, 합기도의 발차기는 상대방의 힘을 이용한 회전 공격에 가까웠다. 확실히 합기도는 새로운 트렌드의 무도였다. 기술이 3800가지라고 했다. 꺾기·던지기·발차기는 상대방이 팔을 잡느냐, 발로 차느냐, 목을 조르느냐, 뒤에서 공격하느냐에 따라 다른 방어 동작으로 세분됐다. 이런 점들은 합기도가 실전에 능하다는 세평을 얻는 데 한몫했다.

실전은 싸움을 의미했다. 국민학교(초등학교) 다닐 때 동네 친구들과 놀이 삼아 패싸움을 한 적은 있지만, 실전은 일대일 결투였다. 결투를 함부로 해서는 안 되었다. 명동 거리 한복판에서 유도학교 출신과 태권도 청도관 출신 사이에 맞장을 떴다는 소문이 퍼지기도 했지만, 선주는 싸움꾼이 아니었다. 성무관에서는, '시비가 붙으면 무조건 사과부터 해라, 절대 먼저 공격하지 말라'고 가르쳤다. 그래도 실전에

써먹어야 한다며 별별 연습들을 다 했다. '월장법'이라고 불리는 담 넘어가는 기술을 익히기도 했다. 수건을 담에 건 뒤 그 힘으로 발을 굴러 담을 한 번에 뛰어넘는 거였다. 대련하다 쓰러지면 한 번 구른 뒤에 칼을 주워 던지는 동작을 연마해보기도 했다. 압정이나 못, 단검을 베니어판에 던져 꽂히도록 하는 연습도 했다. 무술 영화 속의 자객이 된 듯한 기분이 들었다. 유치한 면이 있었지만 진지했다.

선주가 중학생으로 성무관에 다닐 때 모두가 선망해 마지않는 대선배 한 명이 있었다. 대학생이라고 했다. 시간이 흘러 1971년 청와대 경호실로 입성한 그의 이름은 상범이었다. 1974년 8월 15일, 29주년 광복절 기념식이 열린 국립극장에서 대통령 부인 육 여사가 세광의 총탄에 맞던 순간 연단 앞으로 나가 과감히 권총을 겨눈 그 상범이었다. 1979년 12월 26일 밤, 궁정동의 경호실 요원 중 유일하게 중앙정보부 요원들에게 총을 맞고도 살아난 그 상범. 그는 성무관에서 고수 중의 고수로 통했다. 선주도 어느덧 누구나 인정하는 고수가 되었다. 1968년 대학 1학년 때 서울의 장충체육관에서 열린 제1회 전국합기도통합시범대회에 참가해 검술 시범으로 최우수상을 받은 것이다. 이날 용술은 합기도 도주로 추대되었다. 선주는 나중에 청와대 경호실장이 되어 재규의 총탄에 비극적으로 죽은 민주공화당 의원 지철의 얼굴을 그곳에서 처음 보았다. 선주도 경호원이 되거나 전문 무도인의 길을 걸을 수 있었지만, 그럴 마음은 들지 않았다. 무술을 직업으로 삼고 싶지는 않았다. 합기도는 몸과 마음을 닦는 도구였다.

선주는 무사시를 흠모하며 그가 쓴 《오륜서》를 탐독했다. 《오륜서》는 일본의 《손자병법》이라 불렸다. 무사시는 일본의 수많은 검객 중에서 가장 큰 인기를 누려온 국민적 영웅이었다. 그는 60여 차례의 결투에서 단 한 번도 패배한 적이 없다고 했다. '병법의 도'를 추구했던 무사시의 책에서 가장 압도당한 대목은 '마음의 칼'이었다. 무사시는 긴 칼을 찬 사람과의 결투를 앞두고, 배 젓는 노를 밤을 새워 날카롭게 깎았다고 했다. 노를 칼로 벼리며 정신을 벼린 것이었다. 그 칼로 상대를 제압했음은 물론이었다. 관음상 조각을 깎은 이야기도 인상적이었다.

마음에 들 때까지 밤새 깎고 또 깎다 보니 관음상 조각이 하나도 남지 않았다는 거였다. 그 집중력을 소유하고 싶었다. 선주도 언제부턴가 무언가에 집중하면 그 일에 관해 끝장을 보게 되었다. 무엇보다 몸이 가벼워지고, 자신감을 얻게 되었다. 합기도는 선주의 정신적 바탕이자 원기元氣의 근원이 되어주었다.

중학생의 절규

◆

나는 엎드려 있었다.

얼마 동안 엎드려 있었냐면, 아주 오래 엎드려 있었다. 날짜로 말해야 한다면, A4-5와 똑같은 이야기를 들려줘야겠다. 시간으로 환산하면, 63만 4560시간 이상 엎드려 있었다. 73년 동안 엎드려 있었다. A4-5가 그 긴 시간 개인 참호 속에서 쪼그려 앉아 있을 때, 나는 그 옆으로 난 교통호(참호와 참호 사이를 연결한 구덩이)에 엎드려 있었다. 나는 A5-4다.

A4-5를 본 사람들은 머리뼈 사이로 억울한 표정이 보인다고 했던가. 나를 본 사람들은 절규가 보인다고 했다. 누구의 절규인가. 뭉크의 절규다. 노르웨이 화가 뭉크의 그림 〈절규〉를 보는 듯하다고 했다. 혹자는 〈스크림〉의 고스트페이스 같다고도 했다. 그림의 영어제목도 마침 〈더 스크림The Scream〉이니까. 하지만 나를 보라. 자세히 보라. 당

신은 지금 내 얼굴뼈를 본 것이 아니다. 뒷머리를 본 것이다. 더 정확히 말하자면, 머리뼈 밑면을 본 것이다. 그러니까 나는 엎드려 있는 셈이다.

1893년 〈절규〉를 그린 뭉크는 이런 글을 남겨놓았다고 한다.

"두 친구와 함께 산책을 나갔다. 햇살이 쏟아져 내렸다. 그때 갑자기 하늘이 핏빛처럼 붉어졌고, 나는 한 줄기 우울을 느꼈다. 친구들은 저 앞으로 걸어가고 있었고, 나만이 공포에 떨며 홀로 서 있었다. 마치 강력하고 무한한 절규가 대자연을 가로질러 가는 것 같았다."

오, 낭만적인 뭉크여. 나는 뭉크의 글을 이렇게 고쳐본다. '수십 명의 친구들과 함께 산을 올랐다. 두 손이 묶인 채 산에 올랐다. 산책이 아니다. 햇살이 쏟아져 내렸다. 그때 갑자기 주변이 핏빛으로 붉어졌고, 나는 한 줄기 의식조차 느낄 수 없었다. 친구들은 저 앞으로 걸어가 쓰러졌다. 나와 친구들에겐 공포조차 사치였다. 강력하고 무한한 절규가 대자연을 가로질러 울려 퍼졌다.'

나를 다시 보라. 3개의 구멍이 보이는가. 이 구멍은 설명이 필요하다. 가운데 구멍은 뒷머리뼈에서 '으뜸 구멍basion'으로 불린다. 이 구멍으로는 중추신경줄기가 지나간다. 머리와 몸체를 이어주는 길이다. 그럼 양쪽의 구멍은 무엇일까. 나를 감식한 전문가는 '시간이 지나면

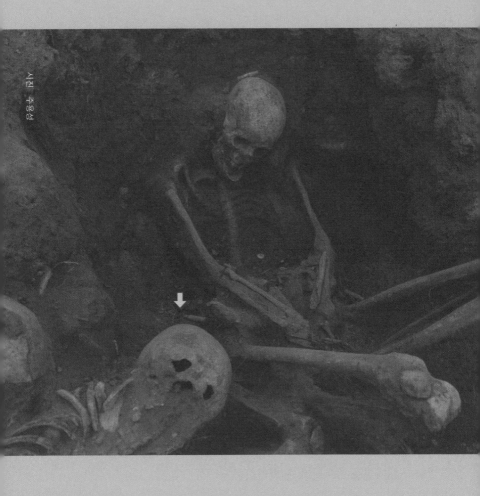

A4-5 앞에 묻힌 A5-4의 머리뼈 밑면에 3개의 구멍이 보인다.

서 부식된 것 같다'는 소견을 밝혔다. 너무 얇아서 원래 부서지기 쉬운 곳이다. 총탄 구멍으로는 보이지 않는다고 했다. 아마도 가슴이나 배에 총을 맞은 것 같다고 했다. 다른 지역에서는 엎드린 이들의 등을 발로 밟고 뒤에서 머리통에 총을 쏘았다고 했다는데, 내 머리통에 그런 흔적은 없다.

발견 당시 내 다리가 펴져 있던 걸로 보면 나는 마지막 순간 서 있었다. 수십여 명이 교통호에 두 줄로 서 있었다. 쪼그려 앉은 A4-5의 얼굴을 마주 보는 방향이었다. 놈들은 무작위로 총을 갈겼다. 그것도 아주 가까운 곳에서 갈겼다. 교통호에 탄피가 무지하게 많이 나온 것을 보면 그렇다. 내 뼈 옆에서도 M1 탄피가 4개 나왔다. 탄피 하나에는 4와 3이라는 숫자와 T와 W라는 영어 스펠링이 쓰여 있었다. 그러니까 1943년 미국의 트윈시티 병기창Twin Cities Ordnance Plant에서 제조됐다는 뜻이다.

나는 보도연맹원인가? 아닐 것이다. 발굴된 보도연맹원들의 유해 옆에는 일제가 남기고 간 38식·99식 소총 탄피가 주로 나왔다고 한다. 나를 쏜 놈들은 미군에게 소총을 얻었을 것이다. A4-5가 말한 것처럼, 그날은 1950년 10월이었다. 인천상륙작전이 성공한 뒤 미군이 이곳을 지나갔다. 그리고 놈들은 나를 이곳으로 끌고 왔다. 내가 보도연맹원이 아니었다면 도대체 무슨 혐의였을까.

나는 완전 유해로 분류되었지만, 사라진 뼈가 많았다. 갈비뼈와 어깨뼈가 없었다. 빗장뼈와 발가락과 손가락뼈들도 일부만 발견되었다. 갈비뼈는 잘 부서진다고 했다. 갈비뼈는 감식 과정에서 중요한 단서를 제공하는 부위가 아니라서 다행이었다. 그래도 척추와 다리뼈와 등뼈가 나왔다. 골반 일부와 사지 뼈들이 나왔다. 반쪽의 40퍼센트가 나오면 완전 유해로 본다고 했다. 왼쪽이 나오면 거울처럼 오른쪽도 보이는 법이다. 나를 감식한 전문가들은 나이를 25~29세라고 추정했다. 어쩌면 나는 함께 묻힌 동료들 중에서 나이 든 축이었는지도 모른다. 키도 무척 컸다. 170.4센티미터였다. 내 뼈 옆에서는 철제 고리형 벨트 버클이 나왔다. 대일본 소화大日本 昭和라고 적힌 일본 동전도 나왔다. 신발 밑창 조각도 나왔다.

그나마 나는 행운이었다. 구멍이 뚫렸을지언정 머리뼈가 나왔으니까. 내가 발견된 곳으로부터 북쪽으로 4미터 떨어진 A9 구역부터는 머리뼈가 없었다. 특히 더 북쪽에 있던 A17, A18, A19의 상태는 심각했다. 이들은 모두 일부 뼛조각으로만 자신의 존재를 드러냈다. 다리가 펴져 있었는지, 구부려져 있었는지조차 확인할 수 없는 상태였다. A17, A18, A19는 도합 일곱 사람이지만 A17-1, A17-2처럼 나뉘어 호명되지 않았다. 발견된 뼈가 너무 적었기 때문이다.

A17과 A18은 각각 두 사람, A19는 세 명이었다. A17은 깨어진 아래턱과 치아, 골반 일부, 허벅지 뼈와 정강이뼈가 나왔다. 두 사람의 뼈가 섞여 있었다. 둘 중 하나는 연골 형성 부전증 환자였다. 짧고 불

규칙하게 생긴 정강이뼈와 허벅지 뼈가 그걸 증명했다. 다리가 심하게 짧았으리라. 사람들에게 '난쟁이'로 불렸으리라. 장애인도 예외 없이 끌려온 것이다. A18은 위팔뼈, 아래턱, 부서진 위턱이 나왔다. A19는 위턱과 치아 잇몸 그리고 허벅지 뼈 일부가 나왔다. 땅이 눅눅했다. 처음에는 단단한 화강암이었으나 풍화작용을 거치면서 부스러진 모래가 비탈에서 내려오는 진흙과 만났다. A17, A18, A19는 제대로 묻히지 않아 일찌감치 머리뼈가 굴러서 내려갔을 수도 있다. 들개가 밖으로 삐져나온 머리뼈를 물고 산을 쏘다녔을 수도 있다.

무엇보다 A17, A18, A19 중엔 어린 학생들이 있었다. 이들의 뼈가 발견된 곳에서는 중中 자 동복 단추가 많이 나왔다. 여러 단추들이 섞인 걸 보면 여러 중학교의 학생들이 섞였다. 1950년대 중학교는 중학교와 고등학교가 통합된 곳이었다. 청동 버클도 나왔다. '천농天農'이라고 쓰인 단추도 나왔다. 천안농업중학교 학생이다. 이들은 교복을 입고 있었다는 이야기인가. 뼈로 보건대 나이는 16~20세, 18~22세 사이로 추정되었다.

머리뼈가 없어 나처럼 뭉크의 표정조차 짓지 못한 너희들. 다시 뭉크의 글을 고쳐본다. '수십 명의 친구들과 함께 산을 올랐다. 교복을 입고 산을 올랐다. 산책이 아니다. 가을 소풍도 아니다. 햇살이 쏟아져 내렸다….'

오, 뭉크여, 스크림이여, 중학생의 절규여.

사진 주용성

참호 안에 A4-5기, 그 바로 밑에 A5-4가 보인다. 천농(天農)이라고 쓰인 천안농업중학교(당시 중고교 통합 학제) 교복 단추로 보이는 유품이 많이 나왔다.

슬기슬기 손 선생

●

"바둑은 두지 말게."

손 선생이 말했다. 미국으로 떠나기 전 인사차 들른 자리였다. 손 선생은 또 말했다. "골프도 치지 말게." 바둑과 골프를 하면 시간을 빼앗긴다고 했다. 손 선생은 고지식했다. 술 담배도 전혀 하지 않는 사람이었다. 거기에 비하면 선주는 세속적인 편이었다. 그래도 스승의 말을 흘려듣지 않았다. 유학 기간, 바둑과 골프를 멀리했다.

공부할 시간도 빠듯했다. 선주는 바둑과 골프 대신, 언제나 그렇듯 합기도를 했다. 버클리대학교 박사과정에 입학한 뒤에는 개인 수련을 넘어 학생들을 상대로 가르쳤다. 패스 여부만 결정되는 1학점짜리 피이PE, Physical Education 과정이었다. 미국의 대학에선 이론을 가르치는 프로페서professor와 실기를 가르치는 인스트럭터instructor를 구분했다. 그는 버클리대학교의 학생이자 합기도 강좌의 인스트럭터가 되었다.

45

손 선생이 아니었다면 길고 긴 학문의 길을 걷지는 않았을 것이다. 유학을 결심했을 때 다른 대학은 떠오르지 않았다. 손 선생이 다녀왔다는 버클리대학교만 머릿속에 있었다. 손 선생은 한국전쟁의 포화가 멎고 정전협정이 체결된 이듬해인 1954년 서울대학교 교수 생활을 정리하고 버클리에서 박사과정을 밟았다. 1963년까지 10년간 그는 그곳에서 〈조선 전기의 정치구조〉라는 논문으로 박사학위를 받았다. 세종대왕 재위 기간, 집현전 세력과 훈구 세력과의 관계를 통해 조선 시대의 정치·사회상을 연구한 결과였다.

손 선생은 연희전문학교에서 벽초 홍 선생의 큰아들 기문의 강의를 들으며 《조선왕조실록》을 독파했다고 했다. 그 뒤 미국 대학에서 조선 시대에 관한 논문으로 박사과정을 거쳤는데 고고학자로 더 알려지게 된 것은 뜻밖의 운명이었다.

손 선생은 고고학을 전문적으로 공부하지 않았다. 일제강점기 동안 조선의 학자들은 유적을 발굴한 경험이 없었다. 더구나 남한에는 정식으로 구석기 고고학을 공부한 학자가 존재하지 않았다. 손 선생은 서울대 교수 원룡과 함께 구석기를 연구하는 1세대 학자가 되었다.

그 위 세대로는 1930년대 오스트리아 빈과 독일 뮌헨에서 각각 공부한 유호와 재원이 있었다. 가장 두각을 나타냈던 유호는 1946년 월북해 김일성대학교 교수와 북한의 고고학연구소장이 되었다. 재원은 미군정하에서 조선총독부 박물관을 인수해 국립박물관을 건립했고 관장이 되었다. 재원이 키운 제자가 손 선생의 라이벌 격인 원룡이었다.

인생은 알 수 없었다. 선주는 대학에 입학하면서 손 선생이 맞이했던 어떤 급격한 변화가 곧 자신의 것이 될 줄은 몰랐다, 그것도 아주 빨리.

선주는 고등학교 시절 전자공학과나 원자력공학과를 가겠다고 마음먹었다. 1967년 대학입시에서 한 대학 전자공학과에 도전했다가 미끄러졌다. 재수를 했다. 이듬해엔 이과에서 문과로 바꿨다. 사학과를 지원했다. 무슨 바람이 들었는지 미국의 앵커 크롱카이트 같은 기자가 되겠다고 꿈꾸었다. 서울사대부고에서 신문반과 교지반 반장을 했던 추억을 새삼 새기며 관우, 종인 같은 언론인의 이름을 떠올렸다. 역사를 알아야 사회를 보는 눈이 생기는 법이었다.

그런데 입학하자마자 언론인의 꿈 따위는 물 건너갔다. 박물관장이 불렀다. 과 수석으로 들어온 선주를 눈여겨본 것이다. 박물관에서 일 좀 하라고 했다. 그렇게 주마다 나가 발굴 작업을 했다. 그 박물관장이 바로 손 선생이었다.

손 선생은 1964년 공주 석장리의 구석기 유물을 발굴하면서 고고학계의 스타가 되었다. 신문 지면에도 등장했다. 손 선생은 석장리 현장에 처음 가서 본 작은 돌조각 이야기를 했다. 심장이 멎을 뻔했다고 했다. 뗀석기, 돌을 깨뜨려 만든 선사 시대의 생활 도구. 이건 구석기 유물이라고 확신했다.

공주 석장리 유물은 우리나라에도 구석기 시대가 있었음을 증명한 유적이다. 그전까지만 해도 한국에서는 금석병용기설이 우세했다. 청동이 본격적으로 사용되기 전에 순동 중심의 동기와 석기가 함께 사용되던 시대가 있었다는 설이다. 금석병용기설을 주장하는 이들은 공주 석장리 유물의 발굴 소식을 듣고도 한반도의 구석기 시대를 인정하지 않았다.

선주가 대학에 들어올 때쯤에야 구석기 시대가 드디어 학계의 공인을 받았다. 우리나라에 사람이 살기 시작한 게 그전에 알려진 시기보다 짧게는 수만 년에서 길게는 백만 년쯤 앞당겨지게 될 수 있다는 말이었다. 선주는 주말마다 공주 석장리 금강변으로 갔다. 그곳에서 유물 발굴 작업을 했다.

손 선생은 오늘의 선주를 만든 거울 같은 존재였다. 대부였다. 직관과 열정, 과학적 사고의 방법을 배웠다. 손 선생은 발굴 현장에서 돌이 나오면 묻고 또 물었다. 어떻게 쓰였을까. 누가, 왜, 어떻게 만들었을까. 가장 인상적인 것은 우리말 고집이었다. 외국어를 우리말로 고쳐 쓰는 것이 아니라 우리말을 찾아 써야 한다고 말했다. 손 선생은 연희전문학교에 다니던 시절, 틈만 나면 선배였던 동주를 찾아가 기숙사 다락방에서 밤을 지새우며 우리 말과 글에 대한 이야기를 나누었노라고 했다.

뗀석기는 손 선생이 만든 말이었다. 그것은 본래 영어로 플레이크 툴flake tool 또는 한자어로 박편剝片이었다. 핸드 액스hand axe는 주먹도끼로 바꾸었다. 호모 사피엔스 사피엔스는 슬기슬기 사람으로 바꾸었다. 유적에서 나오는 사람 뼈 용어도 한글로 썼다. 가령 허벅지 근육을 힘살마루라고 했다. 선주는 학자의 이력이 쌓이며 손 선생과 함께 우리말 용어를 만들었다. 손쓴 사람(호모 하빌리스), 곧선 사람(호모 에렉투스) 따위였다. 손 선생은 우리말 용어를 만든 뒤엔 꼭 국문과 교수들을 찾아 감수를 요청했다.

선주가 보기에 손 선생의 우리말 사랑은 동주보다 연희전문학교 스승이었던 외솔 현배의 영향이 더 컸다. 현배는 비행기를 날틀로 쓰자고 주장했던 사람이다. 손 선생 덕분에 고고학은 우리나라 학문 분야에서 보기 드물게 순우리말 용어를 널리 쓰는 분야가 되었다. 손 선생은 일본어에 대한 거부감이 컸다. 공주 석장리 유적지에 일본 사람이 견학을 오면 손 선생은 영어를 썼다. 식민지 시절에 태어났고 심지어 해방 직전 규슈제국대학에서 유학했으므로 일본어가 통하지 않을 리 없었다. 그럼에도 굳이 영어를 썼다. 일본 학자들이 영어가 짧다고 하면 통역을 구해오라고 했다.

발굴 현장에서 어떤 자세로 임해야 하는지도 손 선생에게 배웠다. 손 선생은 발굴단장이라고, 교수라고 뒷짐을 지지 않았다. 대신 직접 지게를 지고 흙을 퍼 날랐다. 챙이 좁은 모자에 청바지와 장화 그리고 점퍼 차림으로 현장에 나왔다. 영락없는 흙일꾼이었다. 힘든 발굴을 마치고 나면 밤늦게까지 유물 정리를 했다.

젊은 학생들은 어떻게든 술맛을 본 뒤 자려고 했다. 때로 음주 계획에 성공하고 새벽에 돌아온 뒤 늦잠에서 깨어나 발굴 현장에 나간 학생들은 홀로 땅을 파는 손 선생의 모습에 기겁을 했다. 선주가 뒷날 현장에서 삽이나 호미를 들 때면 늘 머릿속에 손 선생이 그려졌다.

손 선생은 청출어람이란 말을 좋아했다. 선주도 그 말을 좋아했다. 스승을 넘어서는 제자. 스승의 학문적 업적보다 한발 더 나아가는 제자. 새로운 지식으로 무장해야 했다. 선주가 버클리에 가기로 결심한 이유였다.

"여긴 땅 파면 다 시체야"

◆

내 이름은 인욱이다.

건축에 관계된 일을 했다. 대학에서 건축공학을 전공하고 졸업하자마자 한 대기업 건설회사에 들어갔다. 1992년에 입사한 후에는 건축 현장의 공정 관리, 비용 처리를 주로 맡았다. 충남 아산에서도 그랬다. 1995년 1월부터 아산시 배방읍 공수리 883에 신도리코 아산공장 본관과 부대 건물을 짓기로 돼 있었다.

나는 건축부 대리로서, 건축 현장을 담당하기 위해 내려갔다. 신도리코는 복사기와 복사지, 카메라를 만드는 기업이다. 한국의 신도와 일본의 리코가 합작했다. 지상 4층과 지하 1층짜리 본관 그리고 지상 1층 규모의 복사지 공장과 파지 처리장을 부대 건물로 짓기로 했다. 기공식 직후 초기엔 집에도 못 들어가고 새벽까지 일하곤 했다. 새싹이 돋아나고 봄바람이 강하게 불던 4월 어느 날이었다. 1995년 4월.

먼저 A4-5, A5-4, A17, A18, A19를 비롯해 완전 유해 또는 부분 유해의 형태로 2023년 3월 성재산에서 발굴된 62구 영령들의 안식을 빈다. 그렇다. 그들의 식별번호 앞에는 '성재산'이 붙어야 한다. '성재산 A4-5, 성재산 A5-4, 성재산 A17·18·19'가 정확한 이름이다. 얼마 전 이들이 나온 뉴스를 보고서야 28년 전 내가 목격한 장면들의 비밀을 풀게 되었다. 그것은 평생 내 목에 걸린 가시와도 같은 기억이었다. 누군가에게 제대로 이야기하고 싶었다. 퇴직을 얼마 남겨두지 않은 이때 속 시원하게 말할 기회를 얻어 감사하다.

1995년 4월 아산의 그 공사 현장은 2023년 3월 유해가 발굴된 아산시 배방읍 공수리 산110 성재산 기슭으로부터 북쪽 340미터 거리에 있다. 28년 전 그날로 돌아가본다.

오전 10시경부터 부대 건물 기초공사를 위해 땅을 팠다. 굴삭기를 동원해 설계 도면에 맞춰 작업하는데 흙 속에서 뼈가 나왔다. 인부들이 말했다. "개를 잡아먹었나?" 뼈 몇 개를 주워서 밖으로 내던졌다. 지금 생각하면 동물 뼈가 아니었다. 사람 뼈였다. 정강이뼈.

12시경 낮잠을 자려고 누웠다. 한 시간쯤 뒤 인부들이 나를 흔들어 깨웠다. 사람이 나왔다고 했다. 원래는 굴삭기로 파야 하는 곳이었다. 그 영혼들이 으스러지지 않으려고 힘을 썼는지도 모르겠다. 서쪽 가장자리 기둥 자리에 가로세로 폭 1미터, 깊이 1미터로 땅을 파는 공사였다.

벚나무들이 즐비하게 심어진 언덕이었다. 굴삭기의 버킷이 목적 지점에 닿지를 않았다. 무한궤도가 아닌 바퀴로 된 굴삭기여서 그랬을 거다. 할 수 없이 인부들이 삽으로 한 시간 넘게 파다가 사람이 나왔다며 나를 부른 거였다. 벚나무 뿌리 사이에서 머리뼈가 있는 유해 두 구가 나왔다. 깜짝 놀랐다.

단순하게 매장된 주검이 아니었다. 앞을 향해 처참한 형태로 고꾸라져 있었다. 얼굴로 봐서는 건장한 남자 같았다. 턱뼈가 굉장이 커 보였다. 치아가 단단하고 치열도 고른 편이었다. 머리뼈에 흙이 많이 차 있었지만 함몰이 되지 않았다. 한 유해의 척추뼈엔 붉은 핏기가 남아 있었다. 배수가 잘되는 양질의 땅 덕분인지 몸의 모든 뼈가 원형대로 있었다. 게다가 구덩이 옆으로도 다른 이의 것으로 보이는 뼈가 조금 보였다.

어찌해야 할지 판단이 서지 않았다. 유해의 모습이 너무 안 좋아 뭔가 밝혔으면 좋겠다는 생각이 들었다. 신분은 모르지만, 6·25 전사자가 아닐까 싶었다. 경찰에 신고해야 하나? 다들 말렸다. "신경 쓰지 마셔. 아산 땅 파면 다 시체야." 아산 토박이라는 수위장 어르신이 말했다.

60대였던 아산 출신 인부 두 명도 별스럽지 않은 듯 말했다. "전쟁 때 안 돌아온 사람들이 한둘이야? 이 동네는 저승골이야. 원래 이쪽으로 오줌도 안 눈다잖아." 기둥 자리 옆에 삐죽 나온 뼈는 더는 파지 않

53

기로 했다. 바닥에 공구리(콘크리트)를 쳤다. 그리고 유해를 당일에 처리하기로 했다. 건축 현장에 뼈를 보관해놓을 수는 없었다.

고민 끝에 묻어주기로 했다. 작업자들에게 광목천을 사 오게 했다. 인부 두 명은 유골 수습을 많이 해본 눈치였다. 능숙하게 부위별로 뼈를 가지런하게 정리했다. 다만 두 유해를 정확하게 따로 나눌 수 없었다. 광목에 하나로 싸서 들고 성재산 정상 쪽으로 올라갔다. 길도 없었다. 나무를 헤치며 길을 만들었다. 전망이 좋다 싶은 능선에서 자리 하나를 정했다. 인부 두 명이 땅을 팠다. 굵은 모래 지대라 삽날이 잘 안 들어갔다. 40~50센티미터를 파 내려가는 데 1시간은 걸렸다. 광목천에 담긴 뼈를 내려놓고 근처에서 흙을 퍼 와 50센티미터 높이의 봉분도 만들었다. 인부들이 말했다. "구석에 묻혀 있다가 이런 자리로 왔으니 행복할 거예요. 두 분이 오래오래 잘 사십시오." 오후 4시경 인부들과 함께 망자들에게 절을 했다. 막걸리도 뿌려주었다.

유품도 기억한다. 탄피가 4개 나오고, 신발 밑창 고무가 나왔다. 밑창은 썩어 70퍼센트 정도만 남아 있었다. 탄피는 한때 사무실에 두었다. 공이가 있는 부분을 사포로 문질러보았더니 글자가 보였다. 유에스에스알USSR. 소비에트 사회주의 공화국 연방Union of Soviet Socialist Republics, 소련제 소총의 탄피였다. 한 달 후에 버렸다. 이걸로 사람을 죽였을 거라고 생각하니 기분이 썩 좋지 않았다.

그때 작정하고 부근의 땅을 파헤쳤으면 유해가 더 나왔을 것이다.

하지만 주변 사람 모두들 잊으라고 했다. 기자로 일하는 친구들한테도 이야기를 해보았으나 별 관심을 보이지 않았다. 2023년 3월, 성재산 유해 발굴 뉴스를 보며 그 주검들이 군인의 것이 아니었다는 사실을 알게 됐다. 발굴단장으로 일하신 교수님을 수소문해 전화를 드렸다. 28년 전 일을 소상하게 전했다. 그 뒤 아산의 시민단체 사람에게서 연락이 왔다. 이장 지점을 같이 확인해주면 좋겠다고 했다. 아산에 내려갔다. 그 공장이 준공된 게 1996년 3월이니, 27년 만이었다.

완전히 지형이 달라져 있었다. 정확한 지점을 찾기 힘들었다. 옛 기억을 되살리며 산 쪽으로 올라갔으나, 그곳엔 어마어마하게 큰 묘지가 새로 세워져 있었다. 유해가 발굴됐던 자리는 증축이 돼 있었다. 내가 참여해 지었던 공장은 기계 하나 없이 텅 빈 상태였다. 매각한다고 했다. 아파트가 들어선다고 했다. 지금도 아쉽다. 유해를 묻은 자리에 표식이라도 해둘걸, 사진이라도 찍어둘걸, 유품이라도 보관해둘걸.

나의 고향은 김천이다. 김천에서도 여러 사건이 있었다. 아버지 사촌 중 한 명은 6·25 때 인민군에 끌려가 돌아오지 못했다. 아버지는 늘 연좌제를 걱정했다. 나는 1980년대 중반 사관학교를 지망했지만 떨어졌다. 인연이 닿지 않은 건지, 연좌제였는지는 모른다. 나는 사립대학 건축공학과에 진학했다. 그렇게 돌아 돌아 28년 전 나와 성재산의 그들은 운명적으로 만났는지도 모르겠다.

신도 95-1, 신도 95-2.

발견된 공장 이름과 해를 넣어 그들의 이름을 지어보았다. 척추에 붉은 핏기가 남아 있던 유해를 신도 95-1로 한다. 나머지가 신도 95-2다. 지금 다시 성재산을 뒤지는 사람들이 당신들을 기어코 만나게 되길 진심으로 빈다. 식별번호로나마 당신들의 존재를 알려 기쁘다.

안녕, 신도 95-1, 신도 95-2.

모란, 폐결핵, 사투

●

피를 한바탕 쏟아냈다.

교회 권사라는 60대 여성이 안수기도를 해주던 중이었다. 두어 달 동안 거의 매일 찾아와 선주의 머리에 손을 얹고 기도를 해주는 사람이었다. 버스를 타고 가다 뒷좌석 젊은 청년들의 대화에 끼어든 게 출발이었다고 했다. 요양 중인 선주를 걱정해주던 대학 친구들을 우연히 만난 모양이었다.

결국 선주가 어머니와 따로 살고 있던 수유리 집 주소를 물어물어 찾아왔다. 하나님한테 당신을 찾아가라는 계시를 받았노라고 했다. 어느 날 선주는 그 여성에게서 신의 환상 같은 걸 보았다고 했다. 그 여성도 똑같은 환상을 보았다고 했다. 그러면서 간증을 해보라고 했다. 선주가 뭔가 말하려는 순간 갑자기 구토감이 일었다. 쿨렁쿨렁 피가 끝없이 입에서 흘러나왔다.

동네 의사는 회복할 가망이 없다고 했다. 폐에 구멍이 뚫려 있다고 했다. 안수기도를 하던 여성은 자기 탓이라도 되는 양 미안해했다. 안수기도보다, 몰래 마신 뱀술이 문제였다. 언젠가 선주에게 합기도를 배우던 제자가 군대에서 구렁이를 잡아 큰 병에 술을 담가왔다. 사람이 발로 밟으면 좋다고 해서 통행량이 많은 곳에 묻어놓았다고 자랑하던 술이었다. 한 잔 마시면 비린내가 났지만, 조금 지나면 또 마시고 싶었다. 그렇게 뱀 껍질만 남을 때까지 다 마셨다. 약인 줄 알았지만, 실제로는 혈관을 팽창시키는 독이었다. 한 달간 신촌 세브란스병원에 입원을 했다.

몸에 좋다고 하면 마다하지 않았다. 양질의 단백질을 섭취하면 좋다 하여 태반 조각을 몇 차례 먹기도 했다. 수소문을 통해 어느 종합병원의 산부인과 과장에게 받은 거였다. 어머니가 칼 손잡이로 다져서 환으로 만들어주었다. 등에 100여 일간 뜸을 뜬 적도 있다. 밤에 막걸리 한 사발을 밖에 내놓은 뒤 이슬을 맞게 하고, 거기에 미꾸라지를 갈아 넣어 삼베에 넣고 짜 한 달간 마시기도 했다. 희한한 민간요법이 많았다. 오로지 살기 위한 사투였다. 1970년의 일이다.

폐결핵에 걸린 사실을 처음 안 건 1969년 5월. 손 선생과 함께 간 공주의 석장리 구석기 유적 발굴 현장에서였다. 아침 운동을 하고 나서 기침을 했는데 피가 나왔다. '이게 뭐지?' 폐결핵 진단을 받았다. 휴학을 했다. 큰형님 집에서 따로 나와 요양을 하기도 했다. 그리고

4년 만인 1972년에야 완치 판정을 받았다. 안수기도 중의 각혈은 가장 가까이 다가왔던 죽음의 그림자였다. 수천 년간 인류에게 공포를 선사했던 폐결핵. 당시엔 적지 않은 사람들이 감염되던 무시무시한 질병이었다.

폐결핵은 아버지의 유산이다. 대한통운의 전신인 마르보시의 현장 노동자로 일하던 아버지는 막냇동생의 일로 1946년부터 고초를 겪었다. 막냇동생은 조선정판사라는 인쇄소에 다니고 있었다. 그해 5월 조선공산당이 당비를 조달할 목적으로 조선정판사에서 위조지폐를 만들어 시중에 유통시켰다며 미 군정 치하의 경찰이 이들을 체포하는 사건이 터졌다. 막냇동생은 좌익으로 몰리고 경찰에 쫓기는 신세가 됐다. 집으로 와 동생의 소재를 다그치던 경찰은 권총 자루로 아버지의 옆구리를 가격했다. 그 후유증으로 아버지는 나중에 늑막염을 앓는다.

선주는 어릴 때 출근하지 않고 집에 누워 있던 아버지의 모습을 기억했다. 아버지가 쓰러지자 어머니가 신발 공장에 다니며 6남매를 키웠다. 아버지는 늑막염이 악화하면서 폐결핵까지 얻었다. 결핵은 호흡기 분비물로 옮겨지는 전염성 질환이다. 선주는 자식 중에 그 결핵균을 자신이 받았다고 생각했다. 쉽게 피로감을 느꼈고 자주 기침을 했다. 자다가 식은땀을 흘렸다.

'파스'라는 이름의 폐결핵약은 한 주먹이 될 만큼 양이 많았다. 신약

이 나왔지만 파스에 비해 너무 비쌌다. 한 달치 약값이 직장인의 한 달 월급이었다. 1935년생인 큰형님이 아버지와 선주의 약값을 댔다. 큰형님은 고등학교를 졸업하고 군대에 다녀온 뒤 동생들을 책임지기 위해 생활 전선에 뛰어들었다. 타고난 사업가 기질이 있었다. 택시에 공급한다며 프로판가스 사업을 했고, 남양주 금곡 야산에 400여 채 빌라를 지어 분양을 하기도 했다.

그러다 망했다. 부도가 나자 그때까지 큰형님 식구와 살던 수유리 집에 집달리(집행관)들이 찾아왔다. 풀장도 있던 대저택이었다. 건달처럼 보이는 사람들이 들어와 퇴거명령을 했다. 그때 큰형님 식구 여섯과 어머니 그리고 선주가 세 들어 간 곳이 모란이었다. 성남이라는 이름이 지어지기 전이었다. 모란은 지금으로 치면 성남시 수정구다. 부족함 없이 풍요를 누리던 선주는 갑자기 최악의 빈민가 근처로 이주하는 신세가 되었다, 폐결핵의 몸으로.

서울에서 망한 사람들은 모란으로 왔다. 벽돌이나 천막으로 얼기설기 집을 지어 사는 사람들이 많았다. 하루 끼니를 위해 봉지 쌀을 사오면 옆집에서 나눠 먹자면서 시비가 붙기 일쑤였다. 선주는 볕이 좋은 날이면 아침 먹고 제방에 나가 누워 있다가 점심 때 돌아와 밥을 먹고 또 제방에 나갔다. 그래도 학교는 복학해서 다녔다. 집은 망했지만 큰형님이 애를 써 학교에 다니게 했다. 모란에서 동대문까지 시외버스를 타고 가, 다시 신촌 가는 시내버스로 갈아탔다. 시외버스에서 만난 모란 사람들은 차비도 못 내는 경우가 많았다. 그곳에서 1970년 말부터 8개월을 살았다.

1971년의 어느 날이었다. 버스를 타고 모란에 도착했는데 술 생각이 났다. 폐결핵을 앓으며 입에 한 모금도 대지 않던 술이었다. 그날은 시험 삼아 한번 먹어보자는 유혹이 고개를 들었다. 술집에 들어가 막걸리를 한 병 시켰다. 그때 허름한 차림의 30대 남자 한 명이 들어오더니 선주 앞에 앉았다. 술 한 잔만 달라고 했다. 순순히 한 잔 따라주며 어떻게 혼자 왔냐고 물었다. 자신을 막노동자라고 소개한 남자는 이야기를 시작했다. 부인이 아이를 가졌다고 했다. 서울에서 일을 마치고 돌아와보니 부인이 죽어 있었다고 했다. 한겨울에 칼바람이 들어오는 집에서 산모는 안전할 리 없었다. 죽은 부인의 배를 칼로 갈라 태아를 꺼냈다고 했다. 야산에 묻어주고 왔다고 했다. 믿을 수 없는 이야기였다. 굶주림에 지쳐 인육을 먹었다는 소문까지 들렸다. 그곳이 모란이었다.

그해 초여름 모란은 폭우에 물바다가 됐다. 동네 사람들이 다 나와 모래주머니로 둑을 만들었다. 7월에 모란 사람들은 파출소와 경찰서에 불을 지르고 관공서 건물과 차량을 파괴했다. 서울시는 1969년 5월부터 청계천 일대를 비롯한 판자촌을 대거 철거하면서 주민들을 모란 쪽에 강제 이주시켰다. 그렇게 해서 모인 빈민들 수가 14만 5000명에 이르렀다. 굶주림에 시달리던 사람들은 투기꾼들이 몰려들

어 땅값이 뛰는 이 지역 토지를 서울시가 유상불하하고 가옥 취득세
도 부과한다는 방침을 발표하자 분노했다. 선주는 불을 지르며 서울
로 행진하는 사람들을 보았다. 모란의 다른 이름은 광주대단지였다.

한 바가지의 피는 선주를 더욱 강하게 했다. 사투였다.

모란은 신세계였다. 선주는 비참하게 가난한 사람들의 사투에 눈을
떴다.

검은 낯은 말이 없고

◆

나는 새지기 2-2다.

새지기는 성재산 A4-5가 발견된 충남 아산시 배방읍 공수리 산 110으로부터 10킬로미터 떨어진 곳이다. 새지기는 황골에 있다. '옛 공동묘지'라고도 부른다. 처음에는 충남 아산시 염치읍 대동리라고 했다. 지금 행정구역명은 염치읍 백암리 96-4다.

나는 성재산 A4-5와 한 달을 사이에 두고 세상에 노출되었다. 성재산 A4-5가 2023년 3월 10일, 나는 같은 해 4월 9일이다. 성재산 A4-5가 61명의 동료와 함께 나왔다면, 나는 단 한 명의 파트너와 함께 나왔다. 한 가지만 밝혀두자. 나는 일찍 찾아온 사람들 덕분에 4년 전부터 희망 고문에 시달렸다. 그렇다. 낯에게 고마워해야 할지도 모른다. 낯이 아니었다면 사람들은 나를 찾기 위한 노력을 이어나가지 못했을 것이다. 다시 억겁의 세월을 땅속에서 보내야 했을지 모른다.

낫은 2022년 5월에 발견되었다. 땅을 파는 사람들은 그해 성재산과 새지기 두 곳에 왔다. 뭔가 단서를 찾기 위해 땅속에 트렌치를 넣었다. 시험 발굴이었다. 굴삭기로 표토층을 긁어보는 작업이었다. 성재산에 서는 허벅지 뼈와 정강이뼈가 나왔다. 새지기에서는 낫이 나왔다. 두 곳에서 모두 가능성을 본 것이다.

성재산은 처음이었지만, 새지기는 처음이 아니었다. 그런 점에서 2019년은 나에게 불운한 해였다. 그해 처음으로 새지기에 사람들이 왔지만, 나를 발견하지 못한 채 돌아갔다. 같은 해 5월 23일부터 작업 을 시작해 정확히 한 달째 되는 날이 돼서야 뼈들이 나왔다. 무더위와 장마가 찾아왔다. 끝내 여섯 명이 노출된 것은 9월 초였다. 그 바로 옆 에 내가 숨어 있었다. 조금만 더 다가오면 되었다. 그러나 오지 않았 다. 단풍나무들이 나를 밟고 있었다. 작업은 거기서 끝이 났다.

그러나 사람들은 잊지 않았다. 그 단풍나무 밑에 무언가 있으리라 는 기대를 접지 않았다. 사람들은 3년 뒤 다시 찾은 새지기 땅속에서 나온 낫을 보며 무엇인가 더 나오리라 짐작했다. 낫은 거무스르하게 부식된 상태였다. 그 어떤 연약한 풀도 벨 수 없는 존재였다. 그 낫에 도 섬세하게 날카롭고 싱싱하던 날을 자랑하던, 창창하던 시절이 있 었으리라. 나 역시 여리고 푸르고 빛나던 시절이 있었다. 아니, 바로 그런 꽃 같은 시절에 이르기도 전에 이곳에서 무너졌다. 낫의 형상을 다시 본다. 질문한다. 낫이여, 너는 나에게 고마운 존재인가, 증오의 대상인가. 너는 동무인가, 악마인가.

2023년 4월 5일부터 단풍나무 여섯 그루가 제거되었다. 그리고 5일 후, 나는 마지막 나무가 있던 곳에서 흙덩어리가 되어 나왔다. 머리뼈는 지저분한 축구공 같았다. 흙을 빼내자 귀 뼈 하나밖에 없었다. 위턱과 아래턱에서 앞니와 송곳니, 작은 어금니 등 여러 치아가 나왔다. 그리고 허벅지 뼈와 정강이뼈 조각. 이것이 내 물리적 육신의 전부였다.

사실 2019년에 발견된 여섯 명도 마찬가지였다. 새지기는 진흙이 쌓인 둥근 모양의 퇴적층 웅덩이였다. 물이 고이면 잘 빠지지 않았다. 뼈들은 호물호물해지고 바스라졌다. 2019년에 발견된 여섯 명, 즉 새지기 1-1부터 1-6까지 머리뼈가 나온 유해는 한 명뿐이었으니까. 성별과 나이가 가늠된 이는 각각 두 명뿐이었다.

다행히도 나는 14~15세라는 사실이 드러났다. 위턱과 아래턱의 치아를 통해 분석한 결과였다. 치아 뿌리가 완전히 형성되지 않았다고 했다. 그러나 여자인지 남자인지, 키가 몇 센티미터였는지는 알 수 없었다. 내 뼈들은 아이라는 것만을 증명했다.

아, 함께 노출된 나의 파트너 새지기 2-1을 소개해야지. 새지기 2-1도 머리뼈가 흙덩어리로 발견되었다. 그래도 나보단 조금 나았다. 귀밑 바로 아래 꼭지 뼈와 왼쪽 옆머리뼈가 발견되었다. 위팔뼈와 골반뼈도 나왔다. 새지기 2-1은 여성이며 30~34세로 추정되었다. 키는 150.7센티미터라고 했다. 새지기 2-1과 나는 엉켜 있었다. 그렇다면 새지기 2-1은 엄마인가. 나는 엄마에게 안겨 있다가 최후를 맞이했는가.

유품도 이야기해야겠다. 새지기 2-1한테는 일본 동전이 나왔다. 구멍이 2개 또는 4개인 단추들이 나왔다. 나한테서는 가로 42.5밀리미터와 세로 45.7밀리미터 크기의 장방형 버클과 벨트 가죽이 나왔다. 금속 지퍼 일부와 고무신 밑창 조각이 나왔다. 마지막이 중요하다. 소총 탄두 하나. 그렇다면 나는 총에 맞아 죽었을까. 2019년에도 이곳에서 나오지 않은 탄두였다. 사람들은 아니라고 했다. 나의 마지막 순간을 본 사람들은 총성에 관해 증언하지 않았다.

'희생자들은 줄 세워져 마을 공동묘지 새지기로 끌려갔다. 죽이러 가는 사람보다 죽으러 가는 사람들이 더 많았는데도 아무도 반항하지 못했다.' '끌려간 사람들은 애고 어른이고 할 것 없이 죽을 만큼 몽둥이에 맞은 다음 구덩이에 던져져 흙으로 덮어졌다. 미처 숨이 끊어지지 않은 사람들은 꿈틀거리며 생매장되었다.'

그들은 몽둥이를 이야기했다. 삽을 이야기했다. 추수 뒤 벼 무게를 재는 지렛대 쇠뭉치를 언급한 사람도 있다. 모든 게 농기구였다. 낫, 너는 누구인가. 몽둥이, 삽, 지렛대 쇠뭉치와 한패였다는 말인가.

모내기와 추수기가 되면 학교는 임시 방학을 했다. 바쁜 어른들 틈에서 심부름을 했다. 직접 농사일을 거들었다. 그런 때가 아니어도 우리는 틈틈이 일꾼이 되었다. 호미를 들고 밭에 나갔고, 낫을 들고 나가 잡초를 벴다. 낫은 친숙한 도구였다. 나는 낫 놓고 기역자도 모르는 멍

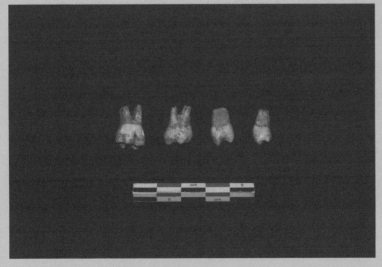

엄마와 자식 관계로 추정되는 새지기 2-1과 2-2. 위 사진 하단의 동그란 흙덩어리가 새지기 2-1이다. 아래 사진처럼, 새지기 2-2의 치아는 뿌리가 아직 형성되지 않아 새지기 2-2가 아직 어린아이임을 증명했다.

청한 아이가 아니었다. 그날 엄마 손을 꼭 잡고 올라갈 때 공포에 감전되었다. 마지막 순간에 엄마를 부둥켜안고 눈을 질끈 감았을까. 낮은 나를 풀처럼 베었을까. 나와 엄마의 목을, 머리를, 옆구리를 사정없이 찍었을까. 그리하여 낮은 시뻘겋게 변해 나와 함께 묻혔을까.

세화를 아는가. 세화는 나보다 열두 살 어린 세 살 아이였다. 띠동갑에 같은 문중이었는지 모른다. 세화는 갓난쟁이 동생 민화를 잃고 살아남았다. 고난과 슬픔을 배우고 성장하여 《나는 빠리의 택시 운전사》라는 책을 썼다. 그 책을 읽어보라. 새지기는 세화의 영혼에 새겨졌다.

"그리하여 나는 본 것이다. 돌쟁이 동생의 손을 잡고 이쪽을 향해 손짓하는 바로 나 자신을 본 것이다. 그러나 그 나와 그 나를 바라보는 나 사이엔 건널 수 없는 강이 흐르고 있었다. 나는 그 강을 건널 수 없었다. 나는 사랑을 배우기 전에 증오를 배웠다. 강의 저쪽은 증오의 대상일 뿐이라고 배웠고 또 그렇게 철석같이 믿어왔는데, 바로 거기에도 내가 있었다. 나는 분열되었다."

— 홍세화, 《나는 빠리의 택시 운전사》, 창비, 171~172쪽

검은 낮은 말이 없고, 나는 이제야 입을 연다, 1950년 9월 추석 때 벌어진 일을.

버클리의 두 얼굴

●

히피들의 천국이었다.

선주의 눈에는 낯설기만 했다. 대학 정문 앞길 너머 공원에는 늘 노숙자 차림의 젊은이들이 있었다. 공원 숲 안에 텐트를 치거나 골판지를 깔고 누워 생활 터전으로 삼았다. 해가 뜨고 학생들이 들어오면 히피들은 대학 정문 옆으로 자리를 옮겼다. 그 앞 광장에서는 노란 승복을 입고 징 같은 악기를 두드리며 종교의식을 하거나 피리로 쉼 없이 제3 세계 음악을 연주하는 히피들로 북적거렸다.

누군가는 노래를 했고, 누군가는 정치 연설을 했고, 누군가는 퍼포먼스를 했다. 아무도 그들을 무시하거나 하대하는 시선으로 보지는 않았다. 머리도 좋고, 집안도 좋은 이들이라고 했다. 전쟁보다는 평화를 추구한다고 했다. 인간이란 무엇인지를 깊이 탐구하다가 현실에서 도피해버린 이들이라고 했다.

학생운동의 본산이었다. 1964년 9월 버클리대 학생들이 캠퍼스 안에 책상을 하나 설치하고 대학 당국과 긴장을 빚으면서 사건은 시작되었다. 책상 위에는 시민운동의 권리와 관련된 책이 놓였고 기금을 모집한다는 문구가 적혔다. 10월 대학 당국이 책상을 치우고 경찰을 부르자, 학생들이 강경하게 저항한다. 그 대치는 장장 32시간 이어진다. 이 싸움에서의 부분적 승리는 이 대학 학생운동의 강력한 전통이자 뿌리가 되었다.

그리고 1968년 베트남전 반전 운동에서 다시 한번 불타오른다. 이때 히피는 평화운동의 주역 중 하나였다. 선주는 대학 주변의 은행 창문이 매우 높다는 사실을 기이하게 여겼다. 낮은 창문들이 한때 데모대가 던진 돌멩이에 다 깨져나가면서 건물 설계를 바꾼 거였다.

1980년, 선주는 버클리대학교에 입학했다. 선주에게는 히피의 천국, 학생운동의 본산으로서 버클리가 생경하고 신기했다. 하지만 그 이유로 여기에 오지는 않았다. 선주에게는 '인류학 분야 랭킹 톱'이라는 말이 더 끌렸다. 그래서 버클리대학교 인류학 박사과정에 도전했다.

1979년 5월에 입국한 뒤, 샌프란시스코 시티칼리지를 다니며 '잉글리시 원' 과정을 들었다. 한국으로 치면 '대학 국어'였다. 그곳에서 영어 페이퍼 쓰는 법을 집중적으로 배웠다. 입학원서에는 대학 때부터 어떤 활동을 했는지 깨알같이 적었다. 그 중심에는 대학 박물관 시절

손 선생과 함께 다닌 답사가 자리했다. 무엇보다 손 선생의 추천서가 큰 구실을 했다. 손 선생이 버클리 출신이라는 점이 절대적으로 유리했다. 최종 합격자는 세 명이었다. 선주 그리고 에티오피아와 일본에서 온 학생들.

바야흐로 1980년이었다. 미국과 한국은 권력의 교체기를 맞이했다. 선주가 미국에 간 지 5개월 만인 1979년 10월 26일, 대통령 정희가 궁정동 안가에서 중앙정보부장의 총에 맞아 죽었다. 그보다 4일 전엔 이란의 팔레비 국왕이 미국에 도착했다. 이슬람 혁명 세력에게 쫓겨나 이집트와 모로코 등을 전전하다 10월 22일 뉴욕에 온 것이다.

미국의 카터 행정부는 한국의 독재자에게는 엄격한 편이었으나 이란의 독재자에게는 관대했다. 그 관대함은 한 달 뒤 이란 대학생들이 테헤란의 미국 대사관 정문의 쇠줄을 자르고 담장을 넘어가 점거하는 초유의 사태로 이어졌다. 70명의 미국 외교관이 인질로 잡혔다. 이란 대학생들은 팔레비의 송환을 요구했다. 한 달여 뒤인 12월 12일, 서울 한복판에서는 신군부 세력의 쿠데타가 벌어졌다.

선주는 1980년 봄의 어느 날, 텔레비전에서 눈을 뗄 수 없었다. 대형 헬리콥터들이 하늘을 날았다. 테헤란 미국 대사관의 인질범을 제압하려는 미군 특수부대의 무력시위였다. 4월이었다. 얼룩무늬 군복을 입은 한국의 공수부대원들이 광주에서 살벌한 광경을 연출했다. 5월이었다. 미국 대사관 점거 시위는 444일을 버텼다. 미군의 인질범

진압 작전은 실패했다. 신군부의 전남도청 시위대 진압 작전은 성공했다. 1980년, 미국에서는 '강력한 미국'을 내건 보수주의자 레이건이, 한국에서는 무력으로 등장하여 '정의 사회 구현'의 구호를 내건 두환이 권력을 잡았다.

늘 시끄럽고 생동감 넘치는 대학 정문을 통해 강의실 쪽으로 들어오면 버클리는 딴 세상이었다. 학구적 분위기가 넘쳐났다. 1980년 봄, 선주는 명성으로만 전해 듣던 아이작Isaac 교수와 마주 앉았다. 입학원서에 '꼭 가르침을 받고 싶다'고 쓴 꾹꾹 이름을 눌러쓴 그 교수였다. 모잠비크를 현장으로 하여 아프리카 구석기 시대를 연구한 학자였다. 선주는 체질인류학physical anthropology을 공부하고 싶다고 했다. 아이작은 고개를 저으며 말했다. "나는 고고학자다. 체질인류학을 하려면 하월Howell한테 가라."

하월 교수는 세계에서 다섯 손가락에 꼽히는 체질인류학자라고 했다. 그는 중기 구석기 시대와 유럽의 호모 네안데르탈인 연구로 학문적 업적을 쌓아온 인물이었다. 인류학의 한 분야인 체질인류학은 과거에서 현재까지 인류를 포함한 영장류의 생물학적 특징을 연구하는 학문이다. 체질인류학에 유전학을 더하면 생물인류학이었다.

선주는 한국에서의 대학원 석사과정 시절을 떠올렸다. 1973년 2월, 폐결핵을 이겨내고 마침내 학부를 졸업했다. 대학원에 들어갔다. 고고학 전공이었다. 고고학이란 유적과 유물이라는 불완전한 재료를 통해 인류의 소멸된 문화를 재현하는 학문이다. 고고학과 학생들 중엔 돌, 즉 연모를 연구하는 학생이 많았다.

그다음은 동물이었다. 선주는 사람을 공부하는 체질인류학을 하고 싶었으나, 참고할 책이 거의 없었다. 1940년대 후튼Hooton이 쓴《유인원으로부터Up From the Ape》라는 영어 책이 유일했다. 광화문 사거리, 영어 원서를 파는 범한서적에 가보았더니《체질인류학 개론Physical Anthropology》같은 두툼한 책 한 권뿐이었다. 읽어도 당최 무슨 소리인지 알 수 없었다.

손 선생에게도 물었다. 자료를 뒤적여 몇 개 주었다. 집에 와 읽어보니 문화인류학에 관한 거였다. 문화인류학은 문화에 방점이 찍혀 있다. 우리나라 문헌도 뒤져보았다. 의과대학 해부학 교수들이 쓴 책이 있었다. 서울대 의대 교수 세진이 필진으로 참여한《한국문화사대계》(고려대 민족문화연구소, 1964)였다. 여러 사람이 공동집필했다. 선주는 세진이 책 맨 앞에 쓴 '한국 민족의 체질인류학적 연구'라는 장을 읽어보았다. 한국인의 골격과 머리뼈에 관해 서술이 나왔다. 세진을 찾아 서울대로 갔으나, 이미 은퇴한 상태였다. 그 제자가 주임교수를 맡고 있었다.

《한국문화사대계》는 한국 체질인류학계의 바이블처럼 추앙되고 있었다. 그런데 읽어보니 주석이 다 일본말이었다. 1915년에 일본에서 나온 정기간행물《인류지》를 번역한 책이라는 사실을 알게 되었

캘리포니아 버클리대학교 유학 시절 지도교수인 하월과 함께한 선주.

다. 일본 학자들은 1910~1920년대 식민지 조선을 지배하기 위한 연구의 한 방편으로 전국을 돌아다니며 조선 사람들의 체질을 조사했고 《인류지》엔 그 결과물이 담겨 있었다. 더 거슬러 올라가면 독일이 나왔다. 체질인류학은 독일에서 우생학과 함께 발전했다. 체질인류학의 어두운 과거였다. 일본 학자들이 독일로 체질인류학을 배우러 갔다는 자료도 나왔다.

하월은 선주를 연구실로 안내했다. 가장 안쪽엔 하월의 방이 있었고, 가운데가 회의실이었다. 마지막 하나의 방에 박사과정생들이 있었다. 하월은 그곳에 선주의 자리를 마련해주었다. 선주는 버클리 학생운동의 전통이 빛나는 정문 앞 광장에서 히피들을 지나 하월의 방으로 등교했다.

하월은 워싱턴대학교의 해부학과에서 첫 경력을 쌓은 인물이다. 해부학 교실. 선주에게 아련한 추억을 불러일으키는 단어였다.

나는 어느 집 자식이었나

◆

　동무인가, 악마인가.

　지난번에 나는 물었다. 나보다 1년 먼저 세상에 노출된 거무스르한 낯에 감사와 증오 중 어떤 감정을 표현해야 할지 질문했다. 나는 2023년 4월 9일 충남 아산시 황골 새지기의 단풍나무 아래서 73년 만에 노출된 새지기 2-2다. 내 옆에서는 엄마로 추정되는 새지기 2-1이 나왔다.

　나는 14세 또는 15세 아이로 분석되었다. 그러나 남자인지 여자인지는 모른다. 누구의 집 자식인지, 나와 함께 노출된 새지기 2-1의 이름이 무엇인지는 더더욱 알 수 없다. 힘겨운 추리를 해본다. 1950년 내 고향 황골 속으로 들어가본다. 가장 결정적인 질문은 두 가지다. 누가 죽었는가. 누가 죽였는가. 두 가지 열쇠를 풀다 보면 나의 정체가 드러날지도 모른다.

전쟁의 와중에도 추석 명절이 다가오고 있었다. 황골은 120여 가구에 800여 명이 거주하던, 시골치고는 꽤 규모 있는 마을이었다. 누군가는 들떴고, 누군가는 숨죽였으리라. 단파 라디오를 통해 인천상륙작전 소식이 들려왔다. 아산 읍내에도 곧 미군 탱크가 들어온다고 했다. 인민군의 지배는 90일을 넘기지 못했다. 세상은 다시 뒤집혔다.

가장 먼저 승우가 불려 나갔다. 해방 전까지 북녘 진남포의 건설 현장 책임자로 일하다 소련군이 들이닥치자 낙향했던 인물이다. 마을 유지들의 권유로 인민위원장을 맡았다. 1950년 9월25일, 추석 전날이었다. 함께 사는 사촌 동생 승완이 아침 식사를 마치고 변소에서 일을 보는데 승우의 후처이자 사촌 형수 임순이 다급한 목소리로 말했다. "서방님, 큰일 났어요. 동네 사람들이 형님을 잡아갔어요."

승완이 곧바로 마을로 나가보니 동네가 벌집 쑤신 듯 난리가 나 있었다. 공회당 골방에 승우가 잡혀와서 손목이 결박된 채 피투성이가 돼 있었다. 그 길로 10여 명의 마을 사람들이 '낡은 터'라 불리는 곳으로 끌려가 죽임을 당했다.

밤이 된 뒤 또 마을 사람들이 끌려나갔다. OO이 집행위원장이 되어 있었다. 승우의 처 임순은 아들 영화, 젖먹이 어린애와 같이 끌려나갔다. 탕정초등학교 교사를 하던 큰아들 경화만 집에 없었다. 나는 혹시 승우의 아들 영화인가?

우영의 일가족도 죽었다. 승우 일가족이 첫 희생자가 된 뒤 우영은

"나쁜 새끼들"이라며 분을 참지 못하는 모습을 보였다고 한다. 이 장면을 목격한 가해자들이 우영을 찍었다. '저놈, 가만 놔두면 큰일 나겠다'는 판단을 했을 거다. 우영과 처, 세 아들이 끌려갈 때 우영과 혼사를 맺은 규남네가 '왜 우리 사돈 잡아가냐'고 항의했다. '빨갱이 편든다'는 이유로 규남 일가족까지 끌려가서 모두 죽었다. 우영의 집은(무슨 이유에서인지) 신팥집이라고 불렸다. 그는 충무공의 후손이었다. 우영네를 죽인 OO네 두 형제 중 동생네가 우영네 집을 차지했다. 나는 혹시 우영네 집 아들 중 하나였나, 아니면 우영의 사돈 규남네 아이였나.

문유 일가족도 모두 죽었다. 문유는 황골에 있는 한 양반 가문 문중에서 대부로 불렸다. 나이는 어리지만, 항렬이 가장 높아서였다. 그는 인민군이 들어오자마자 의용군으로 끌려갔다. 전투중에 포로로 잡혀 거제포로수용소에 갔고 다행스럽게도 전쟁이 끝난 뒤 황골에 돌아왔다. 그토록 그리워했던 고향 집 문을 열고 들어섰을 때 전혀 다른 사람들이 문유를 맞았다. 나이는 많지만 조카뻘 되는 사학을 비롯해 부인과 일가족은 모두 죽임을 당한 상태였다. 도합 14명이었다. 만삭이었던 부인은 같은 아산의 탕정면 명함1리 친정에 가 있어 화를 피할 수도 있었다. 가해자들은 그곳까지 찾아가 세 번의 시도 끝에 납치에 성공했고, 죽였다. 어쩌면 나는 문유 집안의 아이였을까?

황골은 양반촌이었다. 남양 홍씨, 덕수 이씨, 해평 윤씨, 평강 채씨 문중의 사람들은 양반 행세를 했다. 조상을 사당에 영구히 모시는 불천위 제사를 지내던 집안도 있었다. 1950년에만 해도 반상의 구별이 존재했다. 궁금하다. 나는 양반집 아이였나, 평민의 집 아이였나, 아니면 머슴 집 아이였나. 전쟁 통에 다들 눈이 뒤집히자 양반의 체통이나 법도 따위는 개한테 줘버린 이들이 있었다. 양반은 학살의 주동이 되었다. 학살의 배후조종자가 되었다. 양반이 양반을 죽였다.

피해자 중엔 허드렛일을 하는 머슴 출신도 있었다. 대대로 양반의 가마를 끈 가마꾼이었다 하여 가마꾼 집안이라 불렸다. 그들이 잠시 인민위원회의 깃발 아래서 완장을 찬 게 화근이었다. '감히' 양반집 이씨 할아버지를 멍석말이하는 데 동원된 것이다. 가마꾼 두 집도 어른이나 아이 할 것 없이 죽었다. 가마꾼이라서 서러웠다. 아무도 성과 이름을 기억해주지 않았다. 나는 두 가마꾼 중 한 집안의 아이는 아니었을까.

나는 정말 누구인가. 황골에서는 서너 차례에 걸쳐 80여 명이 죽었다. 죽임을 당한 집들을 다시 정리해본다. 승우네 집, 우영네 집, 우영 사돈 규남네 집, 문유네 집, 가마꾼 두 집. 총 여섯 집이다. 나는 승우의 아들 영화는 아니다. 당시 영화는 열 살이었다. 나보다 네댓 살 아래다. 그렇다면 다섯 집이 남는다.

이 중에서 유일하게 죽은 이들의 이름이 밝혀진 곳은 문유네 집이다. 사학과 그의 부인 학선은 각각 스물다섯 살, 스무 살이었다. 나머지 필유, 박씨, 옥순, 인순, 이순, 사범, 사억, 사숭, 사충, 지순, 영선, 웅선 모두 성별만 알 뿐 나이를 알 수 없다. 우영과 함께 희생당한 세 아들도 나이를 알 수 없다. 나머지 규남네와 가마꾼 두 집은 자식이 몇 명이었는지조차 정확히 모른다. 여섯 가족 외에 죽은 사람들이 더 있을지 모른다. 세세하게 증언해줄 사람들은 대부분 세상에 없다. 나의 존재는 미궁에 빠졌다.

승우의 사촌동생 승완은 승우가 고문당했던 공회당에 끌려가 몽둥이찜질을 당했지만 죽지는 않았다. 인민재판에서 호선 엄마가 죄가 없다고 거들어줘서 살았다. 승완과 함께 끌려간 친형수와 세 살배기 세화, 돌쟁이 민화도 일단 살았다. 승완은 생전에 툭툭 던지듯 말했다. "낫으로 죽였어." 승완과 어울려 지냈던 동네 어른들이 대꾸했다. "OOO이가 쇠몽치를 휘둘렀지." "몽둥이로 때려 죽였어." "OOO가 아주 잔학했지." "얼마나 잘 먹었으면 이렇게 두드려 패도 안 죽냐는 말까지 하며 죽였다고 했어." 그리고 또 그 이름들을 댔다. "OO이 대한청년단장을 했지. 그 사람 형님 위세가 대단했어." "OO집도 있지. 거기도 형제야. 인민군 때 부역하다 인민군 물러가니까 부역자 잡겠다고 돌변해서 사람들을 죽였어."

죽인 사람들은 죽은 사람들의 집을 차지했다. 신팥집만 그런 게 아니었다. 승우의 사촌동생 승완도 죄인이 되어 집에서 쫓겨났다. 인민위원장을 지냈다 하여, 인민위원회를 위해 밥을 해줬다 하여, 아들이 좌익 운동을 한다고 소문이 났다 하여, 인민군 점령기에 완장을 차고

양반을 모욕했다 하여 죽임을 당하고 재산을 빼앗겼다. 죽거나 쫓겨난 사람 집에 가해자 쪽 사람들이 들어와 살았다.

내가 빈한한 집에서 봄마다 보릿고개에 시달렸다면, 내 집은 사람 손을 타지 않고 있다 폐가가 되었겠다. 내가 부잣집에 살았다면 세간살이는 다 뜯겨나갔겠다. 누군가 내가 살던 방의 아랫목에서 행복한 꿈을 꾸다 편안하게 잠들었을까. 지금도 살고 있을까. 아니면 이제는 대처로 나갔을까.

살아남은 승완, 즉 승우의 사촌동생은 이후 황골에서 3남 4녀를 낳고 살았다. 살육극이 벌어진 뒤 영원히 고향을 등진 이도 있었지만, 승완처럼 꾸역꾸역 원수들의 얼굴을 보며 살아간 이도 적지 않았다. 남화는 2005년 세상을 떠난 승완의 아들이다. 1966년 황골에서 태어났다. 초등학교 시절, 동네 형 철규에게 고향에서 사람 죽은 이야기를 처음 들었다. 남화는 아버지의 원래 집을 친구네 가족이 차지하고 살았던 일을 떠올렸다. 주인이 바뀐 신팥집에서 처음 먹어본 바나나의 달콤함을 잊지 못했다. 남화는 새지기 사건을 광범위하게 조사했다.

남화가 알아본 바에 따르면 동네 사람들 간의 학살극은 좌우 대립과는 거리가 있었다. 100년 전으로 거슬러 올라가는 문중 간의 갈등이 나왔다. 토지 소유와 경작을 둘러싼 분쟁이 나왔다. 여름에 멱을 감다 죽은 자식에 대한 책임 전가와 원망이 나왔다. 이념보다 사적인 감정이 먼저 작용했다. 새지기에서 낫을 찾던 순간에도 남화가 있었다.

남화, 내가 누구인지도 찾아다오.

남화는 2022년 국가기관에 새지기 진실 규명 신청을 했다. 2006년, 남화 이전에도 같은 신청을 한 사람이 있었다. 2008년 국가기관의 조사관이 새지기를 찾아왔다. 조사관은 새지기에서 주민들에게 말을 걸다 얼어붙었다.

뼈들에 압도당하다

●

뼈들에 압도당했다.

선주는 버클리대학교 박사과정에 입학한 1980년 첫 학기부터 뼈대학 수업을 들었다. 학부 3·4학년생과 석사·박사과정생 다 합쳐 열 명이 정원이었다. 3학점짜리로 일주일에 3시간을 1년 동안 수강했다. 실험실에서 실습하는 랩은 주 20시간이었다. 대학 박물관 지하에는 전 세계에서 모인 수천 개의 사람 뼈가 있었다.

머리뼈부터 발끝까지 모든 뼈를 보고 만지고 분석하는 시간이었다. 조각난 뼈들을 앞뒤 위아래로 훑어보면서 나이·성별·키를 어떻게 분석할지, 질병 관계와의 상관성을 어떻게 찾아낼지를 공부했다. 뼈 공부에서 '스텝 원'은 뼈를 보자마자 사람인지 동물인지를 구분하는 거였다. 그다음엔 긴 뼈냐 짧은 뼈냐, 평평한 뼈냐 볼록한 뼈냐, 위쪽이냐 아래쪽이냐, 왼쪽이냐 오른쪽이냐, 어른 것이냐 아이 것이냐 하는 질문이 꼬리에 꼬리를 물고 이어졌다.

학기 말에는 이른바 '땡 시험'을 보았다. 뼛조각을 잠깐 보여주고 바로 이름을 대야 했다. 주어진 시간은 20초. 20초 단위로 종이 울리며 뼈들이 지나갔다. 끝없이 보고 또 봐야만 눈썰미가 생겼다. 사랑니 하나에 난 작은 흔적을 갖고 어떻게 보아야 할지 머리를 싸매며 토론했다.

고동물학 수업도 1년간 들었다. 4층 건물 전체가 고동물학과 실습실과 수장고였다. 보고 싶은 동물 뼈를 맘대로 보라고 했다. 척추동물인 포유강에 속하는 동물군들의 뼈로 꽉 차 있었다. 종일 보아도 다 볼 수가 없었다. 공룡 수업을 따로 듣기도 했다. 뼈들에 둘러싸여 행복했던 선주는 사람 뼈와 동물 뼈를 구하지 못해 애태우던 한국에서의 지난 시절을 떠올리지 않을 수 없었다.

1964년 공주 석장리 유적이 발굴되면서 한반도에 구석기 시대가 존재했다는 사실이 알려졌다. 찌르개·밀개·주먹도끼·외날찍개·긁개·자르개·새기개 등의 석기류가 다양하게 출토되었다. 그러나 이후 진전이 없었다. 무엇보다 동물 뼈가 한 번도 나오지 않았다. 1966년 북한의 평안남도 상원읍에 있는 검은모루 동굴에서는 각종 동물 화석과 석기가 발견됐다. 이들은 100만 년 전 혹은 70만 년 전의 것으로, 한반도의 가장 오래된 구석기 유적으로 평가됐다. 구석기 시대 동물이 한반도 북쪽에서만 살았을 리는 없다. 분명히 남쪽에도 흔적이 있을 거였다.

　고고학자들은 충청북도에서 동물 뼈가 나올 수 있다고 보았다. 뼈와 나무 같은 유기물이 땅속에서 오래 보존되려면 건조한 알칼리성 토양이어야 했다. 그곳이 바로 충북의 석회암 지대였다. 충북에 기대를 걸고 동굴을 뒤지러 다니는 사람도 있었다. 어떤 제보가 석장리를 발굴한 연세대 박물관장이자 선주의 스승인 손 선생에게 들어온 때는 1972년 가을이었다. 그곳은 바로 충북 제천시(당시 제원군) 송학면 포전리의 점말 동굴이었다.

　손 선생은 연세대 박물관팀을 이끌고 한 달간의 답사를 떠났다. 점말 동굴이 있는 용두산 밑 마을에 방을 얻어 숙식하며 조사를 했다. 동굴은 해발 430미터 지점의 산허리 절벽에 뚫려 있었다. 동굴은 여러 개였다. 어떤 동굴은 수직으로 돼 있어 진입이 쉽지 않아 자일을 걸고 들어가야 했다. 이곳에서 동물 뼈가 나왔음은 이미 알고 있었다. 약재상들이 먼저 와 뼈들을 챙겨갔기 때문이다. 동물 뼈를 두 가마나 퍼내 경동시장 한약상에 팔아 치웠다고 했다.

　위쪽 동굴에서는 37종의 동물이, 아래쪽 동굴에서는 18종의 동물 뼈가 확인되었다. 이 중에는 동굴곰 등의 절멸종도 나타났다. 뼈를 보고 어떤 동물인지 판별하는 일은 쉽지 않았다. 손 선생을 비롯 10여 명의 답사단원 중에 동물비교학을 공부한 사람은 없었다. 한국에 구석기 시대 동물 화석이 나타난 건 제천 점말 동굴이 처음이었다. 역사적인 조사였다. 이전 사례가 전혀 없었기에 그만큼 어려웠고 험난했다.

동물 뼈를 구해야 비교할 수 있었다. 당시 동물원 기능을 하던 창경원(현 창경궁)을 찾아가기도 했다. 건물 2층에 박제해놓은 동물 뼈를 열심히 들여다보았다. 손 선생은 연세대 박물관에 딱 한 질 있었던 《고생물학Paleontologia Sinica》을 보면서 동물 뼈를 익혔다. 중국에서 베이징원인 화석이 나온 저우커우뎬周口店 유적의 동물 뼈를 분석한 1934년에 판 책이었다. 동물 뼈 화보는 귀한 자료였지만 1차원 그림이었다. 앞뒤와 좌우를 3차원으로 볼 수 없는 한계가 있었다.

사람 뼈도 구해야 했다. 동굴에서 나온 뼈가 동물이 아닌 사람 뼈일 수도 있었다. 사람 뼈는 더더욱 구할 데가 없었다. 의과대학에서 빌려 올 수도, 돈을 주고 모조품을 사 올 수도 없었다. 궁리 끝에 동굴 주변 마을에 있는 폐묘를 알아보기로 했다. 극약 처방이었다. 동네 사람들의 허락을 얻어 연고가 없는 이의 무덤을 파 뼈를 꺼냈다. 점말 동굴에 가져와 판 위에다가 뼈를 가지런히 놓았다. 아세톤 용액에 세척을 하기 전이라 뼈에는 기름기가 끼어 있었다. 해가 막 지려는지 어둑어둑했다. 박물관의 사진 촬영 담당자가 무심코 담뱃불을 붙였는데 불똥이 뼈에 떨어졌다. 나무뿌리가 들어가 있던 머리뼈 눈과 코 부위에 불이 붙었다. 선주는 인골의 눈과 코에서 시퍼런 불꽃이 타오르던 그 순간을 지금도 잊을 수 없다.

1970년대 초반, 제천 점말 동굴 발굴 현장에서 찍은 사진.
맨 오른쪽이 손 선생, 맨 왼쪽이 선주이다.

선주가 손 선생과 함께 두 번째로 점말 동굴에 갈 때는 동굴 앞마당 가까운 곳에 나무로 작은 집을 지었다. 인근 마을 농부들에게 추수가 끝나고 남은 짚단을 구해 와 지붕을 만들었다. 서울 청계천에서 발전기를 구입해 전선을 연결하고 동굴 속에 조명 시설을 만들기도 했다. 이곳에서 선주는 뼈 분류 작업과 답사단 살림을 책임지는 내무를 맡았다. 뼈 분류 작업을 하면서 경화 처리도 배웠다. 폴리바이닐아세테이트PVA 용액을 뼈에 적정하게 침투시켜 뼈대를 단단하게 하고 손상을 막는 작업이었다. 일종의 코팅 처리였다.

제천 점말 동굴의 학문적 쟁점은 동물 뼈를 누가 남겨놓았느냐였다. 손 선생은 선사 인류가 사냥을 하고 남겨놓았다고 생각했다. 동물 뼈를 연모(도구)로 사용했다고 보기도 했다. 동물 화석을 사람이 깼느냐 동물이 깼느냐는 중요한 연구과제였다. 빈포드Binford는 사람이 사용하느냐 동물이 사용하느냐에 따라 뼈의 깨진 모양이 어떻게 다르게 나타나는지를 연구한 학자였다. 그에 따르면 점말 동굴의 뼈를 사람이 남겨났다고 보기는 힘들었다. 선주는 미국에서 교수들에게 점말 동굴 사진을 보여주었다. 교수들은 하나같이 "동물이 남긴 흔적"이라고 말했다. 유학 중 한국에 와서 이런 이야기를 하면 펄펄 뛰는 교수들이 있었다.

제천 점말에서 정신없이 생활하는 동안 대학원 석사과정에 입학했다. 1973년 봄이었다. 선주는 사람 뼈를 가지고 논문을 쓰기로 마음먹었다. 점말에서 동물 뼈에 익숙해졌지만 마지막 목표는 사람 뼈였다. 그렇게 마음먹고 처음 찾아간 곳이 영남대 박물관이었다. 영남대 박물관에는 1969년 10월 경산군(현 경산시) 자인면 자인중고등학교 뒤 구릉지대 고분에서 발굴된 인골이 하나 있었다. 발굴한 영남대 학술조사단은 이 인골을 1400여 년 전 가야국 시대의 것으로 추정했다. 인골은 거의 조각으로 발굴된 상태였다. 선주의 용건은 간단했다. 인골을 빌려달라고 했다. 논문을 써보겠노라고 했다. 박물관장이 인골 책임 교수에게 전화를 했다. 불가하다는 답이 왔다.

얼마 있지 않아 다른 인골이 선주를 찾아왔다. 그것이 어떤 거대한 출발점이 될 줄은 상상하지 못했다.

소리 없는 도망

◆

내 이름은 병진이다.

공산주의를 싫어한다. 금덩이를 준다 하더라도 공산 지배 아래서 살고 싶지 않다. 운명의 날인 1950년 6월 28일, 나는 선택의 기로에 놓였다. 한강을 건널 것이냐, 말 것이냐. 서울에 남으려 했지만 그럴 수 없었다. 어느덧 거리에선 붉은기를 매단 자동차가 달리고 있었다. 박수 소리가 들려왔다. 누군가 나를 붙잡고 이렇게 물어볼 것만 같았다. "혹시 판사님 아니시오?" 나는 결단했다. 차라리 생명을 걸고 모험을 택하는 편이 낫다고. 오늘 밤 한강을 건너 수원까지 가리라 결심했다. 한남동 나루에 다다랐다. 한강은 유달리도 아름답게 흐르고 있었다. 나는 배에 몸을 던졌다.

내 고향은 이북이다. 1914년 함경남도의 소도시 함주에서 태어났다. 1939년 함주 동쪽 함흥에서 관리를 뽑는 보통시험에 합격했다.

일본에 유학을 갔다. 1943년, 메이지대학 법과를 졸업했다. 1946년, 판·검사 단기 양성을 위해 설립한 사법요원양성소 입학시험에 합격했다. 1948년 4월 1일, 서울지방심리원 옹진지원 판사가 되었다. 1949년 11월 15일, 서울로 자리를 옮겼다. 서울지방법원 판사가 되었다.

그렇다. 나는 엘리트였다. 서울에 온 뒤 7개월 만에 전쟁이 터졌다. 전쟁의 포화는 엘리트라고 피해 가지 않았다. 6월 25일 일요일 오후 3시경 종로 번화가엔 벽보가 붙었다. "오늘 새벽을 기해 인민군은 38선 전 지역으로부터 남침하였으며 개성시는 이미 적의 수중에 들어갔다." 불안했지만 별스럽지 않으리라 생각했다. 곧 국군에게 격퇴당하리라 굳게 믿었다.

다음 날인 26일, 정동에 있는 법원에 출근했다. 정부는 지난밤 수원 천도를 결정하였고, 정부 인사들은 이미 수원으로 출발했다는 소식이 들려왔다. 라디오에선 일본으로부터 미군 전폭기가 출동하여 인민군을 공격할 예정이라 걱정할 게 없다고 했다. 우리는 법원을 사수하기로 하고, 내일도 전원 출근하기로 했다.

"꽝, 뽕, 땅."

27일, 제멋대로 포탄이 퍼부어졌다. 외출할 수가 없었다. 출근을 결의했으나, 신당동 집에 틀어박혀 있어야 했다. 가족들은 옷 보따리를 꾸려 옆 콘크리트 건물 속으로 들어갔다. 거리에는 피난민들이 파도처럼 밀려왔다. 포탄은 점점 가까워졌다. 아내는 피난을 가자고 졸라 댔다. 나는 말했다. "놈들이 아무리 발악을 하더라도 수도 서울은 그렇 게도 손쉽게 빼앗을 수 없을 거야."

28일, 아침 일찍 일어나 이웃집에 들렀더니 아무도 없었다. 큰길로 나가봤다. 대여섯 명씩 옹기종기 모여 이야기를 나누는 중이었다. "어 젯밤 이승만 대통령의 방송이 있었어. 오늘 새벽엔 미국 응원 부대가 서울에 도착할 터이니 시민은 안심하라 하셨는데 정말로 미군 응원 부대가 신당동까지 들어왔다지. 이제는 어떻게 놈들을 쳐부수겠지."

그러나 시간이 갈수록 포탄 소리는 격렬해졌다. 피난민들은 건물 속으로 숨느라 난리였다. 시가전을 하는지 소총 소리까지 난무했다. 오전 10시가 조금 지나 화장실 뒤에 물끄러미 앉아 생각을 해보았다. 약 한 달 전 국방장관 성모는 진격의 명령만 떨어진다면 며칠 안 되어 북한을 휩쓸 거라고 호언하지 않았던가. 그런데 탱크 한 대도 없었단 말인가. 아아, 우리 국군은 왜 멍하니 있었단 말인가. 도대체 정보기관 은 잠자고 있었단 말인가. 그런 형편에 서울은 문제없다는 허언망담, 가짜 뉴스는 웬 말이던가. 솔직하게 전황이라도 알렸다면 대부분 피 난이라도 하였을 게 아닌가.

아내를 남겨두고 나는 한강을 건넜다. 흰 셔츠, 흰 바지, 반짝이는 구두, 헐어 빠진 등산모. 오늘 새벽에 한강 다리를 폭파했다는 소식이 들려왔다. 수원으로 방향을 정했다. 관악산 근처에서 사법요원양성소를 함께 다녔던 봉제를 만났다. 반가웠다. 과천까지 함께 가서 하룻밤을 보냈다.

29일 수원까지 걸어간 뒤 기차를 타고 천안까지 갔다. 천안지청을 찾아 역시 사법요원양성소 출신인 완민을 찾아갔다. 나를 보더니 의아해했다. 오늘 아침 '서울 상공에서는 미군 비행기 백여 대가 인민군을 폭격하여 이를 전멸 상태에 이르게 하였다. 국군은 이미 반격 태세를 갖추어 있으며 하루이틀 새에 서울을 탈환할 수 있을 것이니 국민 여러분은 안심하라'는 방송이 나왔다고 했다. 대통령 승만은 27일 새벽 2시 특별열차를 타고 대전에 가 있었다. 대전에서 가짜 뉴스를 내보내고 있음을 나중에 알았다.

오후 5시경 해가 질 무렵 어디선가 마이크 소리가 울려왔다. "여기는 천안경찰서입니다. 지금 들어온 경찰 정보에 의하면 국군은 반격을 감행하였으며 서울 탈환도 목전에 있다고 합니다. 친애하는 피난민 여러분, 안심하시고 도로 올라가 주시기를 바랍니다." 피난 열차가 도착할 때마다 이러한 선전을 되풀이했다. 완민이도 나에게 올라갈 것을 권유했다. 국군이 선전한다고 하니 적잖이 안심됐다. 천안까지 온 마당에 온양온천에나 들렀다 갈까 하는 마음이 들 정도였다. 정부를 믿었으니까 말이다. 우리는 순진하고 우매했다.

그래도 정부 소재지가 된 대전까지 가보기로 했다. 열차를 타고 대전에 도착해 재판소를 찾았다. 각 대법관과 행정처장, 서울지방법원

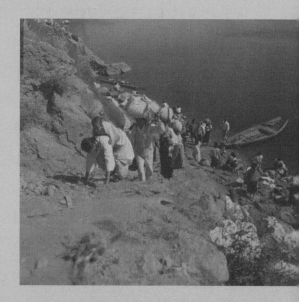

6월 25일, 전쟁이 터지자마자 수원으로, 대전으로, 대구로, 다시 대전으로, 이리로, 목포로, 부산으로 도망간 대통령 승만(위)과 폭파된 다리 대신 뗏목을 타고 한강을 건너는 피난민들(아래). 위 사진은 승만이 1950년 8월 15일 대구에서 열린 국회 개회식에서 연설하는 모습이다.

장님도 계셨다. 다른 행정부도 모두 도청에 와 있다고 했다. 피난 여비도 받고 여관에서 잠도 잤다. 그러나 다음 날인 30일 오전 재판소로 가보니 방이 모두 텅텅 비어 있었다. 새벽에 정부가 이동했다는 거였다. 이동 장소는 비밀이라고 했다. 왜 정부는 소리 없이 갔을까? 이해할 수 없었다. 그들의 대부분은 그 누구에게 지지 않을 역사상 빛나는 겁쟁이였다.

"이 땅에 구세주를 내려주시옵소서." 나는 이렇게 천주님께 빌며 걸어가다가 전신주에 부딪히고 말았다. 정신을 차리고 어디로 갈 것인지 궁리를 해보았다. 봉제가 제안했다. 이렇게 된 마당에 배라도 타려면 부산으로 가는 게 상책이라고. 부산으로 가는 기차를 겨우 잡아탔고, 7월부터 그곳에서 안정을 찾았다. 7월 10일 부산지방법원 판사 직무대리로 일하기 시작한 것이다. 재판 사무는 한가하기 짝이 없었다. 전황은 점차 가열되었다. 놈들의 부대는 호남을 휩쓸고 진주를 거쳐 마산 근교까지 이르렀다는 이야기가 들려왔다. 포항·영천·왜관 등에서 뼈 맺히는 일진일퇴가 반복된다고 했다.

어느 날 퇴근하다가 법원 선배를 만났다. 화제는 돌고 돌아 비상조치령 위반범 처리에 이르렀다. "여보게, 자네는 만약 후퇴하지 못하였다면 어떻게 하였을 테야?" 인민군이 점령한 지역에선 우익인사들의 자수와 이른바 명사들의 반역 방송이 화제였다. 놈들의 지배하에 있는 몸으로서 불행히도 신변이 대단히 위태하여 체포당할 염려가 농후하였을 때 자수하거나 협조하지 않으리라 단언하지 못하겠다. 좋은 일은 없겠지만 단순한 자수나 소극적 협조야 별로 문제가 없을 것이 아닌가. 부산에서 동료들과 한담을 할 때면 이런 말들도 오갔다.

"여보게, 자네 부인은 하도 잘났기에 인민군의 물건이 되었을 거야."

"그렇게 됐을지도 모르겠네. 그러나 같이 살기까지야 하겠나. 설마 욕을 당한 경우가 있더라도 그것은 다만 목숨이 아깝고 아이들 걱정 때문에 부득이한 것이겠지. 가족을 버리고 혼자 나온 나로서는 무슨 할 말이 있겠나."

9월이 되었다. 일진일퇴는 여전하였다. 경주·경산을 거쳐 마산. 최후의 선이 무너질지도 몰랐다. 어디선가 상륙작전설이 떠돌았다. 9월 15일이었다. 거리에 쏟아지는 호외, 군중들의 환희. "야, 인천 상륙이다! 인천 상륙이다!" 뉴스는 순식간에 전 부산을 휩쓸었다. 모든 고뇌가 이슬처럼 사라졌다. 우울에서 명랑으로. 모든 생물은 소생한 듯했다.

이때만 해도 몰랐다, '부역자' 처단을 놓고 몸서리치게 고민할 줄은.

1950년 7월 20일, 마을을 통과하며 전진하고 있는 미국 탱크.

아치섬에서 온 손님

●

백백교 교주의 얼굴은 창백했다.

1895년생 용해는 해괴한 사이비 종교 범죄 행각으로 일제강점기에 이름을 널리 알렸던 인물이다. 성인 남성은 "백백백의의의적적적감응감감응하시옵숭성"이라는 주문을 외우면 무병장수한다고 했다. 예쁜 딸을 가진 부모들을 골라서 입교시킨 뒤 딸을 바치게 하여 성폭행하기도 했다. 백백교의 비밀 장소에서는 주검이 300여 구 넘게 발굴됐다. 용해는 1937년 일본 경찰에 쫓기다 바위틈에 떨어져 죽었다.

용해의 얼굴은 포르말린으로 가득 찬 유리관 속에 있었다. 오른쪽 뺨은 들쥐에게 갉아 먹힌 듯 훼손된 상태였다. 나머지 피부는 깨끗했다. 치아 상태도 좋았다. 일본 경찰은 범죄형 두상에 관해 연구한다며 용해의 머리를 잘라내어 보관했다. 선주는 일제 경찰이 남겨놓고 간 그 백백교 교주의 머리를 보고 있었다.

1973년이었다. 서울 종로구 청운동에 있는 국립과학수사연구소 부검실의 풍경은 뭔가 엽기적이었다. 사형 집행한 북한 간첩들의 입 안에서 빼낸 금니들, 쇼크사한 서울 요릿집 명월관 기생의 신체 일부도 보았다. 혀면 혀, 심장이면 심장, 부위별로 슬라이드에 담아 현미경으로 들여다볼 수 있었다.

선주는 사람 털의 단면을 미세하게 잘라 분석하는 기계에 관심이 갔다. 이른바 마이크로 톰micro tom이었다. 성별·인종별로 체모의 형태가 달랐다. 머리털, 겨드랑이 털, 음모, 다리털도 단면을 잘라놓고 현미경으로 보면 제각기 달랐다. 선주는 샘플링을 해 지구상의 털들이 각기 어떻게 다른지 연구하겠다며 털을 모으기도 했다. 의무장교인 친구에게 부탁해 군부대 안에서 털을 모으다가 정보참모에게 발각돼 곤란한 일을 겪기도 했다. 연세대 치대 교수 종열을 만난 뒤부터 과욕을 부리다 생긴 에피소드였다. 종열은 법치의학 전문가로서 국립과학수사연구소 일을 병행하고 있었다.

사학과 대학원생의 이상한 수업 여행이었다. 치아형태학을 배우겠다고 연세대 치대를, 사람 뼈를 알고 싶다고 같은 대학 의대의 문을 두드렸으니 말이다. 전례가 없는 일이었다. 전후 사정을 설명하고 공부를 해보고 싶다고 했다. 교수들은 뜻밖에도 수락을 해주었다. 청강의 형태였지만, 실제 수업에 참여하듯 했다. 교수에게 일대일 가르침을 받기도 했다. 의대 해부학 교실에서는 엄격하기로 소문난 수현에게 해부학 실습수업을 들었다. 의대 신입생들과 함께였다.

4인 1조로 카데바(해부용 시신)가 주어졌다. 겨울에 팔을 안으로 웅크리고 얼어 죽은 주검이었다. 경직된 팔을 펴지 못해 애를 먹었다. 머리 가죽을 벗기고 살을 베는 등 각 부위에 칼을 댈 때는 징그러워서 눈을 두기 쉽지 않았다. 하나하나 장기를 들어내고 탈육을 할 때부터 선주의 눈이 반짝거렸다. 신경이나 내장은 관심 밖이었다. 선주의 관심은 뼈였다. 마지막에는 시신을 삶았다. 뼈만 온전히 드러나는 순간이 왔다.

백백교 교주에서 털 수집과 카데바까지, 이 모든 것은 아치섬 인골 때문이었다. 1973년의 어느 날 인골이 선주를 찾아왔다.

인골이 제 발로 찾아왔을 리는 없지만, 선주는 마치 인골의 방문을 받은 듯한 느낌에 사로잡혔다. 그해 대학원 석사과정에 입학했던 선주는 경산 가인면에서 발굴된 인골을 빌리러 몇 달 전 영남대 박물관에 찾아갔었다. 가인 인골을 분석해 논문을 쓰려고 했기 때문이다. 발굴 책임자라는 교수는 고심 끝에 거절 의사를 밝혔다. 금세 이렇게 새로운 인골과 인연을 맺을 줄은 몰랐다. 부산 영도구 동삼동 하리에 위치한 조도, 즉 아치섬에서 발굴된 인골이었다. 아치섬은 1970년 한국해양대학교의 신축 이전이 결정되면서 정부가 주민들을 이주시키고 1973년부터 패총이라 불리는 조개더미 유적을 발굴 조사했다. 각종 토기 및 철기와 함께 발견된 인골은 머리뼈·갈비뼈·엉덩이뼈·팔다리뼈 등이 꽤 완전하게 보존된 상태였다.

발굴에 참여한 국립중앙박물관의 고고연구관이 플라스틱 통에 인골을 가져왔다. 국립중앙박물관에는 뼈를 취급할 사람이 없었다. 인골은 창고에서 썩을 수도 있었다. 연세대 박물관장인 손 선생이 제천 점말 동굴을 조사하며 동물 뼈를 발굴해 처리했다는 소식을 듣고 찾아온 것이다. 손 선생은 사람 뼈에 관심이 많은 선주에게 아치섬 인골을 맡겼다. 선주로서는 감사할 뿐이었다.

선주는 제천 점말 동굴의 동물 뼈에게 했던 것처럼, 아치섬 인골을 받자마자 경화 처리부터 했다. 손 선생이 오스트레일리아에 다녀올 때 가져온 《오스트레일리안 고고학Australian Archaelogy》이라는 책을 참고서로 삼아 처리방법을 습득했다. 물 100시시에 폴리바이닐아세테이트 용액을 몇 시시 녹여야 농도가 적정한지 손으로 저으면서 감각을 익히고 실험했다. 일주일 내내 작업을 이어갔다. 이른바 '소프트 본soft bone'이라고 부르는 뼈의 양쪽 끝 말랑말랑한 부분을 단단하게 만드는 게 중요했다. 그러나 여기까지였다. 이제 이 뼈들을 어떤 방법론으로 파헤칠지 막막하기만 했다. 인골로 논문을 쓴 전례가 없었다. 그래서 과감하게 찾은 곳이 치대와 의대였다.

의대 해부학 실습실에서는 206개의 뼈가 어떻게 구성되고 조직돼 있는지를 배웠다. 머리의 구조, 머리뼈의 개수부터 시작해 각 부분의 뼈들을 꼼꼼하게 살필 기회였다. 치대에서는 치과에서 환자 치료를 할 때 쓰는 석션 실습도 해봤지만 주 관심사는 치아의 형태였다. 앞니·옆니·송곳니·작은어금니·큰어금니·사랑니의 신경 구멍, 즉 치관 (치아머리)은 나이에 따라 점점 좁아 든다고 했다. 치관 계산에 따라 나이가 나왔다.

이때 함께 공부한 책이 1928년 독일에서 출간된 마틴Martin의 《인류학 교과서Anthropometrie》였다. 해부학 실습실에 비치된 책이었으나, 인체를 계측하는 방법에 대한 내용이라 그런지 의대생들은 관심이 없었다. 체질인류학 분야에서는 숭배를 받는 책이었다. 나치 정권은 이 책을 우생학의 근거로 활용해 사람을 죽였다고도 할 수 있었다.

선주는 치대와 의대에서 배운 뼈대 지식을 바탕으로 아치섬 인골을 연구해 1975년에 논문을 완성했다. 인골의 각 부위를 계측해 성별과 나이를 판별하고 키를 쟀다. 치아의 엑스레이 사진을 찍었다. 연대를 구하기 위해 인골의 파편을 원자력연구소 방사선연대측정실에 맡겼다. 오래된 사람 뼈에 최초로 시도한 방사선 연대 측정 방법이었다. 그 결과 2190년 전의 사람으로 밝혀졌다. 철기 삼한 시대였다. 남성, 나이는 20대 말 또는 30대 초, 키는 163~171센티미터, 머리 부피는 1517시시, 머리 최대길이는 183.8밀리미터….

거슬러 올라가면 1973년 아치섬은 1962년 충북 제천시 청풍면 황석리 고인돌, 1969년 경산 자인면에 이어 선사·고대 시대를 통틀어 세 번째 인골이 나온 곳이었다. 그 인골을 갖고 체질인류학적 특징을 다룬 논문을 국내 처음으로 낸 사람이 선주로 기록될 참이었다.

선주는 늘 생각했다. '나는 아치섬 인골 때문에 여기까지 온 거다. 아치섬 인골이 없었다면….' 그때 사람 뼈에 욕심을 갖고 경계를 넘어서는, 어쩌면 무리한 호기심의 광폭 질주가 선주의 오늘을 만들었다. 선주는 가끔 아치섬 인골 논문에 박힌 명백한 오류를 되새기기도 했다. 어금니에 홈처럼 난 선을 잘못 해석한 것이다. 논문을 쓸 땐 모래로 양치질을 했다고 생각했다. 버클리에서 박사과정을 이수하면서 그게 아니라는 걸 깨달았다. 아치섬 인골은 6세 전에 고열을 앓았던 거다. 영양 상태가 안 좋아 남은 흔적이었다.

고대 아치섬 인골은 고작 2190년 전이었다. 이번에는 300만 년이 넘은 화석 인류가 선주를 기다리고 있었다.

사색 없이 사형, 사형

◆

"흐흑."

검사가 사형을 구형하자 부녀자들은 서럽게 울음을 터뜨렸다.

그러나 그 울음은 참회의 눈물은 아니었다. "하도 더러운 세월을 만나서 이렇게 죄를 뒤집어썼구나." 그 이상의 것을 엿볼 수 없었다.

다음 순간 나는 무죄 언도를 내렸다. 이번에는 부녀자들이 전보다 오히려 더 큰 소리로 울기 시작했다. 방청인들은 모두 눈을 동그랗게 뜨고 보다가 고개를 숙이고 마치 무엇인가를 묵상하는 듯 움직이지 않았다.

나는 '집에서 아해들이 발발 떨면서 어머니를 기다리고 있다'고 호소하던 그들이 당장 그날 밤 각기 집에 가서 어린 자식의 현모가 되어주는 모습을 그렸다. 이 세상에서 사람을 창조하여낸 것과도 같은 기분이 들었다. 여론에 끌려가지 말고 여론을 인도하자고 한 생각이 옳

왔다. 너무나 무익하다고 생각하는 사건은 모두 무죄를 언도했다. 그 날도 가벼운 걸음으로 어두컴컴한 길을 지나 집으로 향하였다.

내 이름은 병진이다.

1950년 6월 25일 전쟁이 터지고 3일이 지난 뒤인 28일 한강을 건너 부산까지 갔다. 그곳에서 인천상륙작전이 성공하기 전까지 부산지방법원 판사 직무대리로 일했다. 3개월 만에 돌아온 중추中秋의 서울 창공은 구름 한 장 볼 수 없이 새파랗고 높은데, 재가 돼버린 벌판의 거리는 황폐하고 처참했다.

신당동 집에 가보니 세 살짜리 규성이가 세상을 떠나 있었다. 출근할 때마다 2층에서 내려다보면서 애교 있게 "안녕! 안녕!" 하던 모습이 눈에 선했다. 정동의 서울지방법원에 출근했다. 판사실의 절반은 비어 있었다. 우리 정부와 지도자들을 신뢰하고, 서울시가 그처럼 손쉽게 떨어질 줄 몰랐던 그들. 북한이나 만주로 끌려갔거나, 혹은 원한을 품은 채 학살을 당하였을까. 아, 만고의 역적, 김일성 도당. 놈들에게 아부하여 부역한 자는 누구였던고. 놈들도 필경은 김일성 도당과 마찬가지가 아닌가. 아, 원수! 아, 보복!

모든 수사기관에서는 부역자 일제 검거에 착수했다. 서울시만 하더라도 불과 한 달 만에 1만여 건이나 검거했으며 이에 대한 군법회의의 심판도 시작했다. 비상계엄하였던 관계로 원칙상 부역범 처리는 군법회의에 의존하는 것이지만 격증한 사건을 2개월간의 군법회의에서 짧은 시일 내에 처리하기는 어려웠다. 비교적 경미한 것들은 재판소로 이관했다. 이리하여 나는 법원에서 부역자 처리라는 중대한 책임을 부담하게 됐다. 10월 말경 드디어 부역자 재판이 시작됐다.

검사는 사형 구형을 남발했다. 나는 무죄를 선고하는 경우가 많았다. 나는 판사로서 철학이 있다. 재판이라는 것은 사실과 맥락에 대한 사색으로부터 시작해 사회적 압력에 굴하지 않는 용기와 결단의 과정을 거친다. 그래야 소신을 지킬 수 있다. 물론 부역자 처리는 보통 고민되는 문제가 아니었다. 나는 이것이 민족의 근본 문제에 관계되는 일이라고 여겼다. 그런데 부역범을 처벌하려고 만든 '비상사태하범죄처벌에관한특별조치령'(특조령)의 내용을 들여다보니, 어떤 면에서는 민족을 해치는 어마어마한 법이었다. 단독판사, 단심제에 단시간 내 처리라니. 아무리 서울 탈환 직후 "부역자는 종자를 말려버리겠다"라는 외침이 도처에서 터져 나오는 초과도기적 환경이었지만 그래도 이건….

밥맛이 사라졌다. 잠이 오지 않았다. 재판이라고 하면 충분한 심리를 하여 한 사람 한 사람에 대한 법관의 확신이 있어야 할 것이요, 극형 조치만이 타당할 수는 없다. 즉 확신 없는 형식적 심리만을 거쳐서 일률적으로 엄벌에 처하는 것은 재판이 아니고 행정 조치에 불과할 뿐이다. 일찍이 상상조차 하지 못한 이러한 절대권에 소름이 돋았다. 그러나 재판을 해야만 했다.

하루는 국민학교를 갓 졸업했을 만 14세 홍안의 소년이 피고인으로 끌려왔다. 검사는 "괴뢰군이 입성하자 소위 내무서에 근무하며 그들을 조력하고, 내무서원들에게 우익 인사의 가옥 등을 안내해서 그들을 살해케 했다"라고 기소 내용을 밝혔다. 심리한 결과, 소년은 '인민군이 입성한 뒤 어느 날 동네 파출소 앞을 지날 때 그 안에서 내무서원이 나와 '야, 너 똑똑하구나. 매일 여기 와서 심부름을 하여라' 하고 끌어가기에 그 뒤부터 관계인의 호출 전달·청소·심부름을 했던 것이요, 어느 날 누군가의 집이 어디냐 묻기에 두세 사람의 집을 가르쳐주었다'는 것이다. 이 어린 소년에게 부역죄의 책임을 지우기에는 너무나도 고려의 여지가 많았다. 나는 무죄를 언도했다.

법원 주변은 마치 범죄인 시장 같았다. 각 법정에서는 사형·무기·15년 형·10년 형의 실형 언도가 있는가 하면, 무죄 언도도 속출되었다. 그리하여 인생의 가장 큰 희비극이 매일같이 여기에서 연출되었다. 그 희비극의 현장에서 나를 가장 전율하게 한 사건의 피고인은 인민위원장의 부인이라는 여인이었다. 마흔 살가량의 이 여인은 인민군이 입성하자 여맹(조선사회주의여성동맹)에 가입하여 활동하던 중 모월 모일 모 경위를 밀고하여 피살케 하였다는 것이었다. 인근 주민들은 이 여자가 가장 악질이었다며 총살을 희망한다고 했다. 순경의 보고서 기록에는 피살된 경위의 부인에 대한 검사의 증인신문조서까지 첨부돼 있었다.

조서에 따르면 '남편이 다른 집으로 피신하여 다니던 차에 어느 날 우연히 집에 돌아와 있었는데, 우리 집과 나란히 있는 집에 사는 피고인이 이러한 동정을 창밖으로 보고 탐지하여 내무서에 밀고했고 남편이 그날 밤 행방불명됐다'는 거였다. 증오심을 자아낼 만한 죄상이었으나, 밀고의 방법은 나와 있지 않았다.

공판이 시작되자 피고인은 모든 혐의를 부인하면서 '여맹에도 참여하지 않았고, 그 경위의 얼굴도 모른다'고 했다. 경위의 부인을 소환해 물었더니 '남편이 2층에 있었는데 2층 방이 모두 유리창이라 밖에서 환하게 들여다보이고, 낮에 그곳에 있었으니 피고인이 잘 보았을 것으로 의심된다'는 거였다. 이 증언 하나뿐이었다. 나는 인근 주민에 대해 탐문조사를 하고 가옥의 위치를 검증했다. 확실한 것은 피고인의 남편이 빨갱이라는 것뿐이었다. 인근 주민들은 "그 사람이 절대 그럴 리 없다"면서 전혀 다른 말을 했다. 또한 피고인의 집과 피살된 경위의 집은 실제로 나란히 있었으나 두 집의 방들은 시장 건물에 둘러싸여 판벽을 사이에 두고 있었다. 두 집에서 보이는 건 판벽뿐이니 아예 맞은편 집을 볼 수조차 없었다.

"무고한 사람을 사형에!"

이런 사실이 발생한다면 사회와 국가는 원성으로 가득 찰 것이다. 그 원한은 백년을 갈 것이다. 1950년 11월 8일까지 단독판사, 단심제로 단시간 내 처리한 부역자 재판을 통해 1298명이 사형 집행됐다. 이

중에는 억울한 사람이 얼마나 될까.

같은 기간, 심문과 재판조차 받지 않고 처형된 사람은 또 얼마나 될까. 아마도 재판받고 사형집행된 수의 백배, 천배가 될지도 모른다. 그 원성과 원한은 천년만년을 갈 것이다. 최소한 재판이라도 받았으면 덜 억울했을까. 그 사람들의 이야기가 궁금하다.

인류의 조상, 루시

아스파는 버클리 박사과정 입학 동기였다. 30대 초반으로, 부인과 아이를 데리고 선주 부부가 입주한 대학 기숙사 스튜던트 빌리지에서 생활했다. 시커먼 얼굴, 하얀 이, 작고 말랐지만 단단한 체구 등 아프리카 사람의 전형적인 모습을 하고 있었다.

아스파는 에티오피아 지방 부족장의 아들이라고 했다. 부인 역시 부족장의 딸이라고 했다. 아디스아바바대학과 동 대학원을 졸업하고 유학 온 아스파의 분야는 체질인류학 중에서도 인간의 진화였다. 아프리카에서 발굴되는 오스트랄로피테쿠스를 연구한다고 했다. 선주가 의아했던 점은, 아스파의 등록금과 생활비를 미국 정부가 전액 대고 있다는 사실이었다. 미국과 에티오피아의 특수한 관계 탓이었다.

에티오피아에서 멩기스투라는 장교가 군사 쿠데타를 일으켜 셀라시에 황제를 강제 폐위시킨 것은 1974년 9월의 일이다. 이후 황제를 암살하고 권력투쟁에서 승리한 뒤 1977년 2월 국가원수로 등극한 그는 에티오피아를 사회주의 독재 국가로 개조했다. 이 과정에서 소련(러시아)의 지원을 받는데, 당연히 미국과는 각을 세운다. 모든 분야에서 미국-에티오피아 관계가 단절되었다.

에티오피아의 초원에서 화석을 연구하던 인류학자들에게도 날벼락이 떨어졌다. 연구자들이 스파이로 몰리기도 했다. 미국인 추방 명령이 떨어졌다. 멩기스투 군사정부는 "미국이 에티오피아에서 발굴한 화석을 돌려주지 않으면 단 한 명의 연구자도 내 나라 땅을 밟지 못할 것"이라고 으름장을 놓았다. 이때 미국이 내민 카드 중 하나가 '유학 특혜'였다. 인류학 분야에서는 버클리대학교에서 유학생을 받아주기로 했다. 에티오피아에서 가져온 화석을 복제할 때마다 비싼 비용을 치르기로 했다. 그 중심에 루시가 있었다.

루시는 1970년대 초반에 나온 비틀스의 노래 〈다이아몬드와 함께 하늘에 있는 루시Lucy in the Sky with Diamonds〉에 등장한다. 비틀스의 존 레논이 아들과 같은 유치원에 다니는 여자아이 루시에 영감을 받아 지은 곡이다. 1974년 에티오피아 아파 사막의 옛 하다 호수 근처에서 미국의 인류학자들이 어떤 화석을 발굴하던 때에 흥얼거리던 노래가 〈다이아몬드와 함께 하늘에 있는 루시〉였다. 이들은 여자 어른으로 보이는 이 화석에 루시라는 이름을 붙였다. 루시는 정밀도가 높은 아르곤-아르곤 연대측정법을 사용한 결과 320만 년 전에 존재했다고 판명되었다. 게다가 두 발로 걸었다. 비틀스 노래의 인기처럼, 루시는 고고학계의 인기 스타가 되었다.

루시는 옛 하다 호수 근처 돌무덤이 쌓여 있는 평지의 333구역으로 분류된 곳에서 발견되었다. 루시는 돌멩이랑 섞여 있었다. 화산재가 뼈 안으로 들어가 굳은 상태라 이게 뼈인지 돌멩이인지 구분하기도 힘들었다. 밥 먹고 날마다 뼈만 쳐다봐온 사람들이기에 알아챌 수 있었다. 로또 당첨보다 더 어려운 화석 발견이라고 했다.

그 행운의 주인공은 당시 오하이오주 북부 클리블랜드 자연사박물관에 근무하던 요한슨Johanson이라는 무명의 연구자였다. 미국-프랑스 합동발굴단의 미국 쪽 단장으로 참여해 에티오피아 아파에 왔다가 대박을 맞았다. 그는 선주의 버클리대학교 지도 교수 하월이 시카고대학교에 근무할 때 가르친 제자였다. 박사 논문을 쓰기도 전, 루시로 세계적인 유명세를 탔다. 하월과 요한슨은 1978년부터 버클리대학교에 인류기원연구소Institute of human origin를 만들며 의기투합했다. 선주가 버클리에 입학하기 2년 전이었다. 루시를 발견한 요한슨이 소장을 맡아 펀딩을 책임졌다. 전 세계 학자를 불러 모으는 역할은 하월 교수가 맡았다.

침팬지와 인류의 공통 조상은 언제부터 갈라졌는가. 오래된 질문이었다. 루시는 과연 최초의 완전한 진화 단계를 이룬 인류의 조상인가. 반론이 만만치 않았다. 그동안 인류학자들은 인류의 머리 용량이 커

지면서 두 발 걷기를 하게 되었다고 생각해왔다. 그런데 루시의 머리 용량은 너무 작았다. 500시시에 불과했다. 500시시는 침팬지와 다를 바 없었다. 현생 인류인 호모사피엔스의 뇌 용량은 1300~1600시시에 이른다.

사실 루시의 얼굴은 아랫부분이 앞으로 튀어나온 침팬지와 거의 같았다. 다만 목 아래는 현생인류와 비슷했다. 루시는 키도 90센티미터에 불과했다. '루시가 나무에 살다가 잠깐 걸었을 수 있다'거나 '1924년 남아공에서 발견된 오스트랄로피테쿠스 아프리카누스의 변종에 불과하다'는 주장도 나왔다.

논쟁의 포인트는 인류 진화 과정 중에 큰 머리가 먼저 나타났는가, 아니면 두 발 걷기가 먼저 일어났는가였다. 루시를 발굴한 이들은 두 발로 걷고 두 손을 자유롭게 쓰게 되면서 머리 용량이 커지고 인류가 진화했다는 주장을 했다. 내장을 받쳐줘 두 발 걷기를 가능하게 하는 골반뼈를 증거로 제시했다. 또한 아파 지역에서 추가로 발견된 13개체의 화석과 1978년 탄자니아 라에톨리에서 화산재에 덮여 나온 발자국 화석이 신빙성을 높여준다고 했다.

네 발이 아닌 두 발로 걸은 흔적이라는 라에톨리의 발자국은 350만 년 전 것으로 추정되었다. 루시의 해부학적 특징과 화산재 속의 발자국을 다 함께 분석한 사람은 바로 1980년 선주에게 뼈대학을 1년간 가르쳐준 화이트White였다. 화이트는 요한슨과 함께 루시를 포함한 이들 화석들을 '오스트랄로피테쿠스 속 아파렌시스 종'이라고 명명했다.

'아파렌시스.'

선주는 버클리에서 이 이름을 처음 들었다. 아파에서 발견됐다 하여 아파렌시스였다. 최초의 인류를 생각할 때 선주의 머릿속에 가장 먼저 떠오르는 이름은 호모 하빌리스(손 쓴 사람), 호모 에렉투스(곧선 사람)였다. 이들은 150만 년 전이었다. 루시는 도구를 사용한 흔적이 없었다. 그럼에도 루시를 사람으로 볼 수 있을지 머리가 복잡해졌다. 오스트랄로피테쿠스 아파렌시스는 루시 발견 이후 하나의 학명이 되었지만 끝까지 이를 믿지 않는 이들도 존재했다.

그러나 학계에서는 대체로 오스트랄로피테쿠스 아파렌시스를 직립보행 영장류를 일컫는 화석 인류 '호미니드'의 가장 오래된 뿌리로 인정하는 분위기였다. 2002년 콩고 사헬에서 더 오래된, 600만 년 전 이상의 것으로 추정되는 사헬란트로푸스차덴시스 화석이 발견되기 전까지는.

선주는 1983년 화이트, 아스파와 함께 에티오피아의 수도 아디스아바바를 방문했다. 루시가 나온 동북부 지역 하다에 접근하지는 못했다. 거기로 가려면 부족장들에게 부탁해 AK 소총으로 무장한 호송단을 대동해야 했다. 강도들이 들끓고 있다고 했다. 박물관들을 순례하는 선에서 짧은 여행을 했다. 1989년 한국으로 영구 귀국할 때는 루시와 '동행'했다. 화석 모조품 두 세트가 여행 가방 속에 있었다. 한 세트당 1500달러씩 주고 샀다.

한국에서도 사람 화석을 둘러싼 논쟁이 벌어졌다. 루시가 아니라 홍수였다.

나는 프락치가 됐다

◆

내 이름은 용길이다.

나는 아산 사람이다. 아산에서 가장 유명한 인물은 충무공이다. 12세 전후로 어머니의 고향인 아산에 내려와 터전을 삼고 살았다고 한다. 나는 1912년 충남 아산 탕정면에서 태어나 온양공립보통학교(초등학교)를 졸업했다. 이후 서울로 가 배재고보와 연희전문학교 문과를 졸업했다. 일본으로 건너가 교토제국대학에서 경제학을 공부하기도 했다.

그리고 성균관대 교수를 역임했으니, 일제강점기에 제법 괜찮은 스펙을 쌓은 셈이다. 충무공에 비할 바는 아니지만, 후대 사람들이 나를 '한국 근현대 아산의 인물' 중 하나로 인정해주고 있으니 감사할 뿐이다.

내 인생에서 가장 빛나던 순간은 1948년 5·10 선거에서 같은 아산 출신 대선배 보선을 꺾고 국회의원이 된 일이다. 당시 아산의 군민들은 대지주 집안의 초엘리트 보선이 아닌, 젊고 패기 넘치는 나를 선택했다. 보선은 "이제 아산 쪽을 향해서는 오줌도 누지 않는다"는 말을 남겼다고 한다.

그래도 보선은 승만 아래서 서울시장과 상공부장관을 했고, 1960년 4·19 직후엔 대한민국 4대 대통령을 지냈다. 총리가 실권을 지닌 내각 책임제 아래서였고, 이듬해 5·16 군사정변이 일어나며 금방 물러났지만 말이다.

나는 보선을 꺾고 서른여섯에 제헌의회 국회의원이라는 영광을 얻었으나, 이후 필설로 다할 수 없는 형극의 길을 걷고 무너졌다. 비운의 정치인이자 잊힌 거물이 되었다. 그것은 한국전쟁기에 아산을 휩쓴 대학살의 광풍을 닮았다. 나 용길과 아산의 비극에 대해 이야기해보고자 한다.

나는 무소속 소장파 의원으로서 치열하게 정치 활동을 했다. 그중 하나는 반민특위(반민족행위특별조사위원회)의 특별검찰관으로 선출된 일이다. 반민특위의 뿌리는 '반민법'(반민족행위자처벌법)이다. 일본 치하 독립운동가나 그 가족을 악의로 살상 박해한 자 또는 이를 지휘한 자는 무기 또는 5년 이상의 징역과 함께 그 재산의 전부 혹은 일부를 몰수하게 했다.

또한 일제 치하에서 고등관 3등급 이상 등을 지낸 관공리 또는 헌병을 공무원에 임용할 수 없게 한 이 법은 1948년 9월 국회를 통과했다. 때를 같이 하여 국가보안법도 국회를 통과했다.

반민특위는 1차로 적극적 친일 기업인 홍식을 검거했다. 이때 알았어야 했다, 승만과 친일세력은 이를 방해할 뿐 아니라 때려잡을 것임을. 1949년 6월 6일 나는 을지로의 반민특위 사무실을 습격한 서울시경찰국 산하 중부경찰서 경찰관들에 의해 무장해제됐다. 6월 26일엔 '외군(외국군) 철퇴 요청에 관한 긴급 동의안'을 국회에 제출한 것이 문제가 되어 국가보안법 위반으로 체포됐다.

그리고 이른바 '국회 프락치 사건'에 엮인다. 연희전문학교 때부터 교회 유년부 주일학교 부장을 하며 기독교 신앙을 키워온 내가 남로당 프락치라니. 외국 군대 철수 주장은 북한의 지령이 아니라 민족 독립의 원칙으로서 주장한 거였다. 프락치 사건으로 소장파 의원들이 궤멸되고 반민특위는 와해된다.

1949년 6월 16일 서울시경찰국 형사대 형사들은 개성역(당시 개성은 경기도 소속)에서 '남로당 중앙당부 월북문건 연락원'이라는 재한을 미행해 붙잡았다. 재한은 40대 여성으로 하얀 한복을 입은 광주리 장수 행색이었다. 이 여성을 붙잡아 변소에 들어가 용변을 누게 했는데 자신의 음부를 주무르며 엉거주춤한 자세를 취하길래 왼쪽 손목을 잡아당기자 조그만 아이스캔디 모양의 무엇인가가 바닥에 떨어졌다고 했다. 거기서 나왔다는 것이 '남로당 국회프락치부의 국회 내 투쟁

보고서인 3월분 국회공작보고'라는 문건이다.

투쟁보고서와 함께 암호해독표까지 40~50면에 이르는 종이에 모래알보다 더 작은 글씨가 써 있었다고 했다. 동아일보는 "조선판 마타하리, 삼팔선상의 마돈나는 꽃같이 아리따운 요부가 아니고 나이조차 마흔두 살 꼭두머리가 더러 빠지고 차림차림이 허수룩한 중년 부인"이라 묘사했다. 6월 21일부터 여기에 연루됐다는 국회의원이 줄줄이 잡혀들어간다. 나는 8월 14일에 마지막으로 구속되어 다음 해인 1950년 3월 1심에서 징역 3년을 받는다. 그러나 항소심을 하기도 전인 1950년 6월 한국전쟁이 터진다.

6월 28일 서울을 점령한 인민군은 7월 6일 평택을 거쳐 7월 8일 천안으로 들어온다. 수원-평택-천안으로 이어지는 1번 국도에서 국군 제17연대와 주일미군 제24사단 34연대는 맥을 추지 못하고 후퇴한다. 인민군은 아산 음봉면 삼거리와 동암리를 경유하여 천안으로 들어왔다. 국군과 경찰은 후퇴하면서 국민보도연맹에 가입한 이들을 체계적으로 살해한다. 아산에서도 300명이 넘는 국민보도연맹 가입자들이 황천길로 갈 순서를 기다리는 중이었다.

미스터리다. 주변 시나 군에서 모두 경찰에 의한 국민보도연맹 학살 사건이 있었으나, 아산은 비껴갔다. 천안과 아산에서 경찰이 철수한 날은 7월 7일이었다. 당진·예산·서산·태안 등 이웃한 곳에서는 7월 12일 철수했다. 공주는 7월 13일, 홍성은 7월 14일이었다. 천안과 아산은 5~6일이나 빨랐다. 천안에서는 군경이 보도연맹원으로 추정되는 22명을 평택으로 데려가 죽이려다 미군에게 무장해제돼 돌아오는 해프닝이 있었다. 천안에서 민간인을 사살하면 민심의 동요가 우려돼 평택까지 가서 죽이려고 했다. 이들은 22명을 다시 천안으로 후송하여 처리했다는 이야기가 전해진다.

아산은 그런 기록조차 없다. 경찰이 너무 빨리 철수해서일까, 아니면 군경이 전술적으로 포기한 지역이어서였을까. 아산 사람들에게는 행운이었다.

나도 행운을 얻었다. 자유의 몸이 되었다. 전쟁과 함께 서대문형무소 문이 열렸다. 다들 만세를 부르며 나갔지만, 나는 나갈 생각이 추호도 없었다. 잡아넣은 사람들이 허락하지 않았는데 어찌 나갈 수 있겠는가. 나는 꽉 막힌 사람이다. 동료들은 나를 억지로 끌고 나왔다. 그 뒤 경기도 고양군(현 고양시)의 한 시골에 은거했다.

고향 탕정 면사무소를 북한 노동당 간부들이 접수한 때는 7월 20일이다. 각 부락마다 인민위원회가 구성됐다. 미군 폭격기가 천안 시내를 폭격했고, 아산에서 미군의 기총사격으로 30여 명이 죽기도 했다. 좌익들의 인민재판으로 인한 희생자도 속출했다. 1950년 9월 3일경 탕정면에서 면장을 하던 찬우가 밧줄로 목이 매여 죽임을 당한 일이 대표적이다. 아산에서 100명 이상 이렇게 죽었다. 300명이 죽었다는 말도 있다.

9월 인천상륙작전 이후 인민군이 떠나고, 기세등등하던 좌익들과 핵심 부역자들은 북한으로 올라갔다. 보도연맹 학살이라는 파도를 운 좋게 피한 아산에 더 큰 쓰나미가 밀려왔다. 부역 혐의 딱지를 붙인 인간 사냥이 시작됐다. 두 손이 묶인 사람들이 트럭에 실려서 성재산으로, 설화산으로, 탕정지서 뒷산으로 올라갔다. 그 안에는 여성도, 젖먹이도 있었다.

나는 서울 수복이 된 9월, 일부러 검찰청을 찾아가 법에 따라 처리해달라고 요청했다. 그러나 당시 검찰청장은 재수감을 하지 않겠다고 했다. 그제야 시민증을 발부받았다.

그런데 11월 초순경 군경합동수사본부가 나를 다시 체포했다. 12월 중순엔 서대문형무소에 갇혔다. 국회프락치 사건에 연루된 의원은 나 하나 남았다. 문원, 태규, 구수, 일환, 욱중, 옥주, 병회, 윤원, 윤호, 약수, 중혁, 경모, 성균, 봉두. 동지들은 모두 월북하거나 납북되었다.

1·4 후퇴가 한창이던 1951년 1월에는 부산형무소로 이감됐다. 여기서 검찰은 25년형을 구형했다. 맙소사. 고향 아산에서는 대학살이, 나에게는 대형량이…. 다행히도 재판부는 무죄를 선고했다.

승만에게 한국전쟁은 거대한 청소의 시간이었다. 눈엣가시 국회의원들을 남로당 프락치로 모략해 이 땅에 머물지 못하도록 했다. 프락치 사건이 조작이었다는 것을 밝히지 못하고 1992년 눈을 감아 원통

할 뿐이다. 구속의 칼날을 피한 국회의원들은 전시에 '사형금지법안私
刑禁止法案' 등을 제안하며 폭주하는 승만의 정부를 견제했지만 역부족
이었다.

상처받고 외롭게 남은 나는 재기할 수 없었다. 1952년부터 1988년
까지 선거에 출마했지만 떨어지기만 했다.

아산에서 꿈을 꾸던 고향 사람들도 한동안 재기할 수 없었다. 그때
너무 많이 죽이고, 죽이고, 죽이고, 죽이고, 죽였으니까.

홍수아이에 대한 추리

●

솔직히 말해, 선주는 알 수 없었다.

홍수아이를 데려가기 위해 한국에 잠시 들어왔다. 1986년의 일이다. 홍수아이는 관 속에 담겨있었다. 관 안에는 흙이 가득했다. 흙째 유골을 수습한 뒤 윗부분 흙만 살짝 걷어냈기 때문이다. 발굴한 지 만 3년이 된 때였다. 뼈에 습기가 차고 곰팡이가 슬어 있었다. 세척을 위해 아세톤을 부어놓았지만, 오래되어 관절 부위 등 약한 뼈는 많이 상한 상태였다. 홍수아이는 후기 구석기 시대의 사람이라고 했다. 연대로 치면 3만 년 넘은 화석이었다.

홍수아이는 1983년 충북 청원군 가덕면 노현리의 두루봉 동굴에서 발견됐다. 동굴의 존재는 한 기자의 탐문으로 1975년 처음 세상에 알려졌다. 한 초등학교 교장실에 걸린 사슴 박제물을 보고 출처를 묻다가 근처 석회암 광산에 옛 동물 뼈가 널려 있다는 사실을 알게 됐다.

곧 고고학자들 귀에도 들어갔다. 1975년부터 연세대 박물관팀과 충북대 박물관팀이 합동으로 동굴을 조사했다. 선주도 연세대 박사과정에 들어간 그해 봄과 여름 사이 한 달간 두루봉 동굴에 내려와 뼈 분류 작업을 했다. 잠깐이었다. 발굴은 충북대 박물관팀의 주도로 진행됐다. 그러다 미국 유학 중에 흥수아이 소식을 듣게 된 것이다. 석회암 지대인 두루봉 동굴에서 광산 회사를 운영하던 사장 이름이 흥수였다. 다이너마이트로 석회암 발파를 할 때마다 발굴단은 작업을 정지하고 숨곤 했다. 발굴단은 결국 문을 닫게 된 광산 회사 사람 이름이라도 남겨주자는 뜻으로 여러 동굴 중 하나를 흥수굴이라 했다. 그곳에서 아이의 뼈가 나왔다. 그래서 흥수아이였다.

선주는 충북대 박물관으로부터 흥수아이 감식을 의뢰받아 한국에 온 터였다. 폴리바이닐아세테이트 용액으로 뼈를 단단하게 하는 경화 처리부터 했다. 선주는 관에서 흥수아이의 허벅지 뼈, 정강이 뼈, 윗팔뼈 등을 각 2센티미터씩 떼어 미국으로 가져갔다. 버클리대학 박사과정 학생들과 이 뼈를 어떻게 봐야 하는가를 두고 토론을 했다. 감식 결과, 나이는 4~6세, 키는 110~120센티미터, 머리 용량은 1200~1300시시라는 결과를 냈다.

연대 측정이 가장 중요했다. 탄소연대측정법을 사용하는 캘리포니아 샌디에이고대학교의 실험실에서 해보기로 했다. 최신 시설이었고, 미국 대학의 박사과정 학생들에게는 절반 이하의 가격만 받는다고 했다. 샌프란시스코에서 로스앤젤레스를 거쳐 샌디에이고까지 10여 시간 승용차를 끌고 가 뼈를 맡겼다.

그러나 돌아온 결론은 "알 수 없음"이었다. 뼈 속에 유기질이 다 빠져나가 판정할 수 없다고 했다. 홍수아이를 발굴한 책임자들은 결과에 승복하지 않았다. 홍수아이는 후기 구석기 시대의 아이여야 했다. 3년 뒤 한국의 신문에는 "버클리대 인류학과 교수팀이 홍수아이 뼈를 정밀 복원하고 방사선 촬영 방법을 동원해 연대를 측정한 결과, 4만 년 전 이상의 후기 구석기 시대의 남자아이로 밝혀졌다"는 기사가 실렸다. 솔직히 말하자면, 선주는 정말 알 수 없었다.

2000년대에 들어 홍수아이는 추락 위기를 맞이한다. 2011년 프랑스 고인류학연구소는 한국-프랑스 수교 120주년 기념 프로젝트의 하나로 관 속에 흙과 함께 있던 홍수아이의 등뼈·갈비뼈 등을 가져가 탄소연대측정법으로 연대를 측정했다. 한데 1630년에서 1893년 사이로 나와버렸다. 이들은 《세계의 구석기》라는 이름의 책 한국 편에서 이러한 내용의 논문을 발표했다.

홍수아이는 한반도 남쪽에서 완전 유해 형태로는 처음 나온 구석기 화석이라는 영광스러운 지위를 지켜야 했다. 350년 전 죽어 그냥 동굴에 묻힌 아이가 된다면 한국 인류학자들이 망신을 당할 수 있었다. 그게 아님을 증명하려면 두루봉 동굴에서 나온 다른 화석들과 홍수아이의 인과관계를 설명할 수 있어야 했다. 불가능했다. 이미 동굴은 광산의 발파 작업으로 흔적도 없었다.

발굴을 주도한 한국의 충북대 박물관 쪽에서는 난리가 났다. 선주역시 프랑스 쪽 연대 측정의 근거와 프로세스를 따져 물었다. 한국에서 경화 처리를 하느라 뼈에 침투시켰던 폴리바이닐아세테이트 용액이 다 씻겨나가지 않으면 결론이 잘못 나올 수 있었다. 이 용액을 무엇으로 지웠느냐고 했더니 증류수라는 답이 돌아왔다. 뜨거운 용액으로 굳혀놓은 부분을 증류수로 다 제거할 수 없다는 반론을 제기했다. 시료가 오염됐다는 거였다. 프랑스 쪽은 주장을 굽히지 않았다. 350년 전에 묻혔다면, 굳이 마을에서 멀리 떨어진 곳에 와서 아이 주검을 묻었다는 얘기가 된다. 왜 그랬을까. 암매장인가?

이 논쟁은 2018년까지 이어졌다. 한국의 학자들 중에서도 반론을 제기한 이들이 있었기 때문이다. 다시 검증을 하려면 뼛조각을 잘라 탄소연대측정 실험실에서 태워보아야 했다. 문화재 담당 기관의 허가를 받는 절차를 거쳐야 했다. 누군가 나서야 했지만 나서는 사람이 없었다. 선주는 흥수아이의 충치 흔적에 주목했다. 후기 구석기 때 충치를 앓은 아이의 흔적이 있다는 외국 논문을 찾아냈다. 흥수아이 발굴을 책임졌던 충북대 박물관에는 힘이 되는 이야기였다. 선주는 이후 흥수아이를 복원하는 작업에도 참여했다. 그럼에도, 알 수 없었다. 솔직히 말하면, 알 수 없었다. 흥수아이가 구석기 아이라는 사실은 아직은 완벽하게 과학적인 데이터로 입증되지 않았다.

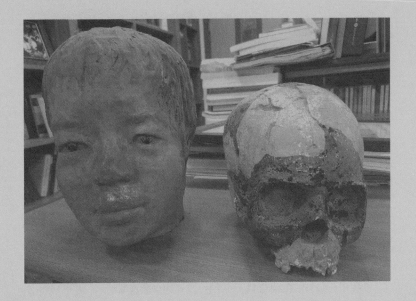

석고로 만든 흥수아이 머리뼈와 선주가 복원한 흥수아이(위) 그리고 흥수아이 유골(아래).

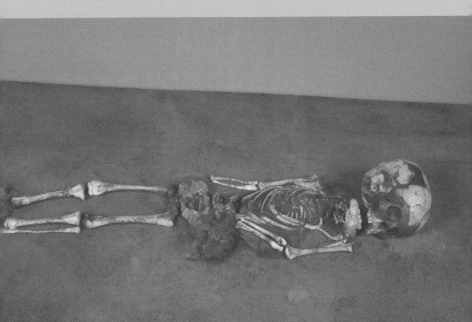

두루봉 동굴의 주인공이 흥수아이만은 아니었다. 두루봉 동굴에선 사슴 뼈·쥐 뼈·곰 뼈·하이에나 뼈·원숭이 뼈·코끼리 상아 등 수많은 동물 뼈가 나왔다. 두루봉 동굴은 절멸된 동물 뼈가 많이 발견되었다는 점과 고퇴적층 토양으로 볼 때 지질 시대로는 플라이스토세(홍적세), 고고학적으로는 구석기 시대로 보는 게 타당했다. 다만 제천 점말 동굴에서처럼 이곳에 누가 살았느냐가 쟁점이었다. 원래부터 쟁점이 아니었다. 선주가 쟁점을 만들었다고 보는 편이 맞았다.

발굴 책임자들은 동물 뼈들을 모두 선사 인류(호미니드)의 사냥 결과물로 인식했다. 심지어 사냥에 대한 그림까지 동굴 안에 있다며 예술 활동의 결과라고 여겼다. 선주는 그 그림에 관해선 식물이 달라붙어 녹은 흔적이라고 보는 편이었다. 후기 구석기 시대의 대표적인 연모인 새기개가 두루봉 동굴에서 나왔다는 발표는 예술 활동을 뒷받침해준다고 했다. 새기개는 그림 그리는 도구의 모양을 띤 석기였다. 선주는 그 석기가 정말 새기개인지에 대해서도 회의적이었다. 그 말이 맞다면 흥수아이는 사냥을 하던 구석기 시대 선사 인류 성인의 자식이었을지도 모른다. 선주는 여기에 반기를 들었다.

선주는 미국에서 공부하면서 두루봉 동굴에 대한 다른 가설을 던졌다. 한국에 와 손 선생을 만날 때마다 새로운 이야기를 해드렸다. 1981년에 읽은 빈포드의《본즈Bones》영향이 컸다. 동물 뼈는 깨진 정도와 모양에 따라 자연에 쓸려 온 것일 수도, 사람에 의한 것일 수도,

동물에 의한 것일 수도 있었다. 잔뼈들의 크기를 재고 각종 상황에 따른 연구 결과를 응용해 이게 사람이 사용한 뼈 연모였는지, 사람이 뼈다귀 속 영양분을 빼 먹고 남긴 것인지, 맹수가 씹다가 버린 것인지를 따져야 했다. 세부적인 연구 결과들이 있었다. 가령 두루봉 동굴을 발굴한 이들은 동물 뼈에 난 구멍을 보고 사람 행위의 결과물로만 보았다. 그러나 쥐 등 설치류가 긁은 흔적일 수 있었다. 쥐가 앞니로 긁으면 U자 형태, 사람이 상처를 내면 V자로 나타난다고 했다. 쥐 이빨과 연모가 남기는 파임 흔적의 차이 연구에 따르면 그랬다.

선주는 두루봉 동굴의 동물 뼈 분류에 대한 논문을 여러 차례 발표했다. 동굴곰과 하이에나 뼈가 나왔다는 발굴 초기의 분석에 대해서는, 머리뼈와 이빨의 특징을 볼 때 동굴곰이 아닌 불곰이며, 그냥 하이에나가 아니라 점박이 하이에나인 크로쿠타라는 주장을 폈다. 이건 제천 점말 동굴에도 해당하는 이야기였다. 불곰이 아닌 동굴곰의 뼈라 하더라도 사람의 사냥보다는 동면 중 자연사했을 가능성이 컸다. 선주가 보기에 두루봉 동굴은 동물들의 덴스dens, 즉 은신처였다. 가령 맹수들이 사냥을 하고 남겨놓은 뼈를 크로쿠타가 입으로 물고 자신의 은신처로 갖고 와 씹어 먹다 남겼을 가능성이 컸다.

뼈의 깨진 모양과 형태에 대한 연구는 다른 추리로 이어졌다. 이건 꼭 동물 뼈에만 해당하는 문제가 아니었다. 사람 뼈에도 적용해볼 수 있었다. 그게 바로 장 선생의 뼈였다.

은비녀의 독백

◆

나는 비녀다.

한 여인이 거울 앞에 앉아 머리를 빗는다. 아침의 시작이다. 두 손을 올려 머리를 묶고 쪽을 진 뒤 나를 꽂는다. 나, 은비녀를 꽂는다. 그렇게 나는 여인과 하나가 되었다. 그날 밤 여인은 다시는 머리를 풀지 못했다. 머리에 손도 대지 못했다. 나는 그저 여인의 머리카락에 꽂혀 있었다.

나는 설화산 은비녀1이다. 내 맘대로 정한 식별번호다. 충남 아산시 배방읍 중리 산86-1번지(현 수철리 174-1번지) 설화산 8부 능선의 구덩이에서 나는 발견되었다. 2023년 3월 성재산에서 A4-5가 완전 유해의 모습으로 노출될 때 버클과 단추와 동전 등 수많은 유품들이 나왔다. 그다음 달 황골 새지기에서 새지기 2-2가 발굴될 때도 마찬가지였다. 그러나 나와 내 동료들은 성재산과 새지기의 유품과는 완전히 차원이 달랐다.

내가 따가운 햇빛을 받으며 지표면 밖으로 노출된 것은 2018년 3월이었다. 여인과 함께 땅에 묻혀 오래도록 한 자리에 있은 지 67년 만이었다. 나는 한 다발의 머리카락과 함께 조심스럽게 옮겨졌다. 머리카락은 짓뭉개져 사라진 머리뼈와 이별하였으나, 나를 놓지 않았다. 그렇게 머리카락과 함께 나온 비녀가 아홉이나 되었다. 나는 아무 문양과 장식이 없는 민무늬 은비녀였다. 길이는 111.7밀리미터, 두께는 6.3밀리미터였다.

가장 큰 특징은 88.6밀리미터의 귀이개를 동생처럼 데리고 있었다는 점이다. 여인은 내 밑에 은 귀이개를 꽂아놓았다. 머리카락 없이 홀로 나온 비녀도 67개, 조각으로 나온 비녀도 22개였다. 쪽 진 머리 속에 꽂혀 있다가 땅속에서 헤어졌는지, 아니면 여인의 손이나 주머니 속에 웅크리고 있었는지는 알 수 없다. 비녀의 총수는 98개였다.

그러니까, 한두 명이 아니었던 셈이다. 여인들이 거울 앞에서 머리를 빗는 장면을 다시 상상해본다. 누군가는 원 문양 비녀를 꽂고, 누군가는 꽃무늬 비녀를 꽂는다. 누군가는 플라스틱 비녀를 꽂고, 누군가는 옥비녀를 꽂는다. 아, 옥비녀는 갓 결혼한 처자의 것이라고 한다. 이렇게 아침에 비녀를 한 여러 마을의 여인들이 다 함께 어떤 장소에 갇힌다.

나는 누구인가. 여인들의 장신구다. 그 옛날 혼인 여부를 드러내던

표식이자 모양과 장식을 통해 기호와 취향을 드러내던 예술품이다. 과거 여성들은 혼인을 하면 길게 땋았던 머리를 올려 얹었다. 머리를 고정시키려면 비녀가 필요했다. 한번 고정시키고 나서 머리가 빠지지 않도록 한쪽 끝은 뭉툭하게 만들었다. 나 역시 그렇게 생겼다. 자신보다 나이가 많아도 비녀를 꽂지 않은 사람에게는 말을 하대하는 풍습이 존재하던 시대다.

비녀들과 함께 쌍가락지 등 반지 20개와 팔찌 1개도 나왔다. 그렇다면 나와 함께 머리카락에 붙어 나온 귀이개는 무엇인가. 귀이개는 내가 발견된 곳에서 총 6개가 나왔다. 귀이개는 머리 반대쪽이 뾰족했다. 귀지를 파내기도 하지만, 음식을 먹고 체하거나 다른 응급상황에서 손을 따 검은 피를 보게 하는 데도 사용했을 것이다. 그러니까 이 모든 것은 대부분 장신구이면서 생활용품이었다. 나를 사용한 여인은 얇아서 손에 잘 잡히지 않는 귀이개를 잃어버리지 않고 제때 야무지게 쓰기 위해 머리에 꽂아놓았을까.

눈이 오면 눈꽃이 장관을 이룬다고 하여 설화산이다. 1951년 1월 6일, 그날도 몹시 추웠다. 아름다운 설화산에 해가 지기 직전이었다. 오후 5시경 아산의 온양·배방·신창의 마을에서 모인 여인들이 설화산을 향해 걸어 올라간다. 나를 발굴한 사람들이 낸 통계에 기대어, 그날 설화산으로 올라가던 성인 여성들의 수를 86명으로 추정한다. 이들 중 대다수가 기혼 여성이고 머리에 비녀를 꽂았을 것으로 추정한다. 6~9세 어린아이가 60명이라고 추정한다. 여기에 비해 어른 남성은 22명에 불과했다고 추정한다. 남성들의 평균 키는 161~162센티미터, 여성들의 평균 키는 140~143센티미터였다고 추정한다. 발굴된 유해를 근거로 할 때, 남녀 합쳐 208명이었다. 여성 비중이 압도적인 행렬이었다. 그 옆에서는 총을 든 장정들이 함께 갔다.

여인들의 뒷모습을 가까이 따라가본다. 어떤 기혼자들에게는 비녀가 없다. 본래 부모가 세상을 떠나면 여인들은 비녀를 뽑고 머리를 풀어 늘어뜨렸다. 슬픔과 죄책감을 드러내기 위한 상징적 행위였다. 자신의 죽음을 코앞에 두고, 누군가는 비녀를 뽑아 머리를 풀어 헤쳤을지도 모른다. 누군가는 그럴 정신도 없이 황망한 마음으로 비녀를 꽂고 따라갔을지도 모른다. 누군가는 마음을 다져 먹으며, 비녀가 뽑히지 않도록 머리를 더 단단히 만졌을지도 모른다. 나를 그대로 꽂아둔 여인은 황망해서였을까, 마음을 더 다져 먹어서였을까.

2018년 3월, 나를 찾아준 사람들에게 경외감을 보낸다. 그해 2월 20일에서 4월 1일까지 겨울에서 봄으로 이어지는 40일간 이들은 미끄러운 산길을 하루에도 몇 차례씩 힘겹게 오르내리며 곡괭이와 삽과 호미로 땅을 팠다. 눈을 치우고 비와 바람을 막으면서 뼈와 유품을 수습해 세상 밖으로 알렸다. 2017년 11월에는 설화산 남서면 3부 능선 자락에서 한참이나 허탕을 치기도 했다. 마을 뒷산 설화산 폐금광의 20미터 이상 수직갱도에서 사람들을 죽이고 아래로 굴러떨어지게 했

쪽진 머리카락에 꽂힌 채 발굴된 비녀들.

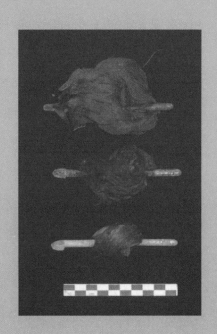

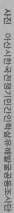

다는 증언에 따라 그곳을 중심으로 파헤친 결과였다. 헤매고 헤매다가 우리가 있는 곳 근처에서 불에 탄 머리뼈 조각과 M1 탄피 하나를 발견하면서 발굴 작업이 탄력을 얻었다.

우리는 굴이 아니라 바닥이 항아리 모양인 큰 구덩이 안에 있었다. 구덩이 경사면을 따라 유해와 유품들이 5층으로 뒤섞여 쌓여 있었다. 층 사이는 마사토와 진흙, 잡석들로 채워져 있었는데, 4층의 일부 뼈들은 그을은 상태였다. 뼈들은 서로 뒤엉켜 있어 하나씩 식별할 수가 없었다. 보존 상태도 최악이었다. 이곳에서 모두 3246점의 뼈가 발굴되었다. 머리뼈 조각·치아·등뼈·손가락뼈·발가락뼈·허벅지 뼈를 맞춘 결과, 앞에서 추정한 208명이 나왔다. 아이들의 유해는 여인들의 유해와 함께 뒤섞여 출토되었다. 엄마가 아이를 안고 죽었으리라. 상당수가 부서진 위아래턱에 치아만 일부 남아 있을 뿐이었다.

엄마는 아이에게 귀를 보자고 한다. 아이는 싫다고 한다. 엄마는 아이를 당겨 앉히고 쪽 진 머리에서 귀이개를 뽑아 들이댄다. 아이는 간지럽다고 앙탈을 부리며 자꾸만 피한다. "어유, 착해라. 이리 온." 엄마는 어르고 달래면서 아이의 귀에서 귀지를 살살 긁어낸다. 내가 가장 마지막으로 쪽 진 머리 곁에서 경험한 여인의 평화로운 순간이 아니었을까. 그러던 엄마와 아이 모두 설화산의 구덩이로 끌려가 미친 최후의 시간을 보냈다. 구덩이에서는 M1 소총과 카빈 소총 탄두가 각각 47개, 15개 나왔다. M1과 카빈의 탄피가 각각 42개와 38개 나왔다.

여인들과 아이들은 모두 가까운 거리에서 이 소총에 맞아 죽었다. 사살의 명분은 1·4 후퇴였다. 부역 혐의자 가족이라는 딱지였다.

발굴단원들이 가장 가슴 아팠을 때는 뒤엉킨 어린아이의 뼈와 큰 돌에 눌려 형태를 잃어버린 어르신들의 머리뼈를 수습할 때였다고 한다. 그리고 또 나를 수습할 때였다고 한다. 홀로 고립된 은비녀로서의 내가 아니었다. 쪽 진 머리와 은 귀이개와 함께 있던 나였다. 우리 운명 공동체 셋은 한국전쟁에서 여성들의 희생과 수난을 극적으로 보여주는 하나의 이미지로 남았다.

그날, 비녀를 꽂은 여인들은 설화산에도 왔지만 성재산에도 갔다. 주성이라는 아이가 떠오른다. 곡물창고에 갇혀 있다 살아남아 성인이 되어 미국에 갔던 주성은 내가 발굴되던 2018년 설화산에 왔다. 주성은 내가 있던 곳에 엄마가 묻혔다고 믿었다. 주성아, 네 엄마는 설화산이 아니라 성재산에 갔단다.

장 선생 뼈의 증언

"범행 도구가 망치라고? 글쎄….”

선주는 고개를 저으며 빈 상자를 열었다. 제과점에서 롤케이크를 담아주는 평범한 빵 상자였다. 그곳에 노란 색깔에 동그란 형태를 띤 석고를 넣었다. 여기엔 역사적인 인물의 죽음에 대한 열쇠가 있었다.

버클리대학교에서 동물 뼈의 흔적을 놓고 누구의 행위인지를 추리하고 토론하던 선주였다. 뼈의 깨진 모양을 보고 사람이 상처를 낸 건지, 혹은 동물이 씹거나 긁은 것인지를 유추했다. 맹수가 씹은 경우라면 각 이빨 형태에 따라 남긴 흔적이 다르게 나타났다. 지금은 사람뼈의 깨진 모양을 보는 중이었다.

장 선생 암살의혹규명국민대책위원회에서 실무자로 일하는 경호가 청주에 있는 선주를 찾아온 것은 2013년 1월이다. 장 선생이라니. 그는 누구인가. 일제강점기 광복군으로 활동한 독립운동가이자,

1950년대 《사상계》를 창간한 언론인이자, 1960년대 이후 한국의 독재자가 가장 미워한 민주화운동 지도자였다.

그는 1975년 8월 17일 경기도 포천군 이동면 도평리의 약사봉에서 의문의 주검으로 발견되었다. 당시 검찰은 "등산 중 실족에 의한 추락사"라고 발표했다. 하지만 굴러떨어졌다고 보기에는 미심쩍었다. 신체에 큰 외상이 없다는 점과 오른쪽 귀 뒤의 피흘린 상처 때문에 단순 추락이 아니라는 의혹이 제기되었다. 그 의혹은 37년 만인 2012년 다시 불붙고 있었다. 경호의 손에는 장 선생의 머리뼈와 골반뼈가 담긴 상자가 들려 있었다.

300만 년 전의 오스트랄로피테쿠스 아파렌시스 화석을 탐구하고, 구석기 시대 유적 발굴 현장에서 동물 뼈를 만지고, 철기 시대의 사람 뼈로 석사논문을 쓴 선주는 갑자기 민감하고 정치색 짙은 현대사의 무대로 '점핑'한 걸까. 시간이 흘렀다. 버클리 유학을 마치고 1989년에 귀국한 선주는 한국의 대학에서 자리를 잡았다. 그사이에 숱한 일들이 지나갔다. 경호와의 묵직한 인연도 그중 하나였다. 덕분에 2013년의 선주는 장 선생의 의문사를 더듬어볼 기회를 가졌다.

2012년 여름 큰비로 인해 장 선생 유골이 안장된 경기도 파주 공동묘지 석축이 무너졌다. 유골 이장을 기회 삼아 본격적인 검시를 했다. 오른쪽 귀 뒤편 함몰된 머리뼈를 살펴본 의사가 '인위적인 상처로 보인다'는 소견을 내놓으면서 유족들이 의문사 재조사를 정부에 강력하게 요구했다. 암살의혹규명국민대책위원회가 구성되고 진실 규명이 급물살을 타는 흐름이 조성됐다. 12월엔 장 선생의 DNA 검출 등 유골 정밀 감식을 위해 다시 개묘를 해 머리뼈와 허벅지 뼈 등을 CT(컴퓨터 단층) 촬영했다.

이 작업을 하려면 머리뼈 등을 잘라야 했다. 2013년 2월 유골의 재입관과 장례장을 앞두고 대책위는 예우를 갖춰 장 선생을 보내드리려고 했다. 경호는 선주에게 장 선생의 머리뼈를 맞추어달라고 했다. 그리하여 선주에게 장 선생의 유골 전체 사진과 함께 머리뼈와 골반뼈 실물을 가져온 것이다.

장 선생의 머리뼈는 선주의 과학적 호기심을 자극했다. 보름간 외국 문헌을 뒤지며 이 흔적의 의미를 따지기 위해 골몰했다. 장 선생 사망 직후 검시관들이 찍은 사진을 보았다. 웃통은 맨살이었고 바지는 입은 상태였다. 오른쪽 팔에 시퍼렇게 난 멍이 눈길을 잡아당겼다. 얼굴에는 상처가 없었다. 경호가 가져온 머리뼈는 알려진 대로 오른쪽 귀 뒤가 파여 있었다. 골반뼈도 오른쪽이 파여 있었다. 사진 속의 오른쪽 팔 멍까지 죄다 오른쪽에만 상처가 난 셈이었다.

장 선생의 장남 호권은 2012년 8월 한 언론 인터뷰에서 '부친은 누가 봐도 망치로 머리를 가격당해 숨졌음이 분명해졌다'고 말했다. 미끄러지거나 굴러떨어진 것이 아니라 누군가에 의해 가격당해 살해당했다는 주장인데, 구체적인 흉기로 망치를 지목했다. 선주 역시 추락

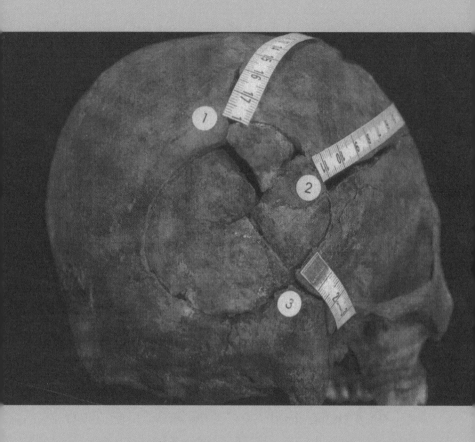

장 선생의 머리뼈. 오른쪽 귀 위의 함몰된 부위가 선명하다.

사는 아니라고 보았다. 미끄러져 굴러떨어졌다면 몸 여러 부위에 다양한 상처가 있어야 마땅했다. 하지만 머리뼈를 아무리 봐도 망치로 때린 흔적 같지는 않았다.

망치로 맞았으면 상처가 평평해야 했다. 망치로 맞았을 때의 타격 형태를 연구한 자료들을 봐도 장 선생과 같은 경우는 없었다. 무언가로부터 타격을 받았을 경우, 흔적은 타격점을 중심으로 방사 형태로 뻗어 나간다. 이런 점으로 봤을 때 의도적으로 때려서 나온 흔적으로 보이지 않았다. 오히려 뾰족한 곳에 처음 부딪힌 뒤 약간 볼록한 곳에 또 한 번 부딪혔다고 보는 게 타당했다. 망치였다면 또한 상처는 더 작아야 했다. 가로 7센티미터, 세로 5.5센티미터. 오함마로 맞아도 이 정도 크게 나올 거라고 보이지 않았다.

선주는 뼈만 보았다. 의외로 장 선생의 머리 부위 뼈의 원인에 집중해 규명한 사례는 없었다. 선주는 객관적으로 어떤 상황에서 뼈에 이런 타격과 흔적이 남을지만을 생각했다.

선주는 그날의 장면을 자기 나름대로 그려보았다. 포천 약사봉의 한 지점에서 여러 사람이 장 선생의 팔다리를 잡고 호흡을 맞춰 산 아래를 향해 힘껏 던지는 모습이었다. 정상 또는 중턱의 돌출된 지점에서 내던져 장애물에 걸리지 않고 포물선을 그리며 지면에 떨어졌다면? 의식을 가진 사람은 발버둥을 칠 테니 던지기 힘들다. 던지기 이전에 다른 행위에 의해 장 선생이 기절했을 수 있다. 기절했기에 높은 곳에서 떨어졌어도 골절이 나타나지 않았을 수 있다. 오른쪽으로만 난 상처로 볼 때, 오른쪽 옆으로 떨어졌을 확률이 높다. 만약 골반부터 먼저 뾰족한 곳에 떨어져 부딪히고 그다음에 머리가 불규칙한 바위 표면에 닿았다면? 그리고 한 번 굴러 멈췄다면?

2000년대 초반 대통령 소속 의문사진상규명위원회에서 여러 추락의 경우를 시뮬레이션했지만 선주가 가정한 경우를 실험한 예가 없다고 했다. 물론 가설이었다. 이 가설이 맞으려면 약사봉 주검 발견 지점 부근에 그런 조건을 충족시킬 만한 장소가 있어야 했다. 사람을 떨어뜨렸을 때 장애물에 걸리지 않고 낙하할 수 있는 곳. 선주는 이 사건을 오랫동안 현장 조사해온 이들에게 그럴 만한 여러 지점이 있다는 답을 들었다. 그렇다면 실험을 해봐야 했다. 현장에서 여러 상황을 가정해 장 선생 생전의 체구와 비슷한 더미(인체 모형)를 만들어 떨어뜨려봐야 했다. 그러나 여기까지였다.

장 선생 죽음의 진실을 밝히려는 운동은 더 이상 동력을 얻지 못했다. 장 선생의 사인 규명을 둘러싼 사회적 파장이 반짝 여론을 업고 커지는가 싶더니 곧 시들어지는 분위기였다. 감식을 맡은 유명 법의학자들 사이에선 의견이 갈렸다. 머리뼈에 대한 결론도 명확지 않았다. 타살 의혹만 남았다. 선주는 본인의 뼈 감정 의견을 공식적으로 밝힐 기회를 갖지 못했다. 감정서를 쓰지도 않았다.

2023년 7월, 선주는 청주의 사무실 서랍에 고이 모셔둔 제과점 빵 상자를 열어본다. 그 안에 담긴 노란 색깔에 동그란 형태를 띤 석고는 장 선생의 머리뼈와 골반뼈 모형이다. 머리뼈 귀 뒷부분과 골반에 패인 흔적에 집중해 본을 뜬 것이다. 이런 모형을 캐스트라고 부른다. 대학 시절 구석기 시대 연모부터 동물 뼈, 사람 뼈까지 여러 캐스트를 지겹게 만들었다. 라텍스, 실리콘, 섬유강화플라스틱FRP, 경석고 등 재질도 다양하다. 이건 치과에서 많이 쓰는 경석고다. 한데 상자 속이 좀 지저분하다. 넣어둔 지 10년이 지났으니 그럴 만하다. 장 선생의 마지막 순간을 증언하는 육신의 분신이 이렇게 먼지 쌓인 상자 안에서 한 손에 가볍게 잡힌다니 미안하고 허무했다.

머리뼈에 난 함몰된 상처의 형태 가장자리가
망치의 가장자리와 같은 모양을 띤다는 것을 보여주는 실험 이미지.

오빠의 환청

◆

내 이름은 주화다.

지구상에서 내 이름을 기억해주는 사람은 없었다. 내 친오빠조차 몰랐다고 했다. 완전히 잊힌 존재였다. 식구들도 많고, 농사를 지으며 어렵게 사는 처지에, 게다가 전쟁 난리통에 아이 이름 따위는 중요하지 않았다. 그래도 섭섭했다. 섭섭해서 죽어서도 눈물이 날 지경이었다. 흔적조차 세상에 없지만 그래도 내 이름 석 자를 알아주는 단 한 사람은 세상에 존재해야 하는 게 아닌가. 애초에 이름조차 안 지어졌던 걸까. 오래전에 이별한 부모에게 물어볼 수도 없었다. 내가 살아 있던 아주 짧은 시간, 나는 무엇으로 불리었을까. 애기? 막둥이?

오빠가 내 이름을 찾아냈다. 내가 세상을 떠난 지 67년 만이었다. 미국으로 떠났던 오빠가 2018년 한국의 주민센터에서 호적등본을 뗐다고 했다. 돌쟁이 여동생에게도 이름이 있었다는 걸 그제야 알았다

고 했다. 주화. 1949년 10월 20일생. 내 이름을 지어 당당하게 호적에
올려준 부모님께 영혼을 담아 감사드린다.

나는 충남 아산시 배방면 장재리 580번지에서 태어났다. 천안과 온
양온천 사이 모산의 쑥고개라는 곳 근처였다. 할아버지부터 손자까지
3대가 벼농사와 밭농사를 짓는 집안이었다. 이런 가족이 20가구 정
도 마을에 살았다. 그러나 1951년 1월 초에 그 사건을 겪고 뿔뿔히 흩
어졌다. 오빠는 50년 전인 1973년에 미국으로 갔다지만, 나와 엄마는
어디로 갔을까. 어디에서 죽었는지, 내 썩은 육신의 거처가 어디인지
조차 모르는 신세다.

성재산인가. 성재산에서는 열 살 이상의 건장한 남자들 위주로 발
견되었다. 성재산의 교통호는 2.2킬로미터나 되고 묻힌 사람들도 수
백 명이 넘는다니까 나 같은 아기가 앞으로 나올 수도 있다. 아니면 설
화산인가. 설화산에서는 엄마와 아이들의 뼈가 많이 발견되었다. 그
러나 내가 끌려간 곳으로부터 설화산은 너무 멀다. 성재산이 훨씬 가
깝다. 산에 끌려간 시간에 따라 다른 곳에 묻혔을 수도 있다. 살아남은
친오빠는 처음에 설화산에 가보고, 설화산만 생각했다. 아니다. 성재
산일 수도 있다.

내 이름을 찾아준 오빠의 이름은 주성이다. 만 일곱 살, 국민학교
1학년 때 아버지 경준(당시 31세), 어머니 봉희(당시 29세)를 잃은 불
쌍한 오빠다. 큰아버지 선준(당시 33세), 삼촌 세준(당시 20세), 광준

(당시 15세), 고모부 칠영(당시 34세) 그리고 고모 두 명과 아이, 나까지 여덟을 잃었다. 일가친척 열 명이 사라진 것이다. 처음에는 큰아버지 선준과 아버지 경준, 고모부 칠영만 끌려갔다. 두 손이 삐삐선에 묶여 끌려가는 광경을 오빠가 목격했다. 성재산의 유해들에게서 발견된 그 검고 굵은 삐삐선 말이다. 그 뒤 나머지 일가족과 인근의 마을에서 지목된 사람들이 어느 곡물 창고에 끌려왔다. 오빠는 양철로 된 창고였다고 기억했다.

1950년 9월 인천상륙작전이 성공한 뒤 국군과 미군은 압록강 근처까지 진격했지만, 중공군에 밀려 퇴각하고 있었다. 이른바 1·4 후퇴였다. 이 지역을 수복했던 경찰과 치안대원들은 다시 인민군이 내려올까 봐 두려워했다. 설마 우리 가족 같은 사람들이 인민군·중공군과 힘을 합쳐 보복할까 봐 미리 죽이려 했던 것일까.

창고에 잡혀 온 사람들은 200여 명이나 되었다. 오빠는 그곳에서 하루를 지내다 사촌형 성무(당시 11세), 동네 형 웅재(당시 11세) 등과 함께 밖으로 나갔다. 한집에서 열 살 아래 아이들을 한 명만 내보내준다는 조치에 따라서였다. 열 살이 넘어도 그 집 어른들이 눈치를 줘 나가게 했다.

엄마 품에 안겨 있던 창고 풍경은 지옥이었다. 엄마와 가족들은 사람 대접을 받지 못했다. 한쪽에서는 매타작이 끊이지 않았다. 청년단원들이 장작개비로 손목이 묶인 사람들을 때렸다. 신음 소리, 우는 소

주화의 오빠 주성(왼쪽)과 사촌오빠 주호(오른쪽).
당시 7살이던 주성은 가족들이 갇혀 있던 창고에서 어리다는 이유로 나와 살았고,
5살이던 주호는 죽으러 끌려가던 중 큰엄마와 함께 탈출해 살았다.

리가 모든 이들의 공포심을 자극했다. 그때 오빠는 옆 향토방위대 사무실에서 밤을 새면서 이 소리를 들었다고 했다. 나를 안고 있던 엄마도 때렸을까. 엄마는 울면서 기도를 했다. 찬송가를 읊조리기도 했다. 엄마의 간절한 기도는 소용 없었다.

아침이 밝기도 전에 우리는 어디론가 끌려갔다. 어둠 속에서 논두렁 사이를 지나갈 때 큰엄마가 탈출을 모의했다. 엄마는 응하지 않았다. 남편도 죽고, 먼저 나간 큰아들 오빠 주성도 죽었다고 여긴 모양이다. 하늘에서 가족들을 만나겠다면서 이승의 삶을 체념했을까. 엄마는 나를 업고 그저 〈요단강 건너가 만나리〉라는 찬송가만 반복해서 불렀다. 큰엄마는 아들 주호(당시 5세)를 업고, 딸 주순(당시 12세)은 나의 언니 주연(당시 5세)을 업고 논두렁 밑으로 뛰어내려 옆집 변소로 숨었다. 누군가 황급히 따라갔지만 찾지 못하고 돌아왔다. 탈출은 성공했다.

큰엄마는 천안 광덕면 지장리 친정으로 찾아갔지만 친정아버지로부터 문전박대를 당했다. 목숨을 걸고 찾아온 딸에게 아버지가 "문 앞에 발만 디디면 다 죽는다. 빨리 나가라"라고 하는 비정한 시절이었다. 밥 해주면 죽이고, 재워줘도 죽이던 때였으니까. 우리 가족과 친척이 끌려간 것도 이장이었던 큰엄마 집에서 인민군이 개를 잡아먹고 갔기 때문이라고 했다.

엄마의 찬송가 구절처럼 나는 요단강을 건넜다. 총을 맞고 건넜을까, 몽둥이를 맞고 건넜을까. 놈들은 울음소리가 귀찮다며 나까지 조준해서 쏘았을까. 아니면 숨을 거둔 엄마 옆에서 울다가 생매장되었을까.

미국 메릴랜드에 건너가 슈퍼마켓으로 제법 성공을 거둔 오빠는 언제부턴가 내 울음소리가 환청처럼 들려 괴로웠다고 했다. 1982년 〈소피의 선택〉이라는 영화를 보고나서였다. 메릴 스트립이 아우슈비츠 수용소에서 두 아이 중 하나를 가스실에 내몰아야 하는 엄마를 연기했다. 엄마가 죽은 아이의 환청에 시달리는 장면이 나올 때부터 나의 목소리가 들렸다고 했다. 오빠는 엄마 품에서 울면서 죽어가는 나를 떠올릴 때 미칠 것 같았다고 했다. 그럴 때마다 내가 오빠의 귓전에 다가와 꽥꽥 울었다고 했다.

오빠는 아산의 탕정면 모종리라는 곳에서 큰엄마와 함께 어린 시절을 보냈다. 큰엄마와 함께 탈출해 살아남은 언니 주연은 사촌할아버지에게 맡겨졌다. 유일하게 끌려가지 않았던 할아버지는 가족과 논밭도 다 빼앗긴 채 다른 마을 동생네로 갔다가 1년 뒤 술병과 홧병으로 세상을 떠났다.

오빠는 큰엄마네 집에서 농사꾼이 돼야 했다. 집안에서 젤 큰 남자아이가 오빠였다. 논 반 마지기, 밭 300평을 일궜다. 열한 살 때 일을 하러 나간 어느 날, 온양온천국민학교에서 아이들이 수업하는 풍경을 유리창 밖으로 멍하니 보았다고 했다. 자기도 모르게 교실에 들어가 맨 앞줄에 앉았다고 했다. 선생님이 누구냐고 묻자 그냥 울어버렸다고 했다. 3학년 9반 교실이었다. 본래 5학년이어야 할 오빠는 그날부터 3학년이 되어 학교에 다녔다. 친구들이 버린 토막연필을 붓글씨 대에 끼우고, 버려진 종이를 모아 실로 꿰매 공책을 만들어 쓰고, 헌 교과서를 구해 새 책과 틀린 부분을 고치며 썼다. 그렇게 온양온천국민학교를 졸업하고, 온양중학교를 졸업했다. 배움은 거기까지였다.

오빠는 2022년 머리털 한 가닥을 뽑아 한국에 보냈다. 2018년부터 아산에서는 한국전쟁기 희생자에 대한 유해 발굴이 시작되었고, 유해와 유족에 대한 유전자 감식이 진행되고 있었다. 오빠는 2018년 우연히 뉴스에서 설화산 유해 발굴 소식을 듣고 한국에 와서 현장을 찾아갔다. 그곳에서 208구의 유해가 나오는 장면을 목도한 뒤부터, 주민센터에서 내 이름을 알게 된 뒤부터 신기하게 내 울음소리 환청이 뚝 그쳤다고 했다. 대신 몸이 심하게 아파 미국에 가자마자 병원에 입원했다고 했다. 나는 내 이름을 찾기 위해 오빠의 달팽이관에 수십 년간 그토록 매달려왔는지도 모른다.

오빠가 한국에 보낸 머리털 한 가닥으로 우리 가족은 뼛조각으로나마 재회할 수 있을까. 성재산의 교통호에서 곧 유해 발굴을 재개한다는 소식이 들려왔다. 오빠의 머리털 덕분에 아직 나는 이 우주에서 유효한 존재다. 딱 머리털 한 가닥 100마이크로미터, 0.1밀리미터 만한 희망은 버리지 않았으니까.

머리뼈의 역사

●

'왜 서양인이 선글라스 끼면 더 폼이 나지?'

한가하고 유치한 소리 같은가? 서구 숭배라는 지청구를 들을 수도 있다. 개인의 차이를 무시한 주관적 평가일 수도 있다. 그러나 이는 오래전부터 선주가 붙들고 온 화두였다. 아시아인들보다 서양인들의 선글라스 낀 모습이 더 근사해 보였다. 선주는 그 이유를 얼굴형에서 찾았다. 자료를 찾아보면, 서양인들의 얼굴이 평균적으로 더 갸름하고 광대뼈가 뒤로 향해 있었다. 이에 반해 한국인의 얼굴은 광대뼈가 옆으로 향해 있으며 더 넓적했다.

선주는 여기에서 의문을 더 확장시켰다. 한국인의 얼굴형은 원래 그런 것이냐, 생활 습관 때문에 그리된 것이냐. 아이들을 엎어놓고 재우면 좌우로 얼굴을 베고 자기 때문에 머리통이 예뻐진다고들 한다. 고분 벽화에 나오는 사람들의 얼굴은 갸름하다. 그럼 이들은 누여 키웠을까, 엎어서 키웠을까.

1989년, 선주는 귀국했다. 미국 유학 10년 만이었다. 충북대에 정착을 했다. 귀국하기 1년 전 마침 이 대학에 고고미술사학과가 만들어졌다. 충청북도는 한반도에서 동물과 사람 유해가 가장 많이 발굴되는 지역이라는 점에서, 선주로서는 전공을 살릴 기회가 많기도 했다. 버클리 유학 시절부터 충북대 박물관과는 청원 두루봉 동굴의 흥수아이 감식 등을 둘러싸고 교류가 잦았다. 선주는 고고미술사학과에서 고고학 분야를 고고학과 인류학 분야로 쪼개어 커리큘럼을 짜고 인류학을 맡았다.

1990년대는 선주에게 학문의 기지를 구축하는 시간이었다. 버클리 박사과정에서 공부한 체질인류학을 한국 사회에 열심히 전파했다. 강의와 저술을 무기 삼아 서울대와 단국대 등 여러 대학을 다니며 강의했다.《고인류학》《인류의 기원과 진화》《체질인류학》《인류의 시대》《생물인류학》등의 인류학 도서를 쓰거나 번역했다. 버클리에서 터득한 새로운 지식을 토대로 틈만 나면 논문을 썼다. 〈청원 두루봉 동굴에서 나온 하이에나 화석〉〈한국 플라이스토세 유적지에서 출토된 식육류화석〉〈서해안 지역 출토 조선 후기 인골의 인류학상 연구〉〈한국 성인과 옛사람의 이빨 형태에 관한 인류학적 연구〉 등 글로 자취를 남겼다.

1970년대 석사과정에 있던 선주는 사람의 털(체모)에 관심을 가졌

153

다. 인종별·성별·부위별로 털이 어떻게 다른지 연구하겠다며 야심을 갖다 좌절한 적이 있었다. 석사와 박사를 모두 마치고 1990년대에 교수가 된 뒤로 주된 연구 관심사는 한국인의 기원이었다. 그 기원을 찾을 매개는 얼굴, 즉 머리뼈였다. 선주가 보기에 인류의 유전적 특징을 가장 잘 보여주는 것이 머리뼈였다. 지금의 한국인 머리뼈는 한반도에서 구석기 시대를 산 사람들과 같았을까? 그들은 한국인 또는 한민족의 직접 조상이라 할 수 있을까? 신석기 시대는? 청동기 시대는? 고려와 조선 시대는?

머리뼈를 잴 때 가장 기본이 되는 것은 머리뼈의 길이와 높이, 너비다. 머리뼈의 길이란 얼굴의 길이가 아니다. 눈썹 사이 가운뎃점에서 뒤통수의 뒷머리점까지의 거리를 말한다. 높이란 귀 부위부터 머리 꼭대기에 있는 정수리점 높이까지의 거리, 너비는 각 귀 옆 점 사이의 거리를 잰 것이다. 일제강점기인 1930년대 일본 학자들이 연구한 바에 따르면, 현대 한국 사람의 가장 뚜렷한 특징은 '머리 길이가 짧고 그 높이가 매우 높다'는 점이었다. 다른 말로 하면 장두·중두·단두 중에 단두라는 말이다. 장두는 머리 길이와 너비의 비율상 '좁고 긴 머리'에 해당하고, 단두는 그 반대였다. 단두란 한마디로 '넓적한(둥근) 머리'라는 뜻이다.

일제강점기 연구에 따르면 한국인 성인 남성의 평균 머리뼈 길이는 175밀리미터, 여성은 168밀리미터였다. 선주는 여기서 거꾸로 그 이

전에 한반도에서 출토된 인골의 머리뼈와 아래턱뼈 기록을 찾아 분석을 시도했다. 그중 한 논문이 〈한국 후기 플라이스토세 호미니드의 머리뼈 변화〉였다. 후기 구석기 시대 사람의 머리뼈는 198.3밀리미터로, 유일하게 200밀리미터에 가까웠다. 이는 1980년 평양의 구석기 시대 유적에서 나온 용곡 사람(4만 3000년~4만 5000년전)과 만달 사람(후기 구석기 또는 중석기 시대)을 기준으로 삼은 것이다. 신석기 시대 사람의 머리뼈 길이는 170~190밀리미터로 다양했다. 청동기 이후는 174~178밀리미터로 오늘날과 비슷했다.

선주는 이 머리뼈 길이 분석을 근거로, 북한에서 주장해온 '구석기 시대부터 한국인들이 한반도에 살았다'는 주장을 논박했다. 선주의 주장에 따르면, 신석기 시대부터 유전자가 다른 사람들이 외부에서 들어와 기존 구석기 시대 사람들과 혼재돼 살았다. 머리 길이가 짧은 시간에 바뀐 점이 근거였다. 그들이 한반도에서 적응하는 과정에서 머리가 170밀리미터 대로 바뀌며 청동기 시대로 넘어갔다는 것이다. 인류는 신석기 시대부터 시작해 청동기 시대부터 본격적으로 농사를 짓기 시작했다. 관개수로 설치와 공동경작을 통해 뇌를 쓸 일이 많아졌고 이를 통해 앞머리 용적률이 늘어나며 전뇌가 발달했을 가능성이 높았다. 선주는 한국인의 조상을 청동기 시대 사람으로 보는 게 타당하다는 결론을 내렸다. 이는 고조선에 해당했다.

선주는 1990년대 중반 여러 대학의 의대·치대 교수들과 한 팀이 되어 '편평도 조사'를 하기도 했다. 한국학술진흥재단으로부터 연구비를 받아 진행한 프로젝트의 이름은 '옛 한국인과 현대 한국인의 얼굴 편평도에 관한 인류학적 연구'. 여기서 편평도란 넓적한 정도다. 여러 의과대학 해부학교실에서 학생들의 실습이 끝난 뒤 보관 중인 한국인 머리뼈 180개와 한반도의 고고학 유적지에서 출토된 40개의 뼈 보고서를 샘플로 삼았다. 고려 및 조선 시대, 초기 철기 시대, 청동기 시대 등으로 분류해 각 시기의 머리뼈에서 얼굴 편평도를 비교하였다.

얼굴편평도는 머리 길이와 높이, 너비뿐 아니라 이마뼈 지수, 코뼈 지수, 광대 위턱뼈 지수 등을 바탕으로 한다. 가령 코뼈 지수는 코가 길고 갸름하냐, 짧고 넓냐 따위를 잰 값이다. 논문의 결론은 현대 한국인의 얼굴편평도에 관련된 모든 지수가 고려 시대 및 조선 시대의 사람들과 매우 유사하다는 거였다. 광대 위턱뼈 지수는 철기 시대나 후기 신석기 시대 사람들과 차이를 보였다고 한다. 누군가에게 이런 이야기를 들려주면 호기심을 보이다가도 머리 아프다며 손사래를 쳤다.

머리뼈의 변화엔 생활 습관의 변화와 기후 조건, 식습관 등이 종합적으로 작용했을 가능성이 높다고 봤다. 식습관의 경우, 사람들이 어떤 음식을 많이 씹느냐에 따라 달라진다. 인류가 불을 가해 음식을 먹은 이후 부드러운 걸 씹게 되면서 아래턱 어금니에 영향을 주고 턱은 더욱 작아졌다. 이러한 변화가 앞으로 한국인의 얼굴에 어떻게 나타날지는 계속 연구해야 할 주제였다. 2020년대에 다시 편평도 조사를

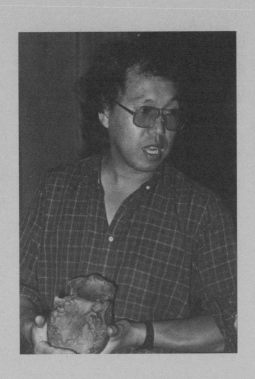

1986년 여름방학 때 잠시 귀국해 머리뼈를 들고 충북대 박물관에서 특강을 하던 시절의 선주(위)와 머리뼈 계측기(아래).

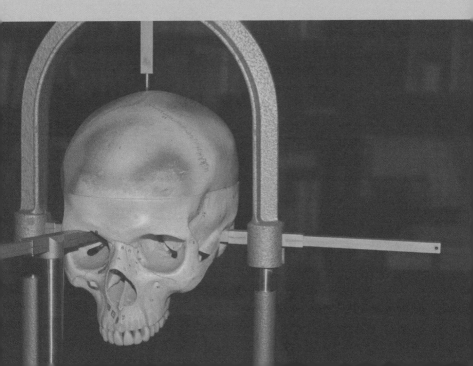

한다면 어떤 결과가 나올지 모른다. 식단은 훨씬 서구화됐고, 체중 감량과 운동을 위해 음식 조절을 하는 사람이 많아졌다. 넓적했던 한국인의 얼굴은 갈수록 더 갸름해진다. 아직도 한국인은 선글라스 끼면 폼이 안 날까?

　머리뼈를 통한 한국인 탐구의 결과는 기본 데이터가 되었다. 남들에게 부질없어 보일 수도 있는 이 작업이 나중에 중요하게 쓰일 줄은 선주도 예상하지 못했다. 2000년부터 한국전쟁 전사자 유해 발굴이 시작됐다.

아버지를 찾아서

◆

내 이름은 장호다.

2005년 12월 12일, 나는 역사적인 문서를 작성했다. 아버지 죽음의 진실을 밝혀달라고 국가기관에 신청하는 날이 올 줄은 몰랐다. 반세기가 넘은, 53년 만의 일이었다.

그날 나는 아침 일찍 4호선 쌍문역에서 전철을 타고 충무로역에 내렸다. 4번 출구로 나와 매경미디어 건물로 들어갔다. 2층에 진실화해위원회라는 낯선 이름의 기관이 자리 잡고 있었다. 현판도 없었다. 열흘 뒤 현판식을 한다고 했다. 나는 한국전쟁기에 충남 아산에서 군경의 학살로 가족을 잃은 사람 중 한 명으로서 진실규명신청서를 접수했다.

주민등록번호: 42XXXX-1XXXXX

사건과의 관계: 희생자의 자子

신청의 취지: 6·25 동란 중 원인 모를 사망으로 생각하여 진실 규명을
신청합니다.

볼펜으로 기본 항목들을 작성하고 인우보증서와 가족 관계 서류,
사진 등의 자료를 첨부해서 냈다.

며칠 뒤 궁금증이 생겨 진실화해위에 전화를 걸었다. "아산에서 몇
명이나 접수했나요?" 직원이 말했다. "선생님 말고는 아직 없어요."
한국전쟁 기간, 충남 아산에서만 얼마나 죽었는가. 나중에 진실화해
위원회에서 진실규명보고서가 나왔을 때 희생자를 800여 명으로 추
산했다. 모든 지역에 대한 조사가 이뤄지지 않은 결과였다. 누군가
1000명 이상 죽었다고 했다. 어림없는 소리다, 3000명 가까이 죽었다
며 객관적인 자료를 제시하는 이도 있다. 아산에서만 그렇게 많이 죽
었다. 그런데 나처럼 애를 끓이며 이런 날이 오기만을 학수고대했던
사람이 별로 없었다는 말인가. 주어진 접수 기간은 1년이었다. 그러나
2006년 11월 말까지 최종 접수한 사람은 11명에 불과했다.

성명: 김기성

생년월일: 서기 1913년 11월 10일

본적: 충남 아산 탕정면 동산리 305

신청서에 쓴 나의 아버지 인적 사항이다. 아버지는 국군이 서울을 수복한 1950년 9월 28일 이후인 10월 7일 경찰지서에 연행됐다. 탕정면 용두리에 있는 면 지도자급 회의에 갔다가 돌아오는 길이었다. 다음 날 삼촌 기홍(당시 17세)이 지서로 면회 가서 아버지를 만났다. 얼굴은 피투성이였고 손은 불덩이처럼 뜨거웠다고 했다. 다음 날인 10월 9일 삼촌은 할머니가 챙겨준 내의를 들고 지서에 찾아갔으나 면회를 거절당했다. 삼촌은 약 300미터 거리 사돈댁에서 그날 밤을 지내다가 자정을 전후해 요란한 총소리를 들었다고 했다. 아버지는 지서에 있던 사람들과 함께 뒷산에 끌려가 총살당한 뒤 그곳에 묻혔다는 이야기가 전해졌다.

우리 집은 8대조·9대조가 조선 시대 관직에 있던 사대부 집안이다. 증조할아버지는 일제강점기에 독립운동을 하다 일본 경찰에 체포돼 1년 6개월간 서대문형무소에서 옥살이를 했다. 1950년 전쟁이 터지고 인민군이 들어왔을 때 우리 집은 추방 명령을 받았다. 양반 사대부 출신이라는 이유였다. 아버지는 처가인 천안으로 홀로 떠나 있어야 했다. 수복 뒤에야 집에 돌아왔는데 부역 혐의자로 모함과 밀고를 당했다. 동네 이웃 이 씨의 모함이었음은 10년 지나서 알았다.

어처구니없는 시절이었다. 나는 그해 탕정국민학교 2학년 3반에 다녔다. 음악과 미술을 가르쳐준 김 선생님, 안 선생님도 아버지처럼 끌려간 뒤 사라졌다. 스무 살을 갓 넘은 앳된 여선생님들이었다. 김 선생님은 조용했고, 안 선생님은 장난기가 많았다. 내가 반바지를 입고 철봉에 거꾸로 매달려 있으면 안 선생님은 회초리로 치는 시늉을 하면서 "이놈아, 떨어져. 떨어져"라고 말하던 흐릿한 기억이 있다. 노래를 잘 부르면 1교시 끝나고 집에 보내주곤 했다.

전쟁 때 피난을 가지 않고 학교에서 학생들을 가르쳤다는 이유로 두 선생님은 동네 곡물창고에 갇혔다. 나를 비롯한 꼬마들에게 "장백산 줄기줄기 피 어린 자국"으로 시작하는 〈김일성 장군가〉를 가르쳐 주었고, 크레파스로 인공기 그리는 법을 알려줬다. 인민군 점령 시절이었다. 부역이라면 부역이었다. 곡물창고에 갇혀 있던 여선생님들은 죽기 전 면사무소 숙직 방에 차례로 끌려가 몹쓸 짓을 당했다. 잘못을 했다면 처벌을 받으면 된다. 그렇다고 절차 없이 성폭행하고 죽여도 될까. 나는 그 짓을 한 두 놈의 이름을 알고 있다.

부역 혐의자로, 빨갱이로 몰린 사람들이 그렇듯 온 가족이 집에서 쫓겨났다. 가까이 지내던 이웃들이 마차로 세간살이를 날라주었다. 나는 갈 곳이 없었다. 엄마는 이미 그해 4월에 맹장이 터져 세상을 떠났다. 둘째 삼촌 집에 얹혀살며 천안의 미인가 중학교를 겨우 졸업했다. 1961년 서울에 올라왔다. 군대를 다녀온 뒤 제약 회사에 취직하면서 겨우 자리를 잡았다.

나는 끝까지 아버지를 찾아나섰다. 그러나 나의 아버지만 찾지는 않았다. 2011년, 내가 나서 아산유족회를 만들고 회장을 맡은 처지에도의적인 책임감을 느꼈다. 2005~2006년 그렇게 적은 인원이 진실 화해위에 진실규명신청서를 접수한 데엔 이유가 있었다. 두려움이었 다. 나도 군대와 제약 회사를 다니던 시절, 경찰 신원 조회가 그림자처 럼 따라다닌다는 걸 눈치챘다. 언제 또 세상이 바뀌어 연좌제 같은 불 이익을 당할지 모른다는 두려움이 유족들의 머릿속을 지배했다. 나는 아버지의 흔적을 찾는 일을 비롯해 내가 할 수 있는 모든 일을 했다. 그 과정에서 국민학교 때의 김 선생님 동생을 만나 얼마나 기뻤는지 모른다. 그분은 2기 진실화해위원회에 진실 규명 신청을 했다. 안 선 생님의 가족도 찾아내 명예 회복을 시켜드리고 싶다.

2019년 5월엔 정말 아버지를 만날지도 모른다는 기대감으로 내 심 장이 술렁였다. 아버지가 끌려갔던 탕정면의 지서 뒷산, 그러니까 아 산시 탕정면 용두1리(현 염치읍 백암리 49-2)에서 발굴 작업을 시작했 다. 시민단체를 중심으로 구성된 '한국전쟁기 민간인학살 유해발굴 공동조사단'이 이곳에 왔다.

아산에서 두 번째 발굴이었다. 그보다 1년 전인 2018년 2월 20일부 터 3월 26일까지 배방읍 중리 산86-1(현 수철리 산174-1) 설화산 지 역에서 208구의 유해를 발굴했다. 아산시의 지원으로 가능했던 발굴 이었다. 그 지원이 결정되던 날을 또렷이 기억한다. 2017년 3월의 어 느 날이었다. 나는 아산시청 로비에서 출근하는 아산시장 기왕을 붙 잡고 예산 책정을 읍소했다. 당시 아산시장 기왕은 고맙게도 '모든 방법을 강구해 유족들을 도우라'고 아래 직원들에게 지시했다. 솔직히 말하자면, 내 맘 깊은 곳에는 탕정면에 묻힌 아버지부터 찾고 싶은 마음이 굴뚝 같았다. 유족회 회장으로서 엄정해야 했다. 설화산 발굴 현장에는 유족 몇 명과 함께 거의 매일 갔다. 작업 이틀째부터 유해와 유품이 쏟아졌다. 탕정면에서도 모든 일이 순조롭지 않을까.

탕정 지서 뒷산에서 사람들이 처형당한 직후 어떤 이들은 밤에 몰래 시신을 수습했다고 한다. 또 어떤 이는 청년단원들에게 논 닷 마지기 값을 들이며 시신을 찾았다고 했다. 그때 왜 우리 집의 남은 가족들은 무리를 해서라도 밤에 시신을 수습해오지 않았을까. 어린이였던 나는 모른다. 청년단원들에게 찔러줄 돈은 없었으리라. 그러나 이제 나는 아버지의 유해를 늦게나마 수습할지도 모른다. 69년 만이다. 진실규명신청서를 53년 만에 접수하고, 또 그로부터 16년 만에 아버지의 뼛조각을 찾는 현장을 내 힘으로 만들어낸 것이다.

2019년 5월 9일부터 발굴이 시작됐다. 5월 10일 열린 개토제 현장에서 나는 제단에 술을 올리고 절을 했다. '아버지, 제가 왔습니다. 난관을 헤치고 아버지가 있는 여기까지 포클레인을 데리고 왔습니다. 아버지, 이제 내 손을 잡아주세요.' 발굴단은 산 7부 능선의 70여 미터 길이, 1.5미터 폭 정도의 교통호 전체를 뒤졌다. 유해의 흔적은 없었다. 대신 교통호를 따라 중국식 무덤의 잔해들이 나왔다. 이곳은 1960년대 예비군 훈련장이었고, 1970년대엔 중국 화교들에게 불하

되어 화교 공동묘지로 쓰였다고 했다.

　그래도 실낱같은 희망을 포기하지 않았다. 작업은 5월 29일까지 21일간 계속됐다. 발굴단은 산비탈 전체에서 길이 10미터, 폭 1.5미터의 표토층 12곳을 파헤치며 단 하나의 뼈라도 찾아보려고 했다. 발굴 작업은 5월 29일까지 21일간 계속되었다. 그리고….

　아무것도 나오지 않았다.

경식의 치아가 사라졌다

"제가 인터넷 관련 자료 이런 거 저런 거 쭉 찾아봤는데요."

경호가 입을 열었다. 그는 의문사진상규명위원회 조사관이다. 의문사진상규명위원회는 2000년 10월 출범해 2004년 6월까지 활동한 한시적인 국가기구이다. 독재정권에 저항하다 의문의 죽음을 당한 사람들의 진실을 밝히는 목적을 가지고 태어났다. 경호가 또 말했다. "우리나라 뼈대학 분야에서 가장 권위 있으신 분이, 체질인류학을 전공한 선생님이시더라고요." 그는 경식의 죽음을 밝히는 임무를 맡아 자료를 보던 와중에 선주의 이름을 찾아냈다. 경호와 선주는 그렇게 처음 만났다. 2001년 5월의 일이다.

경호와 선주를 이어준 경식에 관해서 먼저 이야기해보자. 경식은 노동자였다. 1959년생이다. 경남 의창군에서 태어났다. 1984년 대우중공업에 입사하여 선반공으로 일했는데, 노조 활동을 하다 폭행 사건에 휘말린 직후인 1987년 6월 8일 실종됐다. 전국 각지의 노동 현장에서 대규모 파업 투쟁이 벌어졌던 이른바 노동자대투쟁 한 달 전이었다. 그리고 1년여 만인 1988년 3월 2일 경남 창원 불모산에서 일어난 불을 진압하던 사람들에 의해 유골로 발견됐다. 경식은 죽어서 '열사'라 불렸다.

2001년 봄, 경호는 경식의 유골을 보고 있었다. 경식의 엄마 을선은 1988년 아들의 유골이 발견된 뒤 12년간 매장이나 화장을 하지 않았다. 왜 죽었는지 확실히 알 때까지 장례를 치를 수 없다고 했다. 집 창고에 유골을 보관해두고 아침저녁으로 제사를 지냈다. 경호는 을선에게 받은 경식의 뼈가 무슨 이야기를 하는지 알아야 했다. 이왕이면 대한민국 최고의 뼈 권위자를 찾아 묻고 싶었다.

충북대 교수였던 선주는 그 시기 경기도 가평군 설악면 엄소리 용문산 352고지에 있었다. 경호가 2000년부터 의문사진상규명위원회 조사관으로 활동했다면, 선주는 2000년부터 국군 전사자 유해 발굴 사업을 하는 육군유해발굴단의 책임조사원 일을 맡고 있었다. 경호는 불모산에서 발견됐던 경식의 뼈를 상자에 담아 용문산 352고지의 선주에게 왔다. 경호는 자신이 어떻게 하여 선주를 찾아오게 됐는지 자초지종을 설명했다. 선주가 일하는 현장은 1951년 5월 18일부터 21일까지 국군 6사단과 중공군 63군 예하 3개 사단이 전투를 벌인 곳이었다. 이곳에서 군인 유해를 발굴하는 중에 짬을 내어 1980년대 의문의 죽음을 맞은 노조 운동 활동가의 뼈를 감식하게 될 참이었다.

경식의 뼈를 본 선주는 깜짝 놀랐다. 잇몸이 깨끗했다. 위턱과 아래턱 치아가 다 빠져 있었다. 치아가 빠져도 찌꺼기가 남을 텐데 그조차 없었다. 풍치를 앓거나, 인위적으로 약품을 이용해 처리하지 않는 한 있을 수 없는 일이었다. 목뼈도 깨끗했다. 경식은 목을 맨 상태로 발견됐다고 했다. 나무에 목을 맨 채로 오랜 시간 있었다면 목뼈에 흔적이 남았을 텐데 그렇지 않았다. 어찌 이렇게 깨끗할 수 있는지 의아했다. 실종에서 발견까지 1년도 안 된 시기에 주검이 완전하게 육탈됐다니 이해되지 않았다. 주검의 상태 변화엔 습도와 온도가 중요한 역할을 한다. 한 번의 여름을 온전히 거치며 부패가 되었다 하더라도 이렇게 뼈만 남고 모든 치아가 사라질 수 있는 시간이 아니었다.

선주는 미국의 테네시주립대학교의 바스Bass 교수가 운영했던 '데스 팜death farm'을 떠올렸다. 직역하면 '시체 농장'이었다. 바스 교수는 주검을 땅속에 묻어 6개월이나 1년씩 변화하는 과정을 실험한 연구를 했다. 제일 빨리 상하는 경우는 구더기가 온몸을 뜯어먹을 때였다. 주검에 비닐을 덮어 그 안에 구더기를 집어넣으면 부패가 빠른 속도로 진행된다고 했다. 한국의 오래된 장례 풍습인 풍장도 있다. 풍장은 주검을 지상의 나무나 바위 위에 올려놓아 비바람을 맞고 썩게 하여 자연적으로 소멸시키는 방법이다. 이후 뼈만 추려서 관에 넣는다. 풍장에 관해 알아보니 육탈되는 데 아무리 빨라도 2~3년이었다. 경식의

1년은 너무 빨랐다.

오른쪽 팔뼈에는 철심이 박혀 있었다. 경식이 1986년 5월 작업 도중 오른쪽 팔이 드릴에 말려들어가는 산재 사고를 당했을 때의 치료 흔적이었다. 병원에 입원하던 중 같은 회사 노동조합 활동가를 알게 되고 이때부터 노동운동에 눈을 떴다고 했다. 다른 뼈에도 어떤 흔적이 있었다. 선주가 그곳을 들여다보았다.

경호는 선주가 이때 한 말을 평생 잊지 못했다. "견갑골에 설치류의 이빨 자국이 있네." 견갑골, 즉 어깨뼈에 쥐가 긁은 흔적이 있다는 말이었다. 경식의 엄마 을선에게 그런 이야기를 들은 터였다. 아들 뼈를 라면 박스에 담아 넣어둔 창고에 쥐들이 득시글거렸다는 것이다. 경호는 전문가에 대한 경외감과 존경심이 몰려왔다. 용문산까지 찾아오기를 잘했다는 생각이 들었다. 이후 선주를 생각할 때마다 그 말이 늘 따라붙어 연상됐다. "견갑골에… 설치류의… 이빨 자국이… 있네."

주검에 대한 인위적인 처리가 분명히 있어 보였으나 증명할 길은 없었다. 경식의 죽음을 둘러싼 의문은 결국 해소되지 못했다. 의문사 진상규명위원회는 2002년과 2004년 두 번에 걸쳐 진실 규명 불능 결정을 내렸고, 2005년 출범한 진실화해위원회도 2010년에 같은 결정을 내렸다. 경찰과 검찰은 타살 혐의점이 없는 자살이라 결론 내렸다. 가족과 동료들은 믿지 않았다. 목을 맸다는 끈에서 혈흔 반응이 없었다는 점 등이 타살의 근거로 제시됐다. 경식의 일터에서 보안사 요원들이 주동자 색출 활동을 했다는 점도 의혹을 키웠다.

마산의 진동에서 생선 가게를 하던 엄마 을선은 다른 유가협(민주화운동유가족협의회) 회원들과 함께 경찰서와 대우중공업을 방문해 진상규명을 요구하다가 험한 꼴을 당했다. 폭력 혐의로 마산지검에 고소당하고 1989년 실제로 마산교도소에 수감됐다. 집행유예로 풀려난 뒤엔 집에 박혀 아들의 유골을 가슴에 품고 식음을 전폐하다시피 했다. 이를 보다 못한 유가협의 태일 어머니 소선과 종철 아버지 정기가 반강제적으로 경식의 유골을 마석 모란공원 납골당으로 옮기게 했다. 이러다 엄마도 아들을 따라갈 것 같아서였다.

2010년 9월 7일, 드디어 경식의 장례식이 열렸다. 실종된 지 23년 만이었다. 사진기자에 의해 촬영된 장례식 운구 행렬 사진 속 맨 뒤에 선 을선은 두 손으로 보행기를 잡고 말없이 행렬을 바라보고 있었다. 그 모습은 한없이 헛헛하고 쓸쓸한 여운을 남겼다.

선주에게 이런 스토리는 낯선 세계였다. 경식을 부르는 '열사'라는 호칭도 마찬가지였다. 국가 폭력이라는 의심을 받으며 선주에게 온 뼈는 경식이 처음이었다. 1997년부터 일본의 홋카이도에서 강제징용 조선인들의 유해를 발굴했지만 결이 좀 달랐다. 2013년 장 선생의 뼈를 만나게 된 때보다도 12년 전이었다. 국가 공권력을 잠재적 가해자로 지목한 뼈들의 세계에선 긴장감이 넘쳤다. 그러고 보니 장 선생을 연결해준 사람도 경호였다.

용문산 352고지에서는 전사자 유해 발굴에 몰두했다. 2001년 5월 10일부터 25일까지 10구의 유해가 나왔다. 완전 유해는 7구, 부분 유해는 3구였다. 중공군으로 보이는 유해도 하나 포함돼 있었다. 중공군 경기관총 탄창, 탄피류와 중국 이름을 새긴 것으로 보이는 뿔도장이 발견되었다. 1999년 12월, 육군본부 제대군인과 중령 용석의 전화를 받으면서 시작한 일이었다. 2000년은 한국전쟁 50돌이었다. 전사자 유해 발굴은 그 기념사업의 일환이었다. 선주는 2000년 3월부터 버클리대 교환교수로 가기로 했었으나 이 일 때문에 포기했다. 2000년에 이어 2001년에도 꼼짝없이 이 일에 묶여 전국의 한국전쟁 전투지역을 도는 중이었다.

선주는 352고지에서 발굴이 끝나면 감식을 위해 산 아래편 공터에 쳐놓은 천막으로 내려왔다. 회색 플라스틱 의자에 앉아 두 개의 뼈를 쳐다보았다. 이름을 찾을 수 없는 국군 전사자의 머리뼈 하나 그리고 치아가 깨끗하게 사라진 경식의 머리뼈. 가만히 생각에 잠겼다. 두 개의 뼈는 무엇이 같고 무엇이 다른가. 용문산의 밤하늘에서 별이 쏟아지고 있었다.

2부

"부역 혐의 처형"

◆

내 이름은 지윤이다.

역사를 좋아한다. 고교 때 인기 짱이었던 남자 역사 선생님 때문일지도 모른다. 정말 좋아했다. 우리 반 사고뭉치들과 함께 얽힌 추억도 많다. 그래서 대학 전공을 역사학으로 골랐다. 석사과정도 밟았다. 논문 주제는 '해방 직후 북한의 친일파 청산'이다. 졸업 뒤 역사의 현장을 누빌 기회까지 얻게 된 것은 행운이다. 조사관으로서 말이다. 나는 독립된 국가기관의 조사관이었다.

2008년 7월이었다. 진실화해위원회 홈페이지에 뜬 모집 공고를 보고 전문위원 나급에 지원했다. 7월 28일 첫 출근을 했다. 서른한 살, 첫 직장이기도 했다. 집단 희생 사건을 조사하는 제2국에 배정되었다. 첫 근무지는 미군 폭격 조사팀이었는데 오래 못 갔다. 팀이 원활하게 굴러가지 않는 눈치였다. 얼마 뒤 팀은 와해됐고, 나는 민간인 학살을 조사하는 5팀으로 옮겼다. 막내인 나에게 미션이 떨어졌다. 아산이었다. 정확히 말하자면, 충남 아산 부역 혐의 희생 사건.

진실화해위원회는 한시 기구다. 2008년 당시 기준, 예정된 종료일이 2년여 남은 상태였다. 부지런히 조사해 보고서를 써야 했다. 2005년 12월 1기 진실화해위원회가 출범하자마자 사건 조사 신청을 하고 진실 규명을 기다려온 이들이 있었다. 2008년 하반기까지 아산 사건은 1차 신청인 조사와 주요 참고인 조사만 돼 있었다. 여러 명의 조사관을 거쳤지만 보고서가 나오지 않은 상태였다. 나는 거의 마지막 인수인계자였다. 부역 혐의 희생 사건은 조사관들에게 인기가 없는 편이었다. 품이 많이 들었다. 대전 골령골 학살이나 청도 보도연맹은 피학살자 명부가 나왔다. 상대적으로 조사가 수월했다. 언론의 조명도 받았다. 아산은 고생길만 훤해 보였다.

아산 사건의 신청인은 꼴랑 11명. 출장 계획을 세우는데 자료 하나가 눈에 들어왔다. 진실화해위원회 내에서 전국의 경찰 기록물을 조사해 만든 목록이었다. 목록 안에 아산 것도 있었다. 아산경찰서 신원조사 기록. 아산경찰서에 전화를 했다. 안 된다는 이야기만 돌아왔다. 대출·반출 다 안 된다고만 했다. 기록물관리법상 파쇄해야 하는데 방치해놓은 자료였다. 아산경찰서로 직접 내려갔다. 형사들은 허를 찔린 표정이었다. 문서고를 관리하는 정보보안과 담당 형사들이 '그럼 눈으로만 보라'고 했다. 복사? 사진 촬영? 노노.

신원 조사 기록이란 겁나게 민감한 자료다. 관내에서 반정부 활동을 할 소지가 있다고 본 사람들의 동태를 경찰이 일일이 관찰해 보고해놓은 것이다. 20명이 하나의 파일로 묶여 분류돼 있었다. 그중에서 총 2만 2323명의 기록을 검토했다. 분량은 무려 3만여 장. 1977년부터 1982년까지의 기록이다.

내가 눈에 불을 켜고 본 것은 '부역 혐의 처형'이라는 문구였다. '누구누구는 아버지가 6·25 때 부역 혐의로 처형됐다.' 그 부분들만 잡아내 일일이 손으로 적었다. 부역 혐의 희생자 사건 신청인 명단과 대조했다. 신청인이 아니어도 처형된 기록이 있으면 희생자로 잡아놓았다. 하루이틀로 택도 없었다. 3만 장을 보는 데 한 달이 걸렸다.

매일 아산경찰서 2층 정보보안과로 출근했다. 사무실에 여자는 나 하나였다. 형사들은 불편해했지만 곧 친해졌다. 한 달간 들여다본 결과 '부역 혐의 처형'으로 적힌 희생자들만 120명이었다. 이제 그들을 포함해 증인들을 만나러 가야 했다, 사건 신청인·목격자·가해자들을 찾아.

나는 혼자 다녔다. 아산경찰서에 갈 때도, 증언을 듣기 위해 아산의 마을을 뒤질 때도 혼자였다. 덩치 큰 사건 지역의 조사관들은 2인 1조로 움직였다. 부러웠지만, 뭐 상관없었다. '맨땅에 헤딩'이어도 좋았다. 출장을 갈 때면 늘 두려우면서도 설렜다. 2박 3일 또는 3박 4일, 몰아서 일정을 잡았다. 소나타 관용차엔 내비게이션이 없어 전국 지도를 늘 갖고 다녔다. 노트북·카메라·녹음기를 챙기고, 휴대용 프린터도 가져갔다. 진술을 받아 타이핑하고 핵심 내용을 요약한 뒤 프린트해서 증언자에게 보여주면서 지장을 찍게 했다. 아무런 연고도 없는 아산의 농촌 마을을 헤집고 다니며 초인종을 누르고 사람을 찾아다녔다.

피해자들만 50명 넘게 만났다. 참고인까지 포함하면 70~80명은 될 거다. 입을 잘 열지 않는 경우가 많았다. 기억이 나지 않거나, 이야기하기 싫거나. 그래서 마사지를 하는 시간이 필요했다. 불만과 넋두리를 오랜 시간 들어주고, 에둘러 주변 이야기들로 바람을 잡느라 진땀을 흘렸다. 어느 순간 "아하, 맞아"라는 말과 함께 증언의 봇물이 터지기도 했다. 가해 집단 쪽에 가담한 참고인들은 늘 소극적으로 증언에 임했다. 기록을 남긴다는 게 이렇게 어려운 일이구나 절감했다. 이 일이 어마어마하게 숭고하다는 사실을 깨닫는 시간이었다.

성재산.

설화산.

새지기.

탕정.

신창.

선장.

사건이 일어났던 아산의 지역 이름이다. 성재산과 설화산 피해자들을 가장 많이 만났다. 가해 관련 참고인도 이 지역이 많았다. 증언 하나가 떠오른다. 그는 처형자들을 지엠시GMC 트럭으로 이동시킨 청년단원 중 한 명이었다. 그는 말했다. "이 사람들이 무슨 죄인지 아무것도 알지 못했고 알려고도 하지 않았"다고. "나와 내 가족은 절대 이렇게 손가락질당하면서 죽으면 안 돼. 나는 살아야지. 내 가족은 살아야지"라는 오직 그 생각뿐이었다고.

또 다른 증언도 잊히지 않는다. 갓난아기를 업고 일행과 함께 끌려가던 젊은 엄마가 어둠을 틈타 옆 콩밭에 잽싸게 숨었다. 갓난아이가 울면 끝장이었다. 그러나 아기조차 울지 않더라고 했다. 정적, 갓난아이조차 입을 닫게 만든 그 정적은 얼마나 두렵고 공포스러웠을까. 21세기를 사는 현대인들은 상상할 수 없는 공포다. 이 콩밭 이야기는 새지기 사건이다. 그러나 그곳에 사는 사람들은 아무도 말하지 않았다. 마을 사람 중 아무도 나를 만나주지 않았다. 비협조를 넘어 적대적이었다. 날이 서 있었다. 다른 지역의 참고인들이 새지기에 관해 진술해줘 그나마 다행이었다.

그날을 기억한다. 유족 김 선생님과 그분의 아버지가 처형당한 산을 올랐다. 해 질 무렵이었다. 김 선생님도 어릴 때 일이고, 어른들한테만 얘기를 들었다고 했다. 탕정 용두리의 뒷산이었다. 정확한 지점을 찾기 어려웠다. 산길을 오르는데 해가 뉘엿뉘엿 넘어가는 중이었다. '아마도 여기가 아닐까?' 어떤 지점에서 김 선생님이 우두커니 서더니 큰절을 하며 울음을 터뜨렸다. 나도 울었다. 석양이 불타고 있었다. 붉은 산비탈에서 김 선생님이 말했다. 고맙다고.

그렇게 고생해 보고서를 만들었다. 2009년 5월 11일, 진실화해위원회 전체위원회에서는 이 보고서를 토대로 아산 부역 혐의 희생 사건의 진실 규명이 이뤄졌다. 첫 단추일 뿐이지만, 보람에 겨워했다. 당신도 그 보고서를 볼 수 있다. 진실화해위원회 홈페이지에 있는 1기 위원회 사건별 조사보고서에서 아산을 검색해보시라.

그러나, 보고서엔 한계가 있다.

육군유해발굴단으로

"장의사요?"

계획서를 보던 선주가 물었다. 중령 계급장을 단 군인이 고개를 끄덕였다. 계획서에는 형질인류학자(체질인류학자) 한 명과 장의사 두 명으로 팀을 구성해 유해 발굴을 추진한다는 초안이 작성돼 있었다. 2000년 2월의 일이다. 두 달 전 겨울방학을 맞아 부인 두희가 있는 샌프란시스코에 머물던 선주는 한국에서 온 전화 한 통을 받았다. 한국전쟁 50돌을 맞아 기념사업의 일환으로 국군 전사자 유해 발굴을 한다고 했다. 적임자를 찾기 위해 여러 사람을 수소문하다 미국에 있는 선주에게까지 연락을 취한 것이다. 두 달 뒤 한국에서 만나 이야기를 나누자고 했다. 그렇게 하여 육군본부 제대군인과 실무자를 만났다.

선주를 만나기 전, 육군본부에서는 한 고고학회에도 의사를 타진했던 모양이었다. 그곳에서는 '우리가 장의사냐'고 하면서 거절했다는 이야기를 전해 들었다. 학자가 할 일이 아니라고 생각해서 나온 답변 같았다. 그렇다면 국군 전사자 유해 발굴을 장의사가 맡아 하는 건 적합한가. 아니라고 생각했다. 장의사는 염을 하고 장례를 치러주는 사람이다.

1999년 12월 미국에서 국제전화로 이 일을 제안받았을 때 선주는 당연히 끌렸다. 막연한 애국심의 발로는 아니었다. 인류학자로서 당연히 호기심이 당기는 일이었다. 특정 시기, 특정 집단의 사람을 연구할 좋은 기회였다. 유골과 유품을 통해 당시 사회와 문화와 생활상을 복원할 수 있었다. 학문적인 관심을 가지지 않을 수 없었다.

선주는 육군 제대군인과의 실무자에게 발굴단 구성을 바꿔야 한다고 말했다. 국군 유해 발굴은 국가 차원에서도 상징적 의미가 있는 사업이니만큼 문화재 발굴 수준으로 격을 높여야 한다는 취지였다. 관련 전문가로 발굴단을 구성하고 자문위원단도 꾸리자고 제안했다. 인류학자 한 명과 장의사 두 명으로 구성한다는 초기 계획안은 폐기되었다. 대신 의대 해부학과 교수, 법치의학 전문가, 유전자 전공 교수, 군사학 전문가, 고고학자 등이 참여하도록 했다. 유해 전문 발굴 조사는 선주가 책임을 지기로 하고, 체질인류학을 공부하는 대학원생 세 명이 조사보조원으로 참여했다.

3년 기한이었다. 육군유해발굴단은 증언자와 전사戰史 등을 통해 유해가 매장됐을 가능성이 큰 지점들을 추리는 한편, 전국 각 부대에 공문을 보내 인근 후보지 추천을 요청했다. 그런 과정을 통해 2000년 4월 첫 발굴지가 된 곳은 경북 칠곡 다부동을 중심으로 한 옛 낙동강 전선 지역이었다. 발굴단은 칠곡 다부동의 다부동전적기념비 앞에 천막을 쳤다. 이곳은 1950년 8월 1일부터 9월 16일까지 국군 1사단과 미 제1기병사단이 북한군 제2군단의 공세를 저지한 전략적 요충지였다. 전투 중 아군 1만여 명과 적군 1만 7000명이 전사한 것으로 추산되었다.

매일 현장 관할 대대에서 사단장의 책임 아래 50명의 병력을 지원했다. 발굴을 시작하기 전 현장 오리엔테이션을 했다. 사람의 각 부위별 뼈가 어떻게 생겼고, 뼈가 나오면 어떻게 조치해야 하는지 등을 설명했다. "무슨 뼈가 나오겠냐"는 비관론이 무색할 정도로 첫 발굴 지역에서부터 뼛조각이 나왔다. 첫해인 2000년 4~5월에 칠곡 다부동과 안강·기계, 서울 개화산 지역을, 9~10월에는 강원도 화천 마현리와 양구 지역을 조사했다.

봄과 여름의 발굴 성과는 군 수뇌부를 고무시켰다. 육군참모총장이었던 형보도 관심을 보이면서, 2000년 가을부터는 의학·치학·사학·고고학 등을 공부하다 입대한 열 명의 전문 병력들을 발굴병으로 뽑았다. 선주는 이들을 충북대 인근 부대에서 10일간 집중 훈련 시킨 뒤 현장 최일선에 투입했다. 이들은 이후 2007년 1월에 창설한 국방부 유해발굴감식단의 핵심 자원이 되었다.

한국전쟁 이후 처음 하는 유해 발굴이었다. 1950년대에 사용한 유품과 무기들을 알 수 없었다. 국군정보사령부(현 국군방첩사령부) 요원이 와서 장비 감식을 해주고, 한국전쟁에 참전한 노병들이 현장에 와서 출토된 무기들을 살펴보고 설명해주기도 했다. 피아 식별도 필요했다. 신발 조각이나 모자 또는 각종 의복의 표식 등을 보고 국군 것인지 북한군 것인지, 아니면 미군 또는 중공군(중국군) 것인지 가려야했다. 가령 북한군은 철모가 없었다. 별이 새겨진 모표나 놋숟가락, 소련제 군화, 마오쩌둥 배지, 모시나강 탄피는 북한군 것이었다.

첫 발굴지인 다부동 전투지역에서부터 북한군 유해와 유품이 나왔다. 육군본부에서 '국군 발굴하랬더니 웬 빨갱이냐'면서 당황하는 분위기가 감지됐다. 국군과 북한군이 전투를 벌인 지역에서 국군만 나올 리 없었다. 중공군이 참전한 지역에서는 그들만의 유품이 나왔다. 적군에게도 예우를 다해야 했다. 국군 유해는 국립 현충원으로, 북한군 유해 등은 파주 적군묘지로 모셨다.

선주는 국군과 함께 나온 유품들을 보면서 한국전쟁기의 군대가 얼마나 허름하기 짝이 없었는지를 실감했다. 참호를 파는 데 사용했을 것으로 추정되는 야전삽은 조악했다. 이 삽으로 얼마나 애를 먹었을까 싶었는데, 노병들의 증언을 들으니 "한 분대에 야전삽이 하나"였다고 했다. 유해들엔 인식표(군번줄)도 없었다. 인식표로 전사자의 이름을 찾는다는 말은 한국전쟁기에 해당하지 않았다. 이런 군대로 어떻게 전쟁을 했을까 싶었다. 그래서 더더욱 북침을 했다는 주장이 터무니없이 느껴졌다.

선주는 2000년 초부터 예정됐던 1년간의 버클리대 교환교수 일정을 반납했다. 방학 때만 미국으로 나갔다. 해를 거듭하여 유해 발굴을 책임지게 되면서 이 일의 의미를 스스로 따져 묻게 되었다. 국군 전사자 유해 발굴을 왜 하는가. 학문적 관심으로 덥석 맡았지만, 국가는 왜 굳이 50년 넘은 군인들의 유해를 찾아야만 하는가. 명료한 논리가 필요했다. 국방부 자료는 그 의미를 '인도주의'라는 낱말로 함축했다. 희생자의 넋과 가족을 위로하고 적군도 포용한다는 인도주의. 뭔가 한참 부족한 느낌이었다.

선주는 '국가 정체성'이라는 키워드를 찾아냈다. 그 토대는 근대국가와 국민 간의 콘트랙트(계약)였다. 국가와 국민은 계약관계이고, 그 계약을 성실히 지키는 것이 국가의 정체성이라고 생각했다. 미국식이었다. 미국은 제1차 세계대전 때는 전사자의 유해를 전투 현장에 묻고 돌아오는 경우가 많았다. '마지막 전사자 유해까지 찾아내 가족의 품에 돌려준다'는 주의를 내세운 건 제2차 세계대전 이후다. 한국의 유해 발굴은 미국식을 모델로 했다.

국민은 국가에 요청받은 납세와 병역 등 여러 의무를 수행한다. 그렇다면 국가는 국민에게 무엇을 해줘야 하는가. 전쟁에 나가 죽어서 돌아오지 않은 이가 있다면, 주검이라도 찾아서 가족에게 돌려주려

육군유해발굴단은 2007년 1월 국방부 산하 유해발굴감식단 창설로 이어졌다. 2007년 6월 5일 노무현 당시 대통령이 처음으로 경기도 포천지역 6·25 전사자 유해발굴 현장을 방문, 태극기로 덮인 전사자 유해 앞에서 경례를 하고 있다.

최선을 다해야 한다. 국가가 국민의 생명과 재산을 지키는 모습을 보이지 않으면 계약 위반이다. 선주는 이런 과정을 통해 국가가 자기 정체성을 확립하고 이를 내부 구성원에게 증명시켜줄 수 있다고 보았다. 이름 없는 군인의 유해는 대한민국 국가 정체성을 드러내는 표식이었다.

그렇다면 경식의 유해는 어떤 의미를 띠는가. 선주는 2001년 5월의 어느 날, 경기 가평군 설악면 엄소리 용문산 352고지에서 국군 전사자 유해 발굴을 하다 의문사진상규명위원회 조사관 경호의 방문을 받았다. 경호의 손에 들린 상자 안에는 대우중공업 노동자 경식의 뼈가 들어 있었다. 국가공권력에 의한 타살이 의심되는 뼈였다. 이건 그저 인권의 문제인가.

선주는 궁극적으로 노동자의 의문사를 대하는 태도 역시 국가 정체성의 문제라고 생각했다. 무엇이 조금 더 강조되느냐가 다를 뿐이었다. 국민의 재산과 생명을 보호하는 데서 군인과 민간인은 다른 대접을 받을 이유가 없었다. 왕정도 독재도 아닌, 민주공화국이라면.

2000년, 2001년만 해도 이 일에 7년이나 잡혀 있을 줄은 상상하지 못했다. 육군유해발굴단은 정해진 기한인 3년 만에 해체되지 않았다. 초기 발굴 성과에 대한 언론의 대대적 조명이 한몫했다. 그 한복판에 승갑이 있었다.

맹씨네 연좌제

◆

내 이름은 없다.

나는 카운트되지 않았다. 할아버지·할머니·엄마·숙부·숙모·고모·누나(혹은 언니)가 포함된 몰살자 명단 속에 나는 없다. 부당하다. 나도 한 생명으로서 그 자리에 있어야 마땅하지 않은가?

나는 태아다. 세상에 나와 엄마 젖을 먹어보지도, 울음을 터뜨려보지도 못했다. 남자인지 여자인지도 모른다. 그저 하나의 수정란 세포가 되어 엄마의 자궁 내벽에 착상된 지 36주였다. 자궁을 찢고 세상에 나가기 딱 한 달 전, 나를 배 속에 품었던 엄마는 처형당했다.

태어났다면 맹씨네 일원이었다. 73년 된 태아의 신비로운 힘을 빌려, 나와 함께 몰살당한 가족을 소개하고자 한다. 살아남은 가족을 소개하고자 한다. 살아남았으나 국가에 버림받은 가족을 소개하고자 한다. 고난과 감시 속에서도 끝까지 희망의 끈을 놓지 않은 가족을 소개하고자 한다.

1951년 1월 4일, 북한군이 서울을 재점령한 바로 그날이었다. 충남 아산군 배방면 휴대리 65번지에 살던 할아버지 무섭(당시 46세), 할머니 중희(당시 47세), 엄마 규옥(당시 27세), 규옥 배 속의 나, 숙부 용재(당시 18세), 숙모 우순(당시 18세), 고모 숙재(당시 15세)와 은재(당시 7세), 삼촌 웅재(당시 11세), 누나(또는 언니) 만호(당시 4세), 삼촌 복재(당시 1세), 이렇게 11명이 배방면 모산역 곡물창고에 끌려가 갇혔다.

창고 안에는 200여 명이 바글바글했다. 1950년 9·28 수복 뒤 죄 없는 마을 사람들이 부역 혐의로 끌려가자 할아버지가 연판장을 돌리고 진정서를 면사무소와 경찰서에 보낸 게 화근이었다. 동네 목숨 줄을 쥐고 있는 향토방위대 부위원장 김 씨의 눈 밖에 완전히 나버린 것이다. 그것은 멸족의 불씨가 되었다.

이틀 뒤 열 명의 가족이 곡물창고에 있던 사람들과 함께 모산역 철길을 따라 성재산으로 끌려가 죽임을 당했다. 열한 살 웅재 삼촌만 살아 나왔다. 가해자들이 한 집에서 열 살 아래로 한 명씩만 살려준다고 했기 때문이다. 고모 은재와 누나(또는 언니) 만호, 삼촌 복재도 각각 일곱 살, 네 살, 한 살이었지만 나가지 못했다. 세는나이로 열두 살이었던 웅재는 아버지 무섭에게 떠밀려 열 살 아래 행세를 했다. 웅재는 동네에서 함께 놀던 주성 등과 함께 곡물창고 밖으로 내보내졌다.

아빠 갑재(당시 26세)와 형(또는 오빠) 억호(당시 1세)는 아예 곡물 창고에 가지 않았다. 갑재는 인민군 점령기때 초등학교 선생 일을 쉬지 않고 했다는 이유로 배방지서 유치장에 끌려갔다가 온양경찰서를 거쳐 대전형무소에 있었다. 갑재의 아버지 무섭이 연판장 건으로 찍힌 뒤 생긴 일이었다. 억호는 엄마 등에 업혀 칭얼대는 바람에 곡물창고로 끌려가기 직전 작은할머니 집에 맡겨졌다.

살아서 고통이었다. 한 달 뒤 대전형무소에서 무죄로 석방된 아빠는 초등학교 교사로 복직할 수 있었다. 하지만 온 가족이 학살되어 증발된 현실을 견디기 힘들었다. 주검이 어디 있는지 몰랐다. 집은 가해자들이 불태워 잿더미가 되었다. 제정신으로 살 수 없었다. 6개월 뒤 울화병으로 세상을 떠났다. 그리하여 우리 집의 희생자 수는 도합 11명으로 늘었다.

이제 두 생존자, 웅재와 억호의 인생이 펼쳐질 차례다.

웅재는 큰아버지, 즉 나의 큰할아버지집에, 억호는 작은할아버지 집에 맡겨졌다. 죽은 할아버지 무섭은 삼형제 중 둘째였는데, 나머지 두 집안은 다행히 화를 면한 터였다.

사건 직후 배방국민학교 6학년이 된 웅재는 공부를 잘했다. 천안중학교와 천안농고를 모두 수석으로 졸업하고 고려대 법학과에 입학했다. 인근에서 수재로 이름이 널리 알려졌다. 법조인을 꿈꿨다. 2학년이 되던 1962년에는 학교에 ROTC(학생군사교육단)가 만들어져 지원했다. 학교 성적도, 학군단 성적도 좋았다.

국가는 앞길이 창창한 수재의 날개를 부러뜨렸다. 4학년 장교 임관을 앞두고 있는데, 특무대CIC에서 조사가 나왔다. 얼마 뒤 대령 계급의 학군단장이 웅재를 불렀다. "넌 안 된다"라고 했다. "부역자, 빨갱이 가족이라서 안 돼"라고 했다. 담당 교관인 소령은 함께 눈물을 흘려주며 안타까워했지만 상황을 되돌릴 수 없었다. 그날부로 학군단복을 벗어야 했다.

학군단에서 제적되면서 병적도 사라져 일반 군 입대조차 불가능해지는 일이 벌어졌다. 취직 길이 막혔다. 사법고시도 볼 수 없었다. 웅재 앞의 세상이 와르르 무너졌다. 모든 걸 포기하려고 했다. 서울 덕수궁 앞에서 법무사를 운영하는 일가친척 한 분이 손을 내밀어주었다. 그곳에 사무장으로 들어갔다. 모든 걸 숨기고 고졸 행세를 하며 살았다. 그 친척 분이 세상을 떠날 때까지 42년을 그곳에서 일했다.

억호도 공부를 잘했다. 처음에는 작은할아버지가 중학교도 못 가게 해 애를 먹었다. '농사일도 바쁜데 무슨 공부냐'면서 학교 대신 들로 나가게 했다. 억호가 나온 동방국민학교 교장 선생님이 찾아와 '내가 중학교 보낼 테니 억호를 우리 집에 달라'고 했다. 작은할아버지는 "우리 새끼, 내 맘대로 못 하냐"라며 소리소리 질렀다.

우여곡절 끝에 1년 늦게 진학해 천안중학교와 천안농고를 졸업했다. 친구들은 버스 타고 다니는데 버스비가 없어 1시간 거리를 걸어서

통학했고, 농사일도 병행했다. 대학 진학은 언감생심이었다. 그렇다고 작은할아버지 집에 매여 있기는 싫었다. 고3 때인 1968년 10월, 경기도 9급 공무원 공채 시험에 합격했다. 일부러 먼 지역을 택했다. 포천군 영북면 사무소에서 사회 첫발을 디뎠다.

억호는 아산 쪽은 쳐다도 보기 싫었다. 1972년 병석에 누운 작은할아버지가 불러 아산에 내려갔다. "미안하다. 강하게 키우려 한 거지 미워해서 그런 게 아니었다"라면서 사과했다. 희한하게도 그동안 쌓여 있던 나쁜 감정이 스르르 녹았다. 작은할아버지는 3개월 뒤 세상을 떠났다. 1973년에 고향에 내려왔다. 배방면사무소에서 공무원 생활을 이어갔다.

억호는 삼촌 웅재와 달리 연좌제는 피한 줄 알았다. 그러나 아산군청에 근무하던 1990년, 우연히 책상에 놓여 있던 인사 기록 카드 문서철을 보고 소스라치게 놀랐다. 1974년 경찰이 작성한 신원조사회보서에 억호에 대한 사찰 기록이 있었다.

부 맹갑제는 6·25 당시 리인위 위원장으로 활약다 9·28 수복 당시 처단된 자임.

사상 관계: 용의점 발견치 못함.

성질 소행: 온순 단정한 편임.

리인위는 리 인민위를 뜻했다. 사실과 다른, 엉뚱한 내용이었다. '처단' 운운도 마찬가지였다. 울화병으로 죽은 사람을 학살했다고 한 것은 경찰의 실적 부풀리기였을까. 자신도 모르게 감시당했다고 생각하니 머리칼이 쭈뼛 섰다. 다행히 억호는 2009년 아산시의회 국장까지 무사히 공직 생활을 마쳤다.

삼촌 웅재는 참 감사한 사람이다. 곡물창고에 끌려가 죽은 가족이 아홉이 아니라 열이라고 말해주는 사람이다. 만삭이던 엄마 배 안에서 죽은 나까지 특별히 셈해 기억해주는 사람이다. 웅재가 슬하에 둔 삼남매 자식들은 아빠의 이런 이야기를 들어본 적 없을 것이다.

웅재는 1951년 곡물창고의 살풍경과 1964년 ROTC에서 제적당하던 순간을 되새길 때마다 목이 메다 못해 통곡을 한다. 원혼들이 너무 불쌍하고, 꿈을 못 이루고 썩은 듯한 자신이 애처롭고 또 애처로워서다. 얼마 전 어느 기자와 통화를 할 때도 눈물을 철철 흘렸다. 다른 가족들은 국가에 의해 생명을 학살당했고, 웅재는 살아남았으나 역시 국가에 의해 사회적으로 처형당했다. 제2의 학살이었다. 84세인 지금은 폐암과 싸운다. 누가 그의 눈물을 닦아줄 것인가.

형(또는 오빠) 억호도 참 감사한 사람이다. 2020년부터 아산유족회장을 맡고 있는 억호는 성재산에 묻혔으리라 추정되는 가족의 유해를 찾고 있다. 2020년 봄, 배방읍 공수리 965번지 변전소 주변(크라운 제과 건물 인근)의 한 지점을 판 적도 있다. 어느 굴삭기 기사가 1980년

신 원 조 사 회 보 서

정보 20-7.1~ 7498

1974. 10 11. 작성

①대 호	내무 2901	②요청기관	아산군수	③조사목적	임 용

④본 적　충남 아산군 배마면 구대이 65번지

⑤주 소　　　상　　동

⑥소 속	아산군	⑦지위	지방행정주사보

⑧주민등록번호		⑨성 명	명 억 모	⑩생년월일	49.2.2

상기자에 대한 신원조사 결과는 다음과 같음.

대　회　비
영　구　보　존

⑪사상관계
용의점 발견치못함

⑫성질소행
온순단정한 편임

⑬상벌판계
1. 상기 내용은 지방행정의 재공일 분더미 임명이
　　등은 결관치의 지령에 속합니다
2. 발 견의치 못로함하여 개인의 기본권이 부당
　　하게 제한되어서는 아니됩니다

⑭기 타
본 명의 상기 병고인는 6·25당시 예편위 화원장으로 활동배 9.28 수복
당시 가만난 자였가 보안법 반공법 령법에 의거 기변점.

충 청 남 도 경 찰 국 장

기 안 자					

1974년 경찰의 신원조사회보서에 기록된 억호. 울화병으로 죽은 아버지를 "처단된 자임"이
라고 잘못 적어놓았을 뿐 아니라 억호에 대한 사찰 기록을 적어놓았다.

웅재의 대학 학생증. 4학년 ROTC(학생군사교육단) 임관을 앞두고 특무대의 조사를 받은 뒤
학군단으로부터 즉시 제적됐다. '부역자, 빨갱이의 가족'이라는 이유였다.

대 중반 변전소 터파기 공사를 하다 서너 마대 분량의 유골을 발견해 다른 곳에 묻어주었다고 증언했기 때문이다. 그러나 건축물 쓰레기들만 잔뜩 나왔다.

억호는 다른 곳에 기대를 걸고 있다. 옛 신도리코 공장 부지인 배방읍 공수리 883번지다. 1995년 공장을 지을 때도 유골이 나왔다고 했다. 그곳으로부터 남쪽 340미터 지점에 있는 공수리 110번지에서는 2023년 3월 62구가 나왔다. 발굴 뒤 감식 결과 모두 남자였다. 이번에 만약 883번지에서 여자가 한 명이라도 나온다면 1·4 후퇴 시점에 가족 단위로 끌려간 사람들일 가능성이 있다. 물론 나는 나오지 않을 것이다. 태아의 뼈는 약해서 금방 부스러진다. 나를 임신했던 엄마가 나온다면 엉덩뼈에 나의 미세한 흔적이 남아 있을지는 모르겠다.

유해 발굴은 계속될 것이다. 73년 전, 못 다 피어난 9개월짜리 태아가 응원을 보낸다.

태극기 휘날리며

선주가 책임조사원으로 참여한 육군유해발굴단은 7년간 지속되었다. 애초 기한이었던 3년의 두 배를 넘게 했다.

7년간 발굴된 유해는 총 1503구다. 2007년 1월부터는 정식 부대로 국방부 유해발굴감식단이 창설되어 현재까지 유해 발굴을 이어오고 있다. 2000년부터 2022년까지 총 23년간 발굴된 유해는 1만 3121구다. 선주는 유해 발굴이 국방부로 넘어간 뒤에는 심의위원으로 참여하고 있다.

23년간 발굴된 피아 군대의 1만 3121구 중 최고의 스포트라이트를 받은 유해가 있다. 바로 승갑이다. 선주는 한 편의 감동적인 드라마였다고 회상한다. 이 드라마는 실제로 영화가 되었다. 승갑에 관해 물어볼 때마다 선주를 비롯해 그 현장에 있었던 사람들은 이렇게 말하게 되었다. "영화 〈태극기 휘날리며〉의 모티브가 되었죠."

"퉁, 퉁, 퉁."

반나절 동안 소득이 없어 무료하던 발굴병은 별 생각 없이 호미로 땅바닥을 여러 차례 두드린다. 퉁, 퉁, 퉁 울리는 소리가 심상치 않았다. 문득 병사의 눈길이 그 지점을 향한다. 무언가 삐죽 솟아 있다. 옆을 살살 파본다. 머리뼈 조각이다. 본격적으로 발굴이 시작되고 다른 부위의 뼈들과 함께 호루라기·삼각자·연필·라이터·만년필·장화 한 켤레·플라스틱 숟가락 등의 유품이 출토된다.

주목을 끈 것은 반투명 삼각자에 새겨진 이름, 崔承甲. 유해의 주인공을 특정할 단서가 나왔다. 병적부를 뒤져 해당 병사의 신원을 확인한다. 국군 제1사단 17연대 소속 일병, 1924년생, 전사 당시 26세. 이번에는 제적등본을 뒤져 아내와 딸을 찾아낸다. 마침내 75세의 노인이 된 승갑의 아내가 발굴병의 등에 업혀 남편이 있는 산을 오른다.

2004년 개봉한 〈태극기 휘날리며〉는 이러한 유해의 첫 발굴 순간과 가족에게 연락이 닿는 과정을 조금 각색해 영화 도입부로 삼았다. 가령 삼각자의 이름을 따라 승갑의 가족을 찾아 연락을 했는데 살아 있는 승갑이 덜컥 전화를 받고, 그 삼각자는 승갑이 아니라 승갑의 동생 것이라는 식이다. 삼각자를 통해 전쟁과 함께 함께 참전했다가 각자 국군과 북한군으로 갈라져야 했던 형제의 비극적 운명이 드러나는 시나리오로 영화의 상상력은 발전해나간다. 영화 속 유해 발굴 현장에서는 삼각자 대신 만년필이 발견되고, 일병 승갑이 아닌 하사 진석이 등장한다.

승갑은 육군유해발굴단의 사업을 널리 알리는 데 지대한 공헌을 했다. 발굴 현장과 50년 만의 뒤늦은 부부 상봉이 대대적으로 방송을 타면서 보는 이들의 심금을 울렸다. 승갑이 나온 경북 칠곡 다부동 전투 지역 369고지는 328고지에 이은 두 번째 발굴 현장이었다. 정확한 날짜는 2000년 4월 21일로, 발굴을 시작한 지 한 달도 안 됐을 때였다. 퉁, 퉁, 퉁 울리던 소리는 땅속의 주검이 삭아 공동이 생겼기 때문이었다. 1950년 8월 1일부터 9월 16일까지 절체절명의 낙동강 최후 전선에서 국군 1사단이 북한군 제2군단의 공세를 막아낸 격전의 현장이기에 의미도 각별했다.

승갑을 확인시켜준 것은 삼각자와 함께 호루라기, 만년필이었다. 아내는 전쟁 일주일 전 승갑이 휴가 나왔을 때 호루라기를 목에 걸고 있었다고 증언했다. 군에 오기 전 동네 한문 선생을 지내 글씨를 잘 썼다고 해 만년필도 확인시켜주었다. 그러나 그가 진짜 승갑이라는 사실은 완벽하게 증명하지 못했다. 허벅지 뼈와 치아를 잘라 연세대 법의학교실에서 DNA 조사를 했으나 만족할 만한 성과가 나오지는 않았다.

아, 그리고 머리뼈. 승갑의 머리뼈는 북한군의 총탄에 의해 부서진 것처럼 언론에 보도되었다. 선주가 보기에는 총탄이 아니라 발굴 과정에서 깨졌을 가능성이 컸다. 발굴병이 무심코 땅바닥에 내리친 호미가 손상을 주었을 수도 있었다. 이미 머리뼈는 조각난 상태였다. 사진에 상당 부분 온전한 것처럼 나온 머리뼈는 발굴 뒤 붙여놓은 것이다.

2001년 9월, 강원도 방태산 인근 현리 지구에서 발굴된 권순의 이야기도 영화 감이었다. 권순을 찾아낸 사람은 전사 당시 한 살이었던 권순 딸의 남편, 즉 사위였다. 딸은 본인이 한 살 때 전쟁터에 나가 돌아오지 못한 아버지를 찾고 싶다는 이야기를 오래전부터 해왔다. 예비역 육군 중사였던 권순의 사위는 군인 출신의 정보력과 촉을 발휘해 장인의 생전 부대 동료들을 찾아 나섰다.

승갑이 나온 다부동에서는 치열한 전투 끝에 북한군의 대공세를 저지했지만, 권순이 나온 현리에서는 그렇지 못했다. 현리 지구는 1951년 5월 16일부터 22일까지 국군 3·9사단과 북한군 6·12·32사단 그리고 중국군 2개 군이 참전했던 전투 지역이다. 그해 5월 14일부터 22일까지 중국군의 2차 춘계 공세가 있었는데 여기에서 국군은 16~17일 북한군의 야간 공격으로 지휘체계가 마비되어 결국 패배했다.

권순의 군 동료들은 사위에게 '당일 부대원들이 트럭에서 내리다가 적의 공격을 받았고 여러 명이 다쳐 결국 죽었다'고 말했다. 한 동료는 자신의 손자가 입대한 근처 부대에 면회 차 왔다가 이곳이 본인의 참전 지역이라는 사실을 깨닫고 마을을 방문해 주민들로부터 증언을 들

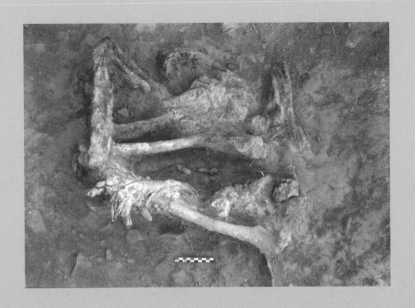

2000년에 발굴된 승갑. 군화 옆에 허벅지 뼈가 함께 나왔고(위), 쪼개진 머리뼈 등 유골과 삼각자·나침반 등의 유품도 같이 있었다(아래).

었다는 결정적인 이야기를 해주었다. 권순의 사위는 마침내 현장에서 그 증언의 사실 여부를 확인하고 육군본부에 발굴을 요청했다.

권순은 현리 마을 주민에 의해 산기슭 교통호에 묻혀 있었다. 직접 묻어준 사람은 세상을 떠났다. 다만 권순을 묻어준 이 옆에서 이를 목격했던 아들이 살아 있었다. 그는 1951년 사건 당시 열한 살이었다고 했다. 집의 창고에서 그 전날 다리에 부상을 입고 숨어들어온 듯한 병사가 죽어 있었다는 거였다. 고통을 참느라고 손으로 얼마나 땅을 움켜잡았는지 병사의 손톱이 다 빠져 있었다고 했다.

자신의 아버지는 뒷산에서 칡순을 끊어와 군인의 목에 걸고 끌어당기며 밖으로 나갔고, 이어서 집 뒤 소나무 숲속의 교통호로 주검을 밀어 넣었다고 했다. 마을 인근 논밭에는 다른 병사들의 시체도 있었는데, 그날 그렇게 아버지가 같은 자리에 묻어준 주검은 세 구였다고 했다. 그 아들은 병사가 죽기 전 오전에 자신의 집에 왔던 키가 작은 다른 병사가 있었으며 명찰에 붙어 있던 이름이 권순이었다는 사실도 기억했다.

흥미로운 일은 권순이 발굴되기 전날, 그를 묻어준 이가 자신의 아들의 꿈에 나타나 이런 말을 했다는 것이다. "내일 누가 찾아올 텐데 찾는 게 위에 있을 것이다." 선주가 교통호를 파헤쳤을 때 돌판 위에 유해 하나가 나왔다. 이를 수습하고 돌을 들어보니 또 두 사람이 나왔다. 꿈대로 맨 처음 나온 사람이 권순이었다. 목격한 이의 기억대로 키가 작았다. 권순은 국군 전사자 유해 발굴에서 가족들이 추적에 나서 찾아낸 처음이자 마지막 경우였다.

승갑은 최초로 신원이 확인된 경우였지만 가족들은 어느 날 50년 만에 느닷없는 통지를 받아 놀랄 수밖에 없었다. 그러다 보니 후유증도 있었다. 승권의 유해는 대전현충원에서 안장식을 했는데, 승갑의 친가 쪽에서 재혼한 아내가 안장식에 와서는 안 된다며 고집을 부렸기 때문이다. 발굴단의 군 간부들이 진땀을 흘리며 설득을 했다. 딸의 노력으로 갈등을 봉합했고 승갑의 아내는 안장 현장에서 어렵게 마지막 한 삽의 흙을 뿌릴 수 있었다.

승갑과 권순 덕분에 육군유해발굴단은 세상에 존재의 의미를 강렬하게 각인시켰다. 미군에 비하자면 너무 늦게 태어난 조직이었다. 미군은 한국전쟁 직후부터 유해를 거두어 갔다. 육군유해발굴단이 7년 동안 발굴한 유해 총 1503구 중 1182구가 국군인데 반해, 미군을 포함한 유엔군 유해가 8구뿐이었던 이유였다. 북한군 217구, 중국군 96구였는데 말이다. (2000~2022년 총 발굴된 1만 3121구 중 유엔군 유해는 32구이다.) 그래서인지 미군 당국은 한국의 유해 발굴에 무심했다. 아니, 우습게 봤다.

7일간의 감금

◆

내 이름은 인원이여.

올해 아흔두 살이지. 그때 살아남은 사람 중에 제일 많디야. 작년에 간암으로 일흔세 살 아들 춘성이를 보냈어. 이 나이 먹도록 아들한테 꺼정 다 안 한 이야기가 있어. 누구한텐가는 다 풀고 가야 할텐디. 그렇게 혼잣말을 내가 해싸. 그러면 함께 사는 며느리가 물어. 혼자 무슨 소리를 그렇게 하시냐고. 내 속에 있는 말이 하도 많아서 그랴. 잊어버린 이야기가 여간 많은 게 아니지만 말이여.

진저리가 나. 그 난리통을 생각하면 말이여. 아이고, 이놈들, 아이고, 이놈들. 아직도 벌벌벌 떨려.

전쟁 나고 얼마 있다 감금되었어. 우리 집에서 감금되었어. 그놈들이 나를 못 나가게 하는 거여. 돌이 갓 지난 우리 아기하고 나하고만 아예 방 밖으로 외출 금지여. 창호지 바른 미닫이문인디, 그 사이로 총을 디밀고 그래서 총구가 내 몸에 달락말락했어. 절대 밖으로 못 나간 다면서 나가면 죽인다고 협박을 하는 거여. 죽일라면 그냥 죽이지, 왜 겁을 주냐고 그랬지. 살리든지 죽이든지 맘대로 하고, 빈총 가지고 위협하지 말고 나를 내보내라고 했어. 식구들 있는 데로 제발 나를 데려가라고 말이여. 그랬더니 가만 있으래. 언제까지 그래야 하냐니께, 다섯 밤은 새야 나갈 수 있디야. 다섯 밤을 어떻게 기다리냐고 하니께 막 또 총을 들이밀어. 나는 특별해서 가두는 거래. 나중에는 나를 시집 보내려 한대. 무슨 말이여. 제발 시어머니 좀 만나게 해달라고 애원을 했지.

다른 동네 사는 시누이 남편이 밥을 놓고 갔어. 처음에는 따끈따끈했겠지. 이놈들이 받아놓고 일 보다가 나중에 식어버린 밥을 들이밀어. 안 먹었어. 말라비틀어진 밥이 나중에는 세 그릇이나 되었지. 반찬이 뭐 있어? 고추장하고 간장이지. 죽으면 죽고 살면 살자 그랬어. 내가 안 먹고 배가 쪼그라드니까 젖도 안 나오고 아기는 배고파 울다가 지쳐서 자고 그랬어. 놈들이 요강 하나 달랑 들여보냈지. 내가 시집을 때 가져온 놋 요강이여. 소변도 한 번 안 봤어. 물도 한 모금 안 마셨으니께. 그렇게 다섯 밤이 아니라 일곱 밤을 지냈어.

이게 도대체 무슨 경우냐고? 그러니께 우리 식구 다 죽이고 나랑 갓난쟁이만 살려준 거여. 나는 차마 죽일 수 없으니께 다른 가족 죽이는 동안 내가 못 나가게, 못 보게 놈들이 지킨 거여. 뭐여 이게. 아주 진저리가 나.

나는 원래 경기도 안성군 미양면 강덕리에 살다가 아산으로 시집 왔어. 충남 아산군 염치면 석정리1구로 말이여. 아산은 울 친정아버지 고향이여. 아버지가 친구 만나러 여기 다니러 왔다가 그냥 당신 맘대로 혼사 정한 거여. 나는 시집 안 간다고 했는데 그냥 억지로 한 거여. 내가 1931년생인데 그때가 열일곱이었어. 열여덟 되던 1948년에 아산으로 온 거지. 근데 전쟁 나고서 가해자 놈들하고 가까운 사람 중에 내 혼처를 구해준 친정아버지 친구가 있었던 거여. 그 양반이 사람 죽이려 눈에 불을 켜고 돌아다니는 놈들한테 갸 인원이는 절대 죽이지 말라고 한 거여.

감금되기 전에 큰아주버님 부부(옥형·정순, 당시 34세)하고 남편(오형, 당시 24세)이 끌려갔어. 나보고 만날 남 앞질러다니지 말라고 타박한 남편이여. 내가 새벽에 물 길어오면, 당신은 남 앞질러 다니며 일하지 말라고, 그렇게 애쓰지 말라고 했던 남편이여. (9·28)수복되고 추석 지나서였어. 그 뒤에 어느 날 시어머니(곡산 강씨, 당시 57세)가 집에서 그러는 거여. "우리 가족들 다 끌어다가 죽인다는디 어쩌냐."

아홉 살짜리 조카 국성이가 했던 말도 평생 잊히지가 않어. 부모가 끌려가고 없으니께 얼마나 불안했겠어. "작은엄마, 작은엄마, 어디 가시면 나도 따라갈 거요. 사람들이 그러는디 다 죽인대요. 작은엄마 살면 나도 살려줘." 울면서 애원을 하는 거여. 그래서 내가 그랬지. "너

죽으면 나도 죽어야 헌다. 그런 소리 하지 마라." 시어머니랑 국성이랑 둘 다 함께 나가선 돌아오지를 않았어. 그 어린 것, 밥도 못 멕이고 보냈는데. 에구, 그러고 보니 국성이 시신만 못 거뒀어. 지금 매재산 어딘가에 있을 거여.

논 때문에 그랬디야. 동네 지주 한 명이 이사를 가면서 내놓은 논을 우리 집안서 빨리 알고 샀거든. 근디 심씨네가 나중에 지들이 사겠다고 하면서 말다툼이 났디야. '사려면 진작 말을 하지. 왜 내가 산 뒤에 말을 허냐' 그랬더니 '너희는 똑똑해서 미리 말했고, 난 똑똑하지 못해 말을 못 했다'고 막 다퉜대. 그것 때문에 심씨네가 앙심을 품었디야. 그 심씨여. 그 심씨가 나를 감금하고 지킨 대장이여. 그 심씨 밑에 신씨가 있었고, 또 서릿말 사는 또 한 놈이 있었어. 아이구, 그놈들, 아주 진저리가 나.

나는 일곱 밤을 보내고 풀려나 안성 친정으로 갔어. 미쳤을 거여. 병이 생겼는지 눈도 잘 안 보였어. 내가 친정에서 미친 행동을 했디야. 정신이 휙 돌았을 거여. 친정아버지가 이러다 사람 죽겠다고 그 난리 통에 의사를 데려왔어. 의사가 귀한 약 구해 먹여줘서 살았어. 정신이 나니께 아산 석정리에 가봐야 되겠더라고. 가보니 세간살이가 하나도 없어야. 항아리는 비었고, 옷도 이불도 하나도 없고, 빈 농짝만 있어. 좋은 농짝은 다 가져갔어. 거지가 되었지. 밥 굶기를 예사로 했지. 남의 집에서 설거지해주고, 집 안 치워주고, 그렇게 일해주고 밥 얻어 우리 아들 먹이고.

내가 한 달 만에 나타나니께 마을 사람들은 이상한 눈초리로 봤어. 죽은 줄 알았나 보지. 안 돌아올 줄 알았겠지. 어떤 이는 나를 붙들고 한참을 쳐다보고, 어떤 이는 힐끔힐끔 보고, 어떤 이는 아예 못 본 척 하고. 친정에서도 가지 말라고 했어. 뭐하러 가느냐고. 우리 가족 죽인 그놈들 보기 싫어도, 내 가슴에 못을 박았으니 나도 너희들 어떻게 사는가를 똑똑히 보겠다고 생각했어. 나 사는 것도 그놈들한테 보여주고 말이여.

그 대장놈 심씨하고는 한 번도 말을 섞은 적이 없어. 잘 사는 것 같더니 10년 뒤에 실종됐다고 들었어. 우리 동네 할머니들이 "몹쓸 짓을 해서 벌 받아 죽었다"라고 했지. 나도 심씨는 용서를 안 했어.

그 밑에 신씨 놈이 있었지. 난리통 얼마 뒤에 외나무다리에서 원수 만나듯 마주친 거여. 동네 빠져나가다가 길에서 말이여. 내가 "어디 갔다오시요?" 하니까 꾸벅 인사를 하더라고. 나보다 서너 살 많은가 그랬는데 그때부터 서로 말을 하게 됐어요. 그러더니 한 1년 지나서부터 나한테 굉장히 잘 하는 거여. 뭐 먹을 거 생기면 마누라 통해 우리 집에 갖다주고. 그걸 받아놓고서 먹어야 하나 말아야 하나 한참 고민을 했어. 그래 다 때를 잘못 만나 그랬겠지, 하기로 했어. 주는 걸 왜 안 먹나 싶기도 하고.

그 신씨가 말이여. 교회를 다녔는데 언젠가부터 일요일 아침 교회

갈 때마다 우리 집 싸리문 앞에 와서 엎드려 기도를 하는 거여. "아저씨, 기도하지 마셔. 나 교회 안 댕겨" 해도 지가 죄를 많이 지어 기도를 한대. 그렇게 일요일마다 우리 집 앞에서 기도를 했어. 옆집 할머니가 내버려두래. '얼마나 지가 잘못했으면 그러겠냐'고. 그러다 2년인가 더 살다 병들어 죽었어. 신씨 그놈이 난리통에 완장 차고 다녔지. 대낮에 총 들고 마을 한 바퀴 휙 돌고.

그 마누라는 얼마 전까지 같은 마을에 살았어. 한참 전에 딸 시집 보낼 때는 혼수 이불 꿰매달라고 부탁까정 했어. 치마저고리도 꿰매달라, 이불 솜 놔달라 하지를 않나. 도대체 나를 어떻게 생각하길래 이런 부탁을 하나 싶었지만, 그래도 성의껏 바느질 다 해주었어.

아이고, 난리통은 다시 없을 줄 알았지. 그때 일곱 밤 갇혀 있는 동안 엄마젖 하나 못 먹었던 갓난쟁이, 우리 아들 춘성이 말여. 춘성이가 공주교도소에서 교도관을 8년 했어. 어느 날, 노는 날도 아닌데 공주에서 집으로 온 거여. 무슨 일인가 싶어서 가슴이 두근두근했지. 힘이 하나도 없이 마당에 들어선 거여. 왜 왔냐까 교도소 더 안 댕길거래. 돈도 얼마 못 벌어서 이제 그만둔다는 거여. "진짜여?" 물으니 진짜래. 근데 밤마다 속을 썩는 거 같아. 그래서 짐작을 하고 얼마 있다 물어봤지. 그려. 내 짐작이 맞았어.

춘성이가 교도소에서 진급시험 볼 때마다 떨어진 거여. 웬만큼 시험을 잘 친 것 같은데도 계속 떨어지니 한번 물어봤겠지. 어느 날 교도

소장이 부르더래. '이런 빨갱이 자식이 어디서 국가 녹을 먹으려고 하느냐'고. 결국 짐을 싼 거여. 나는 나대로 울고, 지는 지대로 울면서 한탄을 하고. 먹고는 살아야 하니까 친척네 쌀장사 하는데 가서 거들고, 붕어빵 장사도 하고, 신문도 돌리고, 노가다도 하고, 전국 오일장 다니면서 고구마·마늘·양파도 팔고 그랬지. 온양고등학교 나와서 공무원 시험 합격했을 때 얼마나 기뻐했는디.

나라에 바라는 거? 그런 거 없어. 진희·지연·석희, 우리 손주들 난리통 안 겪고 화 안 당하고 편안하게 살게 해주면 돼. 빨갱이 소리 너무 듣기 싫어. 그저 빨갱이 소리나 안 듣게 해줬으면 좋겠어.

아이고. 아주 진저리가 나.

미완의 집념

빨간 가죽 재킷에 미니스커트가 압도적이었다.

선주는 어디에 눈을 둬야 할지 몰라 잠시 허둥거렸다. 마주 앉은 여인은 묘숙이었다. 1927년생. 2008년이었으니 여든 살이었다. 빨간 하이힐도 눈을 찔렀다. 자그마한 체구에 화려하면서도 단아한 자태였다. 팔순이라는 나이를 잊게 했다. 묘숙이 일어나 반갑게 악수를 청했다.

처음 전화가 왔을 때 누군지 알아채지 못했다. 묘숙은 북한에서의 유해 발굴에 관해 의논하고 싶다고 말했다. 자세한 이야기는 만나서 하자고 했다. 서울 용산의 미8군 장교클럽에서 만난 묘숙은 거침없이 솔직했다. 이화여전에 다닐 때 양반가인 민씨 집안 남자와 결혼했는데 남편이 집안에서 일하는 여자아이를 건드리자 묵과할 수 없어 결혼 생활을 접었노라는 이야기도 했다. 선주가 알아보니 묘숙은 오래된 사회사업가였다. 무숙의 동생이자 말숙의 언니이기도 했다. 둘 다 소설가였다. 그리고 화제를 몰고 온 위트컴과의 러브스토리와 결혼.

위트컴은 한국전쟁 때 유엔군 부산 군수기지사령관으로 근무했던 미군 장성으로 '전후 재건의 영웅'으로 불렸다. 그는 전쟁으로 폐허가 된 부산에서 각종 선행과 기부로 한국인들에게 천사의 이미지를 남겼다. 특히 1953년 11월 27일의 부산역 대화재로 6000여 세대 3만 명의 이재민이 발생했을 때 미군 창고를 열어 천막과 음식을 제공한 일은 두고두고 회자되었다. 위트컴은 준장으로 퇴역한 뒤에도 한국을 떠나지 않았다. 민간 차원에서 한국의 재건과 부흥 원조를 목적으로 하는 한미재단을 만들어 전쟁고아를 위한 보육원을 설립하고 후원했다. 위트컴은 대통령 승만의 정치 고문으로, 경무대(현 대통령실)에 근무하며 미국과 연락하는 임무를 맡기도 했다.

묘숙은 충남 천안과 서울 한남동에서 고아원을 운영하면서 위트컴의 후원을 받은 일이 인연이 되어 결혼까지 했다. 둘 다 재혼이었다. 1964년 결혼할 때 두 사람의 나이 차는 서른한 살. 묘숙은 노랑머리 아이를 태어나게 할 수 없다는 가족들에 의해 반강제로 자궁적출수술까지 받았다고 했다.

묘숙은 선주에게 북한행을 제안했다. "장진호에 남은 수천 구의 미 해병대원 유해를 꼭 데려와야 한다"는 게 1983년 7월 심장마비로 갑자기 세상을 떠난 남편의 유지라고 했다. 위트컴은 군수보급 전문가로서 장진호 전투에 참전한 미 해병 1사단의 군수품 보급에 관여한 듯했다. 1996년부터 2005년까지 미국과 북한이 장진호 인근과 평안북도 운산 등에서 공동 유해 발굴 작업을 벌여 229구를 찾았다지만 이것으로는 부족하다고 느꼈다. 묘숙은 이를 위해 1990년부터 스물다섯 번이나 미국에 갔다고 했다. 그러면서 선주에게 발굴팀을 이끌고 북한에 갈 수 있겠냐고 넌지시 물었다. 시기적으로 안 좋았다. 금강산 관광객 왕자가 피격된 사건이 벌어진 지 얼마 안 지난 뒤였다. 남북 관계가 급속히 냉각되고 있었다.

게다가 북한에서 미군 유해를 한국인이 책임지고 발굴한다는 건 '미션 임파서블'임을 선주는 체험을 통해 잘 알고 있었다. 선주는 박진고개에서 미군 유해를 발굴했던 일을 눈앞에 그렸다.

2002년 9월 초순이었다. 선주는 박진고개에 있었다. 경남 창녕군 대합면 이방리 태백산에 위치한 곳이다. 그즈음 쏟아진 폭우 탓에 수로 옆 제방이 넘칠 듯 위험해 보였다. 군용 트럭 한 대가 달달거리면서 발굴 지점 근처를 향해 힘겹게 올라갔다. 선주는 코란도를 몰고 뒤를 따르면서 마음을 졸였다. 아슬아슬했다. 옆 제방이 터지면 발굴이고 뭐고 다 끝장이었다. 50여 년 전 묻힌 넋들에게 신변 보호를 요청해야 할 판이었다.

1950년 8월 4일부터 9월 5일까지 미군 2·24단과 북한군 2·4·9사단이 치열하게 맞붙은 현장이다. 대전에서 손실을 입고 급하게 투입

된 미군 24단이 북한군 제4사단의 기습적인 낙동강 도하 작전에 밀리면서 유엔군은 일대 위기를 맞는다. 미군의 지속적인 병력 투입으로 북한군은 결국 서쪽으로 퇴각했다. 미군 500여 명과 북한군 2500여 명이 전사했다.

미군은 이미 1951년 여기서 수차례 유해발굴을 했다. 선주는 미군이 예전에 유해 발굴을 목적으로 찍어놓은 위성지도를 보았다. 구체적으로 척후병 실종 지역까지 찍혀 있었다. 다만 몇 구를 못 찾았다고 했다. 실제로 땅을 파고 메꾼 흔적이 여럿 있었다. 자세히 살펴보니 그중 아직 손을 안 댄 것으로 보이는 지점이 눈에 띄었다. 발굴병들에게 그곳을 뒤지라고 했다. 조금 뒤 누군가 나무뿌리 하나를 휙 던졌다. 유해 발굴지의 나무뿌리는 그냥 나무뿌리가 아닌 경우가 많았다. 이번에도 사람 뼈였다. 팔뼈 안에 나무뿌리가 들어가 자라 있었다. 계속 땅을 팠더니 위턱이 나왔다. 인식표도 나왔다. 새겨진 이름은 에드먼드Edmund. 나중에 포병 소위였음이 밝혀졌다.

위턱에 있는 치아엔 아말감으로 때운 흔적이 나타났다. 당시 한국의 치과엔 없던 기술이었다. 치아로 인종을 구분할 수 있었다. 앞니에 쇼블 쉐이프shoverl shape라 부르는 휜 흔적이 있으면 몽골로이드 아시아인이나 흑인이었다. 그게 아니면 코카소이드Caucasoid, 즉 백인종이라는 의미였다.

열쇠·유리 약병·연막수류탄 신관·모시나강 탄피·판초 우의 단추·플라스틱 숟가락 등 유품도 나왔다. 에드먼드는 한 달간 이 지역에서 유일하게 발굴된 아군 유해였다. 창녕에서 총 23구가 발굴됐는데 에드먼드를 제외한 22구가 모두 북한군으로 추정되었다. 미군 유해 발굴 소식을 육군본부에 알렸고, 국방부를 통해 미8군으로 전해졌다. 미8군 쪽에서는 "미안하지만 한국군의 유해 발굴과 감식 실력을 믿을 수 없다"라면서 아무런 액션을 취하지 않았다. 유해 발굴과 관련한 한미 간의 교류나 협조가 전혀 이뤄지지 않던 때였다. 심지어 미군 유해 발굴 감식 천막에 한국군은 출입 금지였다.

선주는 미8군 참모장에게 손 편지를 써서 보냈다. 미군 유해의 해부학적 특징을 조목조목 밝히고, 이걸 감식한 이는 버클리 인류학 박사과정에서 뼈를 공부했다는 말도 덧붙였다. 태도가 달라졌다. 하와이에 있는 미군 발굴 부대 DPAA(미 국방부 전쟁포로·실종자 확인국)의 영현 부대 문관이 헬기를 타고 현장에 왔다. 조총을 쏘는 등의 의식을 하고 유해를 모셔갔다. 미8군 쪽에서 미안하다는 뜻을 전하며 공동 유해 발굴을 제안하는 일이 생기기도 했다. DPAA를 통한 한미 간의 유해 발굴 협조 관계의 물꼬가 터졌다. 이 관계는 지금까지도 이어진다.

창녕 박진고개에서 미군이 간신히 전세를 뒤집었다면, 장진호에서 미군은 다 이긴 줄 알았다가 뒤집혔다. 북한 정부의 임시 수도였던 강계를 공격해 북진 통일이라도 이룰 것만 같았다. 그러나 고도 1000미터의 산악지대인 개마고원 장진호에서 중공군에 기습을 당하고 포위

되어 간신히 흥남으로 철수했다. 1950년 11월 27일부터 12월 13일까지 벌어진 전투에서 1만 명 넘는 미군이 죽었다. 묘숙은 어느 인터뷰에서 1990년대 초 북한에 들어가 장진호를 방문한 이야기를 한 적 있었다. 북한 사람에게서 '한국전쟁 당시 미군 병사들이 죽을 때 '마미mommy' 하고 외치더라'는 증언을 들었다는 거였다. 국적 불문, 인종 불문, 마지막 순간에 젊은 병사들은 엄마를 불렀다.

미군을 격파한 중공군은 다시 38선을 넘어 남하했다. 1·4 후퇴와 함께 수많은 전투가 벌어지고 수많은 민간인 학살이 전국 각지에서 벌어졌다. 가평-춘천-화천-양구로 이어지는 용문산 전선에서 중공군은 국군에게 궤멸을 당했다. 그 결과, 양구의 파로호에 2만 명 넘는 중공군이 수장됐다. 미군에겐 장진호가, 중공군에겐 파로호가 거대한 무덤이었다.

미군 유해 발굴에 대한 묘숙의 열정은 불가사의했다. 북한을 방문하면서 이중 스파이가 아니냐는 의혹까지 받았지만 개의치 않았다. 북한을 방문할 때마다 의약품을 마련해 유해 발굴과 송환을 타진했고, 이를 위해 탈북자나 조선족을 상대로 미군 인식표를 비싼 값에 사들이는 수고도 했다. 안타깝게도 가시적인 성과는 없었다.

묘숙은 선주와 만난 지 9년 만인 2017년 1월 1일, 세상과 작별했다. 향년 90세였다. 선주에게 묘숙은 미군 유해 발굴에 대한 집념을 상징하는 인물로 남았다. 미완의 집념이었다. 선주는 전혀 다른 차원의 발굴에 관해 집념을 불태웠던 한 인물을 떠올렸다. 홋카이도 후카가와의 도노히라 이야기를 해보자.

우리는 이성의 빛을 품고 있는가

◆

내 이름은 세화다.

세계 평화를 소망하며, 아버지가 지어주었다. 세상은 평화랑 정반
대였다. '세계 평화'는 태어난 지 얼마 안 돼 전쟁의 칼날 위에 섰다. 가
스실에 들어갈 준비를 하는 유태인 아이의 처지가 나와 같았다. 내가
갇혔던 황골의 작은 공회당 창고는 아우슈비츠 수용소였다. 손가락
하나로 삶과 죽음이 결정됐다. 그날로부터 73년, 내가 여태껏 살아남
아 있다는 사실이 기적이다.

나는 방황했다. 그리고 반항했다. 정해진 코스를 거부했다. 1977년
부터 한국민주투쟁위원회(민투) 맹원을 거쳐 남조선민족해방전선(남
민전)의 전사가 되었다. 1979년 무역회사인 대봉산업의 해외 지사 근
무원으로 독일 뒤셀도르프에 이어 프랑스 파리로 갔고, 얼마 안 돼 남
민전 사건이 터졌다. 나는 직장을 잃었다. 한국에 돌아올 수 없었다.

거대한 파도가 내 인생을 덮쳤다. 생존해야 했다. 파리에서 택시 운전 대를 잡았다. 나는 생각한다. 이 모든 것은 황골에서 시작되었다.

2008년 가을, 과거 국가 폭력의 진실을 밝히기 위해 만들어진 국가 기관의 한 조사관이 전화를 했다. 참고인 조사 요청이었다. "황골 새지기 사건을 조사하면서 홍 선생님이 그 집안 사람이라고 들었습니다. 당시 사건에 대해 아는 대로 말해주실 수 있을까요?"

내 삶의 기나긴 폭풍은《나는 빠리의 택시 운전사》라는 책에 담겨 있다. 1995년 나는 이 책으로 한국에 돌아올 가능성을 보았다. 책에도 썼지만, '빠리의 택시 운전사'였던 나는 일찍이 황골 새지기 민간인 학살 사건의 생존자였다. 그 조사관은 생존자로서 나의 진술을 듣고 싶어했다. 그러나 나는 그날에 관해 아무 기억이 없었다. 사건 당시 만 세 살이었다. 어떤 기대치를 가지고 연락한 그에게 실망을 안겨주고 싶지 않았다. 나는 거절했다. "아는 게 별로 없어요. 조사에 응하지 않겠습니다."

이제야 다시 말하는 것은, 더 많이 알게 돼서가 아니다. 내 발언이 세상에 작은 도움이라도 된다면 안 할 이유가 없다는 생각을 하게 되었다.

나는 1947년 12월, 서울 종로구 이화동에서 태어났다. 그러나 내 기억의 불빛은 1951년 서울 종로구 연건동 298-9 외할아버지 집에서부터 켜져 있다. 아버지와 어머니는 헤어져 서로 떠났고, 나 홀로 외할아버지, 외할머니에게서 자랐다. 나는 아무것도 몰랐다. 계속 몰랐다면 그냥 얼렁뚱땅 대학 졸업하고 세상에 무관심한 채 편하게 살았을 것이다.

아버지 승관은 1년에 한두 번은 나를 찾아와 충남 아산군 염치면 대동리 황골로 데려갔다. 그곳에 할아버지, 할머니의 묘가 있었고 작은아버지를 비롯한 일가친척이 살았다. 서울대 금속공학과 1학년에 다니던 1966년 9월 추석이었다. 아버지를 따라 남양 홍씨 집안의 문자 유자(문유) 대부를 만났다. 황골에서 묵던 작은아버지 집 동네에서 개울 하나를 건너야 하는 곳이었다. 그 자리에서 나는 내 삶의 뿌리를 송두리째 드러낸 충격적인 비밀과 진실에 눈뜨게 됐다.

전쟁이 나고 인민군에 끌려갔다가 거제포로수용소에 넘겨졌던 문유 대부는 반공포로석방으로 황골에 돌아온다. 그러나 고향 집은 텅비어 있었다. 아버지와 문유 대부가 이런 이야기를 나눌 때 처음에는 무슨 뜻인지 알아채지 못했다. 대화가 조금 더 무르익고서야 상황을 파악했다. 1950년 9월 미군의 인천상륙작전 뒤 인민군이 물러갔다. 문유 대부만 마을에 없었다. 그해 추석에 부인과 어린 아들을 포함한 도합 14명의 가족이 공회당에 갇힌 뒤 새지기에 끌려가 모두 죽임을 당했다고 했다.

오촌 당숙 승우 가족도 마찬가지였다. 작은아버지 승완은 죽지는 않았으나 공회당에 끌려가 몽둥이찜질을 당하는 고초를 겪었다. 그렇게 하여 황골 새지기에서 80여 명이 죽었다. 반공 교육의 영향권 아래 있던 나로서는 이게 뭔가 싶었다.

더불어 알게 된 내 어린 시절. 일본에서 돌아와 아나키스트 활동을 하다 전쟁과 함께 도피 생활을 하며 부인과 아이들을 황골에 맡겼던 아버지. 문유 대부의 가족처럼 공회당 창고에 끌려갔던 어머니와 나, 돌쟁이 동생 민화. 죽느냐 사느냐의 기로. 동네 아주머니 누군가 나를 지목하며 했다는 말. "쟤 아버지는 빨갱이가 아니에요." 살았다. 그러나 얼마 뒤 홍역으로 세상을 떠난 동생 민화. 민족 평화를 소망하며 지었다는 그 이름 민화. 내가 감히 상상할 수 없는 어머니의 고립감과 환멸.

모든 게 혼란스러웠다. 문유 대부는 그럼에도 그 악의 소굴 같은 마을을 떠나지 않았다고 했다. 집 밖에 나가면 가해자들 천지였다. 새로 장가 들었고 딸 셋을 낳았다. 아내는 가해자 집에 가서 품앗이를 했다. 시신도 수습하지 못한 가족들의 넋이라도 지켜야 한다며 고향을 지켰다. 갈 데도 없었다.

문유 대부는 왜 내 앞에서 그런 이야기를 했을까. 내가 서울대 교복을 입고 있었기 때문일까. 어디에도 하소연할 수 없었는데, 앞으로 뭔가 힘이 생길 것 같은 청년에게 의지하고 싶었을까. 그날부터 내 방황이 시작됐다. 대학을 다니기 싫어졌다. 낙제를 했고, 결국 그만뒀다. 몸이 받아들이지 못하는 술 대신, 담배를 하루에 세 갑씩 피웠다. 음악에 몰두했다. 모든 말들이 엉터리 수작처럼 들렸다. 가장 싫어한 소리는 라디오에 나오는 아나운서들의 청아한 목소리였다. 그 누구하고도 말을 섞기 싫어 물 한 모금을 입안에 물고 다녔다.

나는 누구인가. 인간이란 무엇인가. 그 물음표가 비대하게 몸집을 키워 나를 집어삼킬 것 같았다. 1966년 추석의 그 만남은 내 사유체계의 바탕을 완전히 무너뜨리고 형해화시켰다.

1992년, 파리에서 망명 중인 아들에게 아버지가 찾아왔다. 나는 물었다. "왜 그때 동네 아이들까지 싹 다 죽였을까요?" 1950년 9·28 수복 직후, 황골처럼 가족 단위로 마을 사람들을 학살한 경우는 드물다. 한국전쟁에서 이런 유의 학살은 주로 1951년 1·4 후퇴 직후 벌어졌다. 아버지는 구원舊怨과 텃세와 이권을 이야기했다. 오랫동안 묵혀왔던 사적 감정, 가문끼리의 기싸움 그리고 가구 수에 비해 좁은 땅. 숨기고 있던 알력이 이데올로기 대립과 전쟁이라는 기회를 틈타 순식간에 타올랐다고 했다. 단순한 복수가 아니었다. 상대 집안 씨를 말려야했다. 그래야 그 집과 땅을 통째로 차지할 수 있었으니까.

1969년, 학과를 바꿔 다시 대학에 들어갔다. 나는 전혀 다른 사람이 되어 대학을 다니고 있었다. 1970년 11월, 내 인생에서 두 번째로 충격적인 사건이 발생했다. 노동자 태일의 죽음은 반독재를 넘어 자본주의 체제에 대한 질문을 던지게 했다. 그리고 1975년 4월 8일 대법원의 인민혁명당(인혁당) 재건위 사건 관련자 여덟 명에 대한 사형선

고와 18시간 뒤의 사형 집행. 도무지 박정희 정권의 무도함을 용납할 수 없었다. 나는 자꾸만 황골의 공회당에 동생과 함께 갇혀 떨고 있는 나를 바라보게 되었다. 자연스럽게 나는 남민전에 들어갔다. 삐라를 뿌리러 거리를 쏘다녔다.

나는 이념이 투철한 사람이 아니었다. 민족주의자도, 사회주의자도 아니었다. 사르트르와 카뮈의 책을 읽으며 어느새인가 실존주의에 경도되었다. 황골의 공회당에서 살아나온 아이는 부조리에 저항하지 않고서는 못 견디었다. 그렇다. 다시 복구한 내 사유체계의 줄기에 저항이 자리 잡았다. 나는 늙어서도 말과 글에서 불온성을 지우지 못했다. 기존 체제에 대한 반항, 주류 가치관에 대한 의문과 회의. 나는 지금도 끊임없이 회의하는 존재다.

어떤 명분으로도 전쟁이 일어나선 안 되는 이유는, 황골 새지기에서와 같은 일이 다시 벌어져서는 안 되기 때문이다. 이것은 오늘을 사는 사람들의 교양이다. 누군가는 '계몽'이라는 말을 쓰기도 한다. 계몽이라는 번역어는 주체와 대상을 나누는 것 같아 거부감을 불러일으킨다. '계몽enlightment'의 본래 뜻은 '이성의 빛'이다. 이성의 빛을 잃는 순간, 우리는 인간임을 포기하게 된다. 맹자는 측은지심·수오지심·사양지심·시비지심을 말했다. 다른 말로 하면 '똘레랑스'다.

우리는 이성의 빛을 품고 있는가. 황골 공회당 창고에 갇힌 아이는 아직도 불안한 눈초리로 세상을 힐끔힐끔 쳐다보는 것이다.

역사와 목숨에 대한 상상력

●

"이 뼈, 한국 사람 맞나요?"

주삿포로 한국 총영사 혜진이 말했다. 이른바 '70년 만의 귀향'이 시작될 참이었다. 부산을 거쳐 시모노세키항에 도착한 뒤 일본 열도를 종단해 홋카이도까지 먼 길을 왔을 조선인(한국인) 강제징용자 유골 113구. 2015년 광복 70돌을 맞아 그 길을 거꾸로 하여 돌아갈 준비를 하고 있었다. 탈 없이 귀향하기 위해서는 홋카이도에 있는 주삿포로 한국 총영사의 승인과 보증을 받아야 했다. 잘못하면 한국 세관을 통과하지 못할 수도 있다. 그런데 총영사는 113구가 정말 모두 조선인들인지 묻고 있었다.

'강제노동희생자추모 및 유골귀환추진위원회'의 일원으로 참여한 선주는 난감했다. 유해 발굴 뒤 증언과 유품에 기초해 최대한 조선인임을 확인하고자 했지만, 아닐 수도 있었다. 일본인이나 중국인일 가능성을 배제할 수는 없었다. 그렇다 해도 완벽하게 국적을 증명하라고 요구할 문제는 아니었다. 그렇게 할 방법도 없었다. 선주는 "모두 억압당하던 동아시아 사람들이라 여기고 대승적으로 품어주자"고 말했다. 통하지 않았다.

유골귀환추진위원회도 뜻을 꺾지 않았다. 일단 떠나기로 했다. 2015년 9월 13일, 한자리에 모인 홋카이도의 유골 113구가 홋카이도 토마코마이 항구를 출발했다. 오아라이 항구-도쿄-교토-오사카-히로시마-시모노세키를 거쳐 여객선을 타고 부산으로 왔다. 총영사 허가를 받지 못해 긴장했으나, 부산 세관에서는 특별히 유골을 문제 삼지 않았다. 유골들은 9월 18일 대한성공회 서울주교좌성당에 안치되었다가 19일 서울광장 장례식 일정을 마친 뒤 마침내 20일 경기도 파주시 서울시립묘지에 안장됐다. 안장식에서 선주는 흰옷을 입고 상주 노릇을 했다. 70년 만의 귀향은 모든 난관을 뚫고 훌륭하게 마무리됐다. 선주도 18년에 걸친 홋카이도 유해 발굴 여정을 마감했다.

선주는 1997년 4월, 처음으로 홋카이도에 왔다. 정확히 말하자면, 홋카이도 소라치 지청 우류군 호로카나이쵸에 있는 슈마리나이 공동묘지에 왔다. 공동묘지 바로 옆 사유지에 묻힌 조선인 징용 노동자의 유해를 발굴하기 위한 현장 답사였다.

슈마리나이는 1940년대 우류댐 건설로 조성된 일본 최대의 인공 호수다. 담수 면적이 2373헥타르나 된다. 1938년부터 댐 공사와 함께 철도 공사가 시작되었고 일본 하층 노동자들과 징용된 조선인 노동자들이 동원되었다. 1943년까지 조선인 노동자들의 수가 3000여 명이나 되었다. '타코베야', 즉 문어 항아리라 불리는 합숙소의 열악한 노동조건과 배고픔, 추위, 구타를 견디지 못하고 사망한 조선인 노동자들은 공동묘지에 가지도 못하고 그 바깥에 있는 조릿대(대나무의 일종) 덤불 밑에 아무렇게나 묻혔다.

선주는 그해 7월 31일부터 일주일간 유해 발굴을 책임지고 진행했다. 1997년 한 해로 그치지 않았다. 홋카이도 내에서 지역을 바꿔가며 2013년까지 8회에 걸쳐 발굴을 이어나갔다. 선주는 2001년 한 해를 빼고는 모두 참여했다. 슈마리나이뿐 아니라 아사지노 비행장, 아시베쓰 광산마을, 에오로시 발전소, 히가시가와 유수지 등에서도 발굴을 했다. 이 작업에 참여한 한국과 일본의 젊은이들은 유해 발굴 때마다 야스쿠니신사, 역사 교과서, 천황제 등의 주제를 내건 공동 워크숍을 열었다. 첫해인 1997년, 양국에서 무려 230명이 참가했다.

선주를 홋카이도에 오게 한 사람은 병호였다. 병호는 선주가 있는 충북대학교에서 시간강사를 한 인연이 있었다. 병호를 홋카이도 조선인 징용사에 눈뜨게 한 사람은 홋카이도 후카가와의 정토진종 일승사(이치조사) 주지 도노히라였다. 병호는 미국 일리노이대학교 일본 센터 소장직에 있던 1989년 겨울, 도노히라와 인연을 맺었다. 연구년을 받아 보육 연구를 위해 일본의 어린이집을 돌아보다 일승사 부설 다도시 어린이집을 방문했던 것이다. 다도시 어린이집의 독창적 운영 방식에 흥미를 느낀 병호는 한 달간이나 일승사에서 머물게 되었다.

두 사람은 마음이 통했는지 거의 매일 밤 술친구로 지냈다. 도노히라는 아버지가 운영해온 정토진종 사찰을 물려받은 승려였지만, 1967년 교토 류코쿠대학 학생회장을 지낼 만큼 한때 학생운동에 몰두했던 인물이었다. 병호는 한반도의 분단 현실에 예민한 촉수를 뻗치고 있는 문화인류학자였다. 병호는 도노히라가 1976년부터 조선인 징용자 유골의 존재를 추적해왔을 뿐 아니라 유족을 찾아내기 위해 1982년 한국 방문 등 숱한 노력을 했다는 이야기에 흠뻑 빠졌다. 병호는 '한국에 돌아가면 학생들을 데리고 발굴하러 오겠다'는 약속을 했고, 8년이 흐른 뒤 그 약속을 지켰다.

1973년 학업을 마치고 고향에 돌아온 도노히라로 하여금 조선인 유해 발굴에 나서도록 이끈 것은 1976년 슈마리나이 호수에 놀러갔다가 근처 광현사(고겐사)라는 절 본당에서 본 80개의 위패였다. 위패에 적힌 이름과 사망 연월일이 그의 눈을 강렬하게 잡아당겼고 놓아주지 않았다고 한다. 조사를 거듭한 끝에 관할 관청에서 매·화장 인허증을 찾아냈고, 호적 기록을 뒤져 한국에 편지를 보내 유족을 수소문했으며, 1980년부터 3년간 슈마리나이 공동묘지 외곽에서 직접 16구의 유해를 발굴하기도 했다. 1992년에는 조선인 징용자들이 사망하면 장례를 치러줬던 광현사를 인수하기까지 했다.

도노히라는 병호를 끌어들였고, 둘의 의기투합은 홋카이도 유해 발굴을 동아시아 평화의 깃발이 휘날리는 양국 만남의 장으로 승화시켰다. 그만큼 두 사람에겐 신념과 사명감이 있었다. 그리고 병호는 유해발굴의 전문성과 신뢰성을 높이기 위해 선주를 끌어들인 거였다. 선주는 반농담 삼아 이렇게 말하곤 했다. "동아시아 평화는 당신들끼리 얘기해. 그건 내 소관이 아니야."

선주는 1997년 슈마리나이에서 4구를 찾아냈다. 이 가운데 2구는 일본인으로 보였다. 하나는 일본 매장 풍습에 맞게 베니어판 상자 안에 있었고, 또 하나는 일본인 이름을 새긴 도장과 함께 발견됐다. 나머지는 조선인일 가능성이 컸다. 유골이 나왔던 공동묘지 바깥쪽에는 대부분 조선인 징용자들이 묻혔다는 증언이 있었기 때문이다. 유골은 머리뼈 조각 서너 개와 팔뼈, 허벅지 뼈, 치아 정도였다. 감식 결과 모두 18~20세였다. 도노히라가 확보했던 매·화장 기록에서 그 나이대 조선인 노동자를 조회했다. 한 명의 고향은 전남 고흥이었다. 또 다른 한 명은 불확실했다. 2구를 한국으로 가져왔다.

이듬해인 1998년 초여름, 유골 2구의 유족을 찾기 위한 여행을 떠났다. 병호와 함께 다섯 명의 일본인 방문자들이 동행했다. 고흥부터 갔다. 매·화장 기록에서 추정한 인물이 졸업한 국민학교를 찾아갔다. 다행히 한국전쟁 중 학교 건물이 불타지 않아 생활기록부를 볼 수 있었다. 이름 옆에 적힌 '불령선인不逞鮮人'이라는 글자가 선명했다. 불온

하고 불량한 조선 사람이라는 뜻이다. 옛 주소지엔 여동생이 아직도 살고 있었다.

뻘에 일하러 나간 그를 기다렸다가 이야기를 나누었다. 1945년 해방 직전, 오빠 대신 돌멩이가 담긴 상자만 돌아왔다고 했다. 뼈 대신 보낸 거였다. 과연 유골의 주인공은 진짜 오빠일까? 그러나 DNA 채취를 거절했다. 이제야 상처가 아물었다며 다시는 생각하기 싫다고 했다. 나머지 1구의 유골도 유가족을 추적했다. 우여곡절 끝에 충북 괴산에서 조카로 추정되는 사람과 연결됐으나 소극적으로 나와 더 진전시키지 못했다. 그래도 그 정도면 조선인 유골들의 국적을 증명하기 위해 최선을 다한 셈이었다. 2015년 9월에 만난 그 홋카이도 총영사에게 부끄러울 일은 없었다.

2구의 유해는 플라스틱 통에 담겨 18년간 선주의 청주 사무실 한쪽에 쌓여 있었다. 그러다가 2015년 9월 20일 파주의 서울시립묘지로 70년 만의 귀향을 했다. 당시 유골귀환추진위원회가 밝힌 115구는 선주가 보관하던 2구를 포함한 것이었다.

왜 꼭 그 유해들을 데려와야 하는 것일까. 도노히라는 '역사와 목숨에 대한 상상력'을 말하곤 했다. 그것은 도리와 상식에 대한 상상력이었다. 가령 타지에서 온 사람이 죽으면 고향에 연락해주어야 하는 게 도리다. 슈마리나이 우류댐 공사에 자본과 기술을 댔던 왕자제지(오지제지)와 일본 정부는 도리를 다하지 않았다. 심지어 조선인들을 강제 노동이 아닌 정당한 모집과정을 거쳐 고용했다고 말하기도 했다. 선주는 체질인류학자이기 전에 사학도로서 그 말이 어이없다는 이야기를 자주 했다. 제국주의 침탈은 그 자체로 강제 약탈이었다. 그것이 상식이었다.

70년 만의 귀향은 도노히라가 말했던 '역사와 목숨에 대한 상상력'을 세상에 전파한 멋진 퍼포먼스였다. 홋카이도의 3인, 즉 도노히라·병호·선주가 없었다면 불가능했을 일이었다.

죽음은 평등하지 않다는 것

◆

내 이름은 정하다.

호미를 들 때 행복하다. 유해 발굴에 감사한 마음으로 나선 지도 벌써 10년, 앞으로도 쭉 이 일을 했으면 좋겠다.

나는 식당 알바를 한다. 서울 영등포구 문래동의 작은 한식당이다. 오전 10시에 출근해 오후 5시 반까지 주방과 홀에서 사장님을 돕는다. 2017년부터 시작했다. 중간에 다른 일도 했는데 2020년부터는 고정 알바다. 사장님은 양해를 해주었다, 유해 발굴하러 갈 때는 통으로 시간을 빼도록 해주겠다고.

나는 2023년 3월 6일부터 4월 21일까지 충남 아산에 내려와 있었다. 성재산과 새지기에서 한국전쟁기 민간인 희생자 유해를 찾는 발굴단에 준조사원으로 참여했다. 한 달 넘게 식당 일을 쉬었다. 9월 11일부터는 두 달 일정으로 또 다른 현장에 내려와 있다. 이 일이 끝나면 다시 식당 알바를 해야지.

첫 경험은 2013년 8월의 홋카이도로 거슬러 올라간다. 강제징용에 관심이 많은 한국과 일본의 젊은 친구들이 1997년부터 해마다 '동아시아공동워크샵'을 열고 유해도 발굴하는 행사였다. 같은 고향 출신 꽃님 언니가 함께 가자 했다. 마침 작은 출판사를 다니다 그만둔 직후여서 퇴직금으로 참여 경비를 충당했다. 흔쾌히 따라나섰다.

유해 발굴 지역은 홋카이도 에오로시 발전소와 히가시가와 유수지 부근이었다. 일제강점기 시절인 1940년대에 공사를 하던 조선·중국 출신 징용 노동자가 묻힌 곳이었다. 두 시설을 짓느라 각각 800여 명과 1200여 명이 동원되었다고 한다. 그곳에서 아직도 방치돼 있는 노동자들의 유해를 찾아야 했다. 나는 꽃님 언니와 함께 선발대로 먼저 가 미리 풀을 깎아놓고 사무국 일도 도왔다. 현지 주민들의 증언에 따라 조릿대가 빼곡한 숲길을 열심히 팠다.

한일 양국 30여 명의 인원이 좁은 도로에서 발굴하다 보니 어려움이 많았다. 조를 나눠 순차적으로 들어갔다 나왔다 하는 식으로 일했다. 유골을 넣어 매장한 듯한 생선 상자 흔적이 발견됐다. 유골은 하나도 나오지 않았다. 아, 이렇게 하는구나. 많이 배웠다. 친구들도 사귀었다. 여름이라 더웠지만 힘들다는 느낌은 없었다.

한국에 돌아와 두 달이 지난 뒤 또 유해 발굴 기회가 찾아왔다. 이번엔 충남 공주 왕촌 살구쟁이였다. 충북대학교와 공주시가 발굴 사업을 진행한다고 했다. 홋카이도에서 발굴대장을 하신 분이 이번에도 발굴대장이었다. 그분이 참여해보라고 제안을 해주었다. 2009년에 한 번 발굴을 한 지역이라고 했다. 그때 뼈가 나왔으나 미처 발굴하지 못한 지역을 표시해놓은 상태였다. 땅을 다 함께 파다가 유해가 나오면 발굴대장님과 경험이 많은 일꾼들이 세부적인 일을 했고 나는 함께 거들었다.

머리뼈, 허벅지 뼈 등 드디어 유해가 나왔다. 겁이 났다. 공포스러워서가 아니라 너무 소중해서였다. 초보자인 내가 괜히 잘못 만졌다가 손상을 입힐까 노심초사했다. 발굴된 유해를 아세톤에 담가 씻어내는 세척조 일도 했다.

그 뒤부터 거의 매년 유해 발굴에 참여했다. 2015년 2월 대전 산내 골령골, 2016년 2월 홍성 광천 폐광산, 2017년 2월 진주 용산고개, 2018년 3월 아산 설화산, 2019년 3월 보은 아곡리, 같은 해 5월 아산 탕정면 용두리 뒷산, 2020년 6월 청주 여우골, 2021년 3월 서산 메지골, 2022년 단양 곡계굴…. 그리고 2023년에는 충남 아산 성재산과 새지기를 갔다. 모두 한국전쟁기 민간인 희생자 유해가 묻힌 곳이다. 발굴단의 조직과 성격은 그때그때 달랐다. 시민단체들이 자체 기금으로 하기도 했고, 지방자치단체 지원을 받기도 했고, 국가기관이 한 경우도 있었다. 자원봉사 차원에서 하기도 했고, 급여를 받기도 했다.

힘들어서 기억에 남는 곳은 홍성 광천 폐광산이다. 일단 코가 괴로

왔다. 발굴 지역 옆에 돼지 막사가 있어서 축사 분뇨 냄새로부터 한시도 자유로울 수 없었다. 게다가 눈과 비가 번갈아 왔다. 미끄럽고 추웠다. 아산 설화산에서는 200구 넘는 유골이 나와 깜짝 놀라기도 했지만 무엇보다 부녀자들과 아이들이 많이 나와 충격을 먹었다.

그리고 아산 성재산. 길이 25미터에 불과한 좁은 교통호에서 수많은 유해가 나왔다. 2019년 탕정에서도 교통호에 희생자가 매장됐다는 증언을 따라 발굴했으나 한 구도 나오지 않았었다. 성재산은 특히 온전하게 나온 유해가 많은 곳이라고 했다. 다른 사람들과 정반대 방향에서 쪼그려 앉은 채 나온 A4-5 구역의 유해는 희생 당시의 모습 그대로였다.

성재산에서 나도 쪼그리고 일했다. 왼쪽 팔을 땅에 붙여 몸을 지탱하고 오른손을 뻗어 호미로 팠다. 그러다 보니 왼쪽 팔이 가장 아팠다. 어떤 발굴이든 초기에 허벅지와 골반, 허리 등 그동안 안 쓰던 근육들이 조용히 비명을 질러댄다.

성재산에서 가장 기억에 남는 유해는 A10 구역 부근에서 나온 두 분이었다. A12 구역에 고무신이 유독 많았는데 그 구역과 인접해 있는 곳에 온전한 형태로 남아 있는 유해가 있을까 싶었다. 그런데 노출을 하다 보니 두 분이 반대 방향으로 누워 있어서 기억에 남아 있다. 한 사람 머리가 상대편 발 쪽에 있는 구조였다. 한 명씩 개인 식별이 가능했다. 잘못해서 부위별로 수습했다면 놓칠 수도 있었다. 대전 골

2023년 3월의 성재산 발굴 현장. 교통호를 따라 유해가 나오고 있다.

령골 같은 경우는 희생자들 모두 엉켜 있어 정해진 발굴 기간 내에 개인 식별을 해내기가 불가능했다. 성재산에서는 처음에 다리 하나를 찾을 경우 이 사람의 머리까지도 찾을 수 있는 경우가 많았다.

최대한 뼈가 안 상하게 조심조심 다뤄야 했다. 그러려면 어떻게 땅을 파 들어가느냐가 중요했다. 뼈가 나오는 길을 잘 따라가야 한다. 발굴을 여러 차례 하다 보면 노하우를 체득한다. 가령 위를 놔두고 아래부터 작업했다가는 낭패를 본다. 윗부분 흙이 아래로 흘러내려 앞서 완료했던 일을 다시 하거나 작업이 번잡해진다. 그래서 넓게 보고 넓게 파는 게 중요하다고들 말한다.

유해 발굴의 이미지는 어둡고 숙연하다. 외부에서 볼 때는 항상 엄숙하고 조용한 분위기에서 일해야 할 것 같다. 하지만 일을 하는 사람들은 또 그렇지만은 않다. 유해 발굴이 고인의 마지막 모습을 목격하면서 죽음을 실감하는 일이지만, 사실 그 안에서 즐거운 일도 많다. 즐겁게 일하려고 한다.

어릴 적 할아버지가 세상을 떠나고 집에서 3일장을 치른 적이 있다. 묘에 매장되기 전까지 병풍 뒤에 할아버지가 계속 있었다. 조문객들은 잠시 슬픈 표정을 지었지만 오랜만에 반가운 사람들과 만나 떠들썩하게 먹고 마시다 갔다. 그 모습이 즐거워 보였다. 그때 죽음은 슬픈 것이지만 만남의 장이 되어주기도 하는구나 생각했다. 누군가의 죽음이 슬프기만 한 건 아니구나 싶었던 기억이다. 발굴 현장에 있는 유해들은 일반적인 과정을 거친 유해가 아니라서 슬프게 느껴졌고, 죽음이 평등하지 않다는 생각을 했다.

나와 늘 함께 해온 발굴대장이 있다. 현장에서 전혀 권위적이지 않고 유머도 많다. 발굴단원 개개인의 일하는 방식을 존중해준다. 그래서 현장에서 웃을 때가 많고 보람도 더 있는지 모른다. 일부 고고학 발굴 현장은 본인에게 주어진 직급에 따라 맡은 역할이 분명하고 그 직급은 보통 현장에서 얼마나 일했는가에 따라 나뉘기 때문에 권위적인 편이라고 들었다.

내 삶의 모토는 "덜 불행하자"다. 늘 행복할 수 없지만, 늘 불행해서는 안 된다.

오늘도 나는 유해를 만진다. 모든 사람이 덜 불행했으면 좋겠다.

금정굴 유해 발굴

현장은 어두컴컴하고 깊었다.

수직 10미터에 이르는 동굴이었다. 폭 3미터인 입구 위에 얼기설기 놓여 있던 통나무를 치웠다. 내려가는 방법부터 개발해야 했다. 내려간 뒤에는 안전하게 작업할 방법을 찾아야 했다. 가스 중독 사고가 날 수도 있었다.

2005년 6월의 어느 날, 경기도 고양시의회의 한 의원으로부터 전화를 받았다. 그해 선주는 4월 춘천 구봉산으로부터 출발해 5월 원주 신림면과 횡성을 지나 6월 인제 군축령·601고지를 다니며 국군 전사자 유해 발굴을 하던 중이었다. 고양 금정굴에 와서 발굴을 해달라고 했다. 금정굴은 유명한 곳이었다. 이미 10년 전에 유해 발굴로 언론을 탔다. 뉴스 화면을 가득 채우던 '해골'들을 기억했다.

전화를 건 시의회 의원은 '유족과 시민단체의 노력으로 2차 유해 발굴을 하기 위한 예산을 확보했노라'고 했다. 전사자 발굴에 매인 몸으로서 곤란했다. 젊은 목소리의 의원은 쉽게 물러서지 않았다. '꼭 해주셔야 한다'며 간절하게 매달렸다. 이야기를 들어보니 마침 여름이었다. 여름에는 전사자 발굴 일정이 없었다.

2005년 7월 고양시 일산동구 성석동 산208-10번지(옛 고양군 송포면 덕리) 황룡산 자락에 위치한 금정굴에 갔다. 자연 동굴이 아니라 일제강점기 때 금 채굴을 위해 파놓은 수직 동굴이었다. 1950년 10월 9일부터 10월 31일 사이 이곳에서 부역 혐의자 및 그 가족이라는 이유로 153명 넘는 주민들이 고양경찰서 경찰관들과 태극단·치안대원 등에 의해 집단 총살을 당했다고 했다. 153명은 이곳에서 발굴된 유해의 수였다. 5인 1조의 경찰관 2개조가 희생자 다섯 명씩을 굴 방향으로 무릎을 꿇게 하고 등 뒤에서 사격하여 살해한 뒤 굴 속에 암매장했다.

드디어 선주가 한국전쟁기 민간인 희생 현장과 조우하는 순간이었다. 선주는 무엇보다 수직 동굴에 끌렸다. 국군 전사자 발굴 때도 해보지 못한 작업이었다. 1970년대 동물 화석을 조사하기 위해 자일을 걸고 들어갔던 제천 점말과 청원 두루봉 동굴도 수직으로만 된 곳이 아니었다. 여름 휴가를 포기하고 끝내 요청에 응하게 한 동인은 결국 지적 호기심과 열망이었다.

선주는 같은 대학에 근무하는 토목공학과 교수 기남을 불러 안전장

치에 대한 조언을 구했다. 그 결과 사방에 비계를 세우고 비계와 흙 사이 패널을 대어 흙이 무너지지 않도록 했다. 산 너머 건너 건물에서 전기를 끌어와 불을 밝혔다. 지하에 가스가 찼는지 살피고 모터로 공기를 뺐다. 비를 막기 위한 지붕공사와 함께 굴 입구에 모래주머니를 쌓았다. 빔을 넣어 가로 지지대를 세운 뒤 작업자가 오르내리며 흙을 운반할 리프트도 설치했다. 1995년 처음 이곳에서 유해를 발굴할 때는 나무와 줄로 연결된 사닥다리를 이용했다고 했다.

금정굴은 한국전쟁기 민간인 희생자 유해 발굴사에서 상징적인 장소다. 1960년 4·19 혁명 직후 제4대 국회 양민학살진상규명특별위원회가 뜨면서 거창·경주·울산 등 일부 지역에서 결성된 유족회가 희생자들의 유해를 수습했다. 그러나 이듬해인 1961년 5·16 군사정변과 함께 모든 게 원점으로 돌아갔다. 유족 단체는 이적단체로 규정되었고, 유해 수습 지역에 있던 위령비는 파괴되었다. 그로부터 34년 만인 1995년, 고양시 금정굴에서 처음으로 시민과 유족들이 유해 발굴을 하겠다고 나선 거였다. 그만큼 앞섰다.

1995년 9월 24일 첫 삽을 뜬 금정굴 유해 발굴은 하나의 투쟁이었다. 정보과 형사들의 감시를 받았고, 발굴 둘째 날엔 시청 녹지과 요원들에게 장비를 탈취당하는 사건까지 벌어졌다. 발굴의 선례가 없는지라 전문성은 당연히 떨어졌다. 증거 수집과 보존 및 이후 대책이 체계적으로 세워져 있지는 않았다. 일단 유해 수습이 목적이었다. 묘지 일하는 인부들을 썼다. 발굴 뒤엔 유해를 들고 국회 및 고양경찰서 앞에서 시위를 벌이며 진상규명과 유해 처리를 요구했다. 해결책은 나오지 않았다. 발굴단은 서울대 의과대학 법의학교실에 감식 의뢰를 했다. 유해는 그곳에서 2011년까지 16년간 임시 안치됐다.

선주도 이 과정들을 잘 알았다. 이번에는 제대로 해야 했다. 푹푹 찌던 7월 21일 발굴이 시작됐다. 선주는 예닐곱 명의 대학원생들을 조사보조원으로 썼다. 토사로 채워진 9미터 깊이에서부터 시굴 작업을 시작했다. 흙을 파 올리면서 8일 만에 지하 15.5미터까지 도달했다. 2인 1조 또는 3인 1조로 30여 분간 작업하다가 교대하고 다른 조가 들어가는 식으로 일했다. 11~12미터 사이에선 나무뿌리와 합판 등이 썩어 심한 악취가 나 호흡이 곤란해져 작업을 중단하기도 했다.

8월 2일까지 13일간 작업했으나 유해는 더 이상 나오지 않았다. 1995년 발굴 때는 오른쪽 허벅지 뼈 153개(왼쪽 137개)와 오른쪽 위 팔뼈 136개(왼쪽 133개), 머리뼈 74개 등이 출토됐었다. 당시 감식 결과로는 10퍼센트가 여자의 뼈였다. 그러나 이번에는 탄피 2점과 작은 어금니 1개를 찾았을 뿐이다. 동쪽 바닥에 바위가 묻혀 있었고, 나머지 바닥을 1미터 길이 탐침봉으로 찔러보았지만 마사토만이 두껍게 퇴적돼 있었다.

발굴단에 참여한 시민단체와 유족들은 안타까움을 드러내는 한편, 의아해했다. 금정굴학살사건 공동대책위원회 집행위원장이자 고양

시민회 대표였던 춘열은 "유해가 하나도 없음을 정말 100퍼센트 단언할 수 있냐"고 묻고 또 물었다. 누군가는 "굴 바닥에서 수평으로 다른 곳과 연결된 굴에 유해가 있을 것"이라는 주장을 펴기도 했다. 선주는 굴에 더 이상 유해가 흘러갈 틈이 없다고 판단했다. 1995년 당시 발굴에 참여했던 유족의 증언을 봐도 12미터보다 더 아래에서 유해가 출토될 가능성은 희박했다.

금정굴을 생각할 때 선주는 늘 아쉬운 마음이 들었다. 유해가 추가로 나오지 않아서가 아니었다. 금정굴은 한국전쟁기 민간인 학살의 참상을 고발하는 데서는 중요한 역할을 했다. 시민과 유족의 노력도 눈물겨웠다. 그 뒤가 문제였다. 서울대 의과대학에서 작성한 감식 보고서를 보니 2쪽이었다. 제대로 했다면 300여 쪽이 넘었을 보고서였다.

서울대 의과대학 법의학 교실 창고에 임시 안치된 유골 상태도 만족스럽지 못해 보였다. 유해들은 이후 2011년 고양시 청아공원으로, 다시 2014년 고양시 하늘문추모공원으로 안치됐다가 2019년 다른 한국전쟁기 유해들이 모여 있는 세종 추모의 집으로 왔다. 그 과정에서 탄피와 삐삐선, 쪽 진 머리, 댕기 머리 등 수많은 유품들이 잘 보존된 것 같지는 않았다. 유해들은 인공 솜으로 포장돼 있었다. 솜이 뼈조각에 붙어 잘 떨어지지 않았다.

금정굴은 다리가 되었다. 금정굴 발굴 당시 시민단체 대표로 참여했던 춘열이 4개월 뒤인 2005년 12월 다시 선주에게 연락을 했다. 1기 진실화해위원회가 출범하던 시점이었다. 한국전쟁기 민간인 희생자 유해 발굴 계획이 세워지면서 선주를 책임자로 추천했다는 거였다. 그렇게 하여 선주는 '한국전쟁 전후 민간인 집단희생 유해발굴단'을 총지휘하는 조사단장이 되었다. 2006년엔 유해 매장 추정지를 조사하고 권역별로 발굴 후보지를 추리는 작업을 했다. 2007년 7월부터 충북 청원 분터골, 대전 산내 골령골, 경북 경산 코발트광산, 전남 구례 봉성산에서 유해 발굴을 시작했다.

국군 전사자 발굴은 2000년부터 3년 기한이었으나 7년을 했다. 민간인 희생자 발굴도 처음에는 3년 기한이었으나 인연은 계속되어 5년, 10년을 넘게 하고 있다. 국군 전사자 발굴에서 가장 대표적 인물이 민간인 학살 희생자 발굴에서도 대표적 인물이 되었다. 누군가는 우스갯소리로 '전향'이라고 놀렸다. 대학 학부 때부터 가깝게 지내온 고고학 분야의 한 선배는 언젠가 은근한 어조로 툭 던지듯 말했다.

"밖에서 말이 많아."

큐브의 말들

◆

나는 TRC-23-0016이다.

산속에 오랫동안 묻혀 있다가 올해 봄 세상에 나와 아직도 영구히 먼 길을 떠나지 못한 TRC-23-0016이다. 이승에 있는 자들이 선의의 미련을 버리지 못한 덕분에 아직도 무대에 오를 일이 남은 TRC-23-0016이다.

안녕, 오랜만이다. 이렇게 다시 인사를 건넬 수 있게 되어 감회가 새롭다. 나의 생소한 새 이름에 관해서는 긴 설명이 필요하다. 기억하는지 모르겠다. 나는 A4-5다. 충남 아산시 배방읍 공수리 산 110번지 성재산 교통호에서 나온 A4-5다. 처형당한 뒤 쪼그린 채로 73년을 앉아 있던 나는, 2023년 3월 기적적으로 햇볕을 보았다. 당시 나를 꺼내준 유해 발굴단의 규칙에 따라 첫 발굴 지점부터 번호가 매겨졌고, 그곳에서 4미터 북쪽 맨 끝에 있던 나는 A4-5로 정해졌다. 그런데 왜 이름이 바뀌었냐고? 나는 A4-5의 분신이다. 더 정확히 말하자면, A4-5의 허벅지 뼈 조각이다.

세종시 전동면 봉대리 538. 여기는 세종 추모의 집이다. 3월 10일 세상에 노출되고 3월 29일 206개의 뼈가 분리되어 산에서 내려온 나는, 5월 13일 산 자들의 정중한 제의 의식을 받고 이곳에 임시 안치되었다. 그리고 4개월 만인 9월 12일, 일군의 요원들에 의해 TRC-23-0016이라는 식별번호를 얻었다.

나는 지금 50밀리리터 용량의 큐브 안에 들어 있다. 이곳은 나의 집이다. 큐브는 3개다. 한 큐브에 3개의 조각씩 나뉘어 있다. 나는 9개의 조각으로 남아 3개의 큐브에 분산 수용되어 당분간 항온항습장에 보관될 것이다.

TRC-23-0016이란 DNA 시료 채취 절차를 밟았다는 증명이다. TRC는 시료 채취 사업을 발주한 국가기관인 진실화해위원회의 영어 약자다. 'Truth and Reconciliation Commission'. 23은 2023년, 0016은 시료 채취 순서다. 나는 과거 국가 폭력의 진실을 밝히고 화해의 다리를 놓기 위해 탄생한 진실화해위원회가 2023년에 추진한 시료 채취 용역 사업의 열여섯 번째 대상이었다는 말이다.

A4-5이자 TRC-23-0016인 내가 생전에 어떤 사람이었는지 밝혀주는 1차 정보는 있다. 이미 완료한 감식의 결과는 나를 18~20세의 건장한 남자라고 말한다. 키는 165센티미터이고, 허벅지 뼈로 볼 때

육체노동을 별로 하지 않았다고 말한다. 발굴된 위치와 마지막 방향으로 볼 때 나는 1순위 처형 대상이었다고 말한다.

DNA 시료 채취는 여기서 한발 더 나아가, 나의 신원을 밝히려고 한다. DNA 염기서열을 알아내 73년 전 자신의 가족들이 성재산에서 죽었다고 여기는 유족들의 DNA와 대조할 것이다. 나는 살아 있는 사람처럼 입을 벌려 구강 세포를 제공하거나 머리카락을 뽑을 수는 없다. 대신 오른쪽 허벅지 뼈를 제공한다. 내가 육체노동을 별로 하지 않았다고 증거한 그 허벅지 뼈 말이다. 허벅지 뼈가 없으면 정강이뼈다. 정강이뼈가 없을 경우엔 치아다.

시료 채취 요원은 세종 추모의 집 2층 안치실의 플라스틱 상자에 담긴 나를 꺼내 같은 층의 작업실로 향했다. 참배실로 썼던 곳이다. 안치실에 있는 도합 3700여 구의 한국전쟁기 민간인 희생자 유해 중 2000구가 채취 대상이다. 성재산 교통호에서 나온 나와 동료들은 1순위로 뽑혔다. 늦게 안치된 순서대로 시료를 채취하기로 한 결정 덕분이다.

요원은 플라스틱 상자를 열어 한지로 싸놓은 나의 허벅지 뼈를 개봉했다. 허벅지 뼈를 쓰는 이유는 가장 길고 두껍기 때문이다. 그래서 유기질이 많다고 한다. 나의 허벅지 뼈에 검은 선이 4개 그어졌다. 요원 중 최고 책임자가 자를 대고 5센티미터씩 두 곳에 표시했다. 허벅지 뼈 중에서도 가장 두꺼운 부분을 골랐다. 이제 자료로 남기기 위한

246

사진 촬영을 할 시간이다. 플래시 조명이 나를 감싼다. 그리고 가차 없는 절단….

"드르르르르르르르."

절단기 전원이 켜졌다. 맹렬한 소음이 작업실을 점거했다. 절단기의 전기 드릴은 작업실에서 가장 위협적인 존재다. 절단 부위를 표시한 허벅지 뼈들이 제각기 쟁반에 담겨 순서를 기다리고 있다. 분진 마스크를 쓴 담당 요원이 나를 들고 조심스럽게 절단기 앞으로 향했다. 검은색 네임펜으로 표시해놓은 단면을 톱 앞에 갖다 댄다. 드르르, 드르르, 드르르르르. 톱은 한 번에 나를 깨지 못한다. 두 번, 세 번 시도 끝에 나는 잘린다. 잘린다. 잘린다.

뼛가루가 날리고 냄새가 퍼진다. 요원들의 코는 진저리를 친다. 이것은 뼈의 냄새다. 이것은 73년 전 지옥의 현장을 환기시켜주는 냄새다. 이것은 살아서 돌아갈 수 없었던 거대한 구덩이 감옥의 냄새다. 나는 5센티미터 길이로 잘린 2개의 동그랑땡이 되었다. 다시 사진 촬영. 허벅지 뼈보다 작은 나는 18~35밀리미터 광각렌즈가 아닌 60밀리미터 단렌즈 아래서 포즈를 취했다.

다음은 망치다. 요원은 무심하게 망치를 휘둘러 나를 때리고, 2개였던 나는 9개의 조각으로 갈라졌다. 요원은 나를 3개의 큐브에 나눠 담았다. 3개의 큐브가 마지막 사진 촬영에 임할 시간이다. 앞에서 두 번 부끄럽게 누드사진을 찍었다면, 이번에는 정장을 차려입고 화보 촬

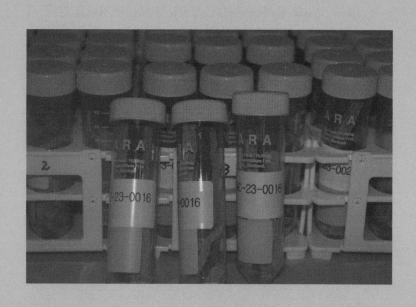

50밀리리터 용량의 큐브 3개에 각각 3개의 조각씩 나뉘어 담긴 A4-5, 아니 TRC-23-0016.

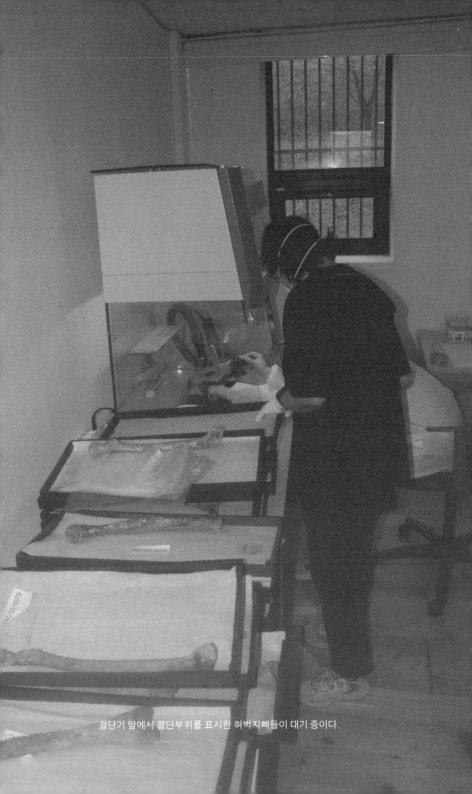

절단기 앞에서 절단부위를 표시한 허벅지뼈들이 대기 중이다.

영을 하는 느낌이다. 촬영을 마친 큐브들은 한자리에 모였다. 우리들은 아산 성재산의 큐브들이다. 정해진 시간이 오면 각자 2개의 큐브씩 DNA 포렌식 업체로 갈 것이다. 나머지 1개의 큐브는 남는다. 나의 신원이 밝혀질 경우를 대비한 유족 인계용이다.

DNA 포렌식 업체로 가서 나는 가루가 될 것이다. 포렌식 요원들은 나에게서 유기질을 추출해 DNA 염기서열을 분석해낼 것이다. 옛날에 쓰던 미토콘드리아 분석으로는 모계 쪽으로만 확인이 가능했다. 이제 SNP 단일염기 다형성, Single Nucleotide Polymorphism 방식을 활용하면 3촌까지 찾아낼 수 있다고 한다. SNP 중에서도 고속 분석인 NGS 차세대 염기서열 분석, Next Generation Sequencing 방식을 쓰면 8촌까지도 알아낼 수 있다고 한다.

절단되고 남은 허벅지 뼈는 다시 플라스틱 상자에 담겼다. 나의 모체, A4-5는 원래 있던 자리로 갔다. 이곳의 유해들은 2025년 대전시 동구 낭월동(옛 산내 골령골)에 '진실의 숲'이라는 국가 단위 위령 시설이 세워지면 영구 안장된다. 그때 뼈들은 화장될 것이다. 그러니까 나의 마지막 뼈 실물은 DNA 포렌식 업체로 가지 않은, 나머지 하나의 큐브에 담긴 세 조각인 셈이다.

아, 나는 호사를 누리고 있는가. 나의 DNA 하나를 분석하는 데 300만 원 이상이 든다. 하지만 신원 확인율이 높지는 않다. 1.5퍼센트 정도다. 국군 전사자 유해 발굴에서도 그 정도 확률이었다. 충분한 유족 DNA 수집이 되지 않을 경우엔 1퍼센트 이하로 떨어질 가능성도 높다. 단 한 명도 못 찾을 수 있다. 그럼에도 시도하는 데 의미가 있다고, 살아 있는 사람들은 생각한다. 국가의 마지막 책임이자 예우이며 서비스다.

내가 살아 있다면 91~93세다. 부모는 이미 오래전 떠났을 것이다. 내 동생이 있었다면 살아 있을까. 형제가 죽었다면 나를 연결시켜 줄 사람은 조카들뿐이다. 조카는 나에게 관심이 있을까. 나를 찾겠다며 DNA 검사에 응했을까.

나는 지금 이승과 저승 그 어디에도 없다. 어중간하게 경계를 떠돌고 있다. 로벤이라는 학자는 빠르고 고통 없는 죽음을 '좋은 죽음', 길고 고통스러운 죽음을 '나쁜 죽음'이라고 말했다. 나는 어디에도 속하지 않는다. 나는 그저 비참한 죽음이다. 그래서 아직도 떠나지 못한 것이다. '말'하고 있는 것이다.

큐브에 담긴 나, TRC-23-0016은 앞으로도 말할 것이다.

귀신의 바다

섬에서는 소리가 났다.

섬과 섬은 거의 붙어 있었다. 그 사이에서 자갈 톱은 물이 빠질 때 드러났다가 물이 찰 때 숨었다. 물이 찰 때마다 섬과 섬 사이로 바람이 지나가는 소리를 냈다. 쉬쉬쉭, 쉬쉬쉭. 귀신이 산다고 했다. 정말 그런지도 몰랐다. 이곳에 낚시하러 왔다가 물에 들어갔던 사람들은 누군가가 밑에서 다리를 잡아당겼다고 했다.

2008년 9월, 선주는 귀신섬에 갔다. 전남 진도와 연륙교로 연결된 접도 수품항에서 배를 빌렸다. 20여 분 남쪽으로 가면 오른쪽에 구자도(구자도리)가 나왔다. 거기서 부산으로 가는 뱃길에 있는 김 양식장 사이로 20분을 더 가면 귀신섬, 아니 갈매기섬이 나왔다. 전남 진도군 의신면 구자도리 산94번지, 산91번지. 일제강점기에는 갈명도라고 불린 무인도였다. 3개의 섬이 잇닿아 있었다. 멀리서 보면 갈매기가 나는 형상이라 하여 갈매기섬이었다.

접안 시설이 따로 없었다. 동력선 앞에 매단 거대한 타이어를 바위에 붙이고 밧줄을 당겨 절벽으로 올라갔다. 이후에도 경사가 심한 암벽을 타고 이동했다. 섬에는 잡목과 덤불투성이였다. 귀신은 없었다. 귀신 때문에 사람의 발길이 끊어진 게 아니었다. 경찰이 사람들을 죽여놓고 못 오게 하면서 괴담과 소문이 부풀려졌다. 이제는 낚시꾼들도 오지 않았다. 선주는 귀신이 아니라 경찰에 의해 죽은 사람들 흔적을 찾기 위해 이곳에 왔다.

2000년부터 국군 전사자 발굴을 하던 선주가 '한국전쟁 전후 민간인 집단희생 유해발굴단' 조사단장을 맡은 것은 2007년이다. 처음으로 국가가 나서서 한국전쟁기 학살 희생자 유해 발굴을 선언한 일은 역사적 사건이었다. 그해 여름 대전 산내 골령골, 청주 분터골, 경산 코발트광산, 구례 봉성산에서 발굴이 시작됐다. 선주가 있는 충북대 박물관을 비롯해 충남대와 경남대, 한양대 박물관이 함께 했다. 첫해부터 유해들이 적지 않게 나왔다. 분터골 118구, 골령골 34구, 코발트광산 107구, 봉성산 14구.

2008년에는 더 쏟아졌다. 분터골 211구, 코발트광산 220구, 산청 원리 및 외공리 257구. 갈매기섬은 2008년의 마지막 유해 발굴이었다. 선주는 전국 각지의 유해 발굴을 총괄 지휘하고 본인이 속한 충북대 중원문화연구소 유해발굴센터를 통해 발굴 유해들의 감식을 도맡아 했지만, 현장 발굴 조사를 직접 책임진 경우는 갈매기섬이 처음이었다.

섬에는 물도 없었다. 숙식은 애초에 불가능했다. 접도항의 식당 한쪽을 빌려 발굴사무소를 설치하고, 2층에서 민박을 했다. 도시락을 맞춰 매일 오전 9시 빌린 배로 섬에 들어갔다가 오후 5시에 나왔다. 정기 배편이 없어 하루 배를 빌리는 데만 30만 원이 넘게 들었다. 너울성 파도가 치는 날에는 항만 파출소 연락을 받고 한 시간 만에 철수하기도 했다. 선주는 열 명의 발굴단원과 함께 9월 18일부터 11월 9일까지 무려 50여 일간 매일 접도항과 갈매기섬을 오갔다.

유해 발굴 대상지는 큰 섬 서쪽 약 60도 경사면으로 배가 닿는 북쪽 해안에서 약 50여 미터 높이였다. 발굴지의 3분의 2가량이 동백나무와 구지뽕나무 및 가시나무 등으로 우거졌고 나머지는 이끼류로 덮여 있었다. 나무들을 뽑아 태워서 발굴장을 확보했다. 나무뿌리가 감싸고 있는 뼛조각이 많았다. 일부 유족들이 2004년 섬에 들어와 이엉 등으로 뼈를 덮어 만든 초분도 있었다. 주로 허벅지 뼈, 정강이뼈 등 긴 뼈들이었다. 발굴단원들은 경사면에서 위태롭게 자세를 잡고 일했다. 낫과 가위를 사용해 나무뿌리 등을 제거하면서 뼈를 찾았다. 출토된 뼈들엔 공통점이 있었다. 불에 탄 흔적이었다.

사람들을 배에 태워 멀리 섬까지 데려와, 죽이다 못해 불태워버린 경우였다. 피해자들은 한국전쟁 직후 예비검속으로 수감된 해남 지역

국민보도연맹원들이었다. 이들은 해남경찰서, 해남식량영단창고 등에 갇혀 있다가 1950년 7월16일 해남 경찰 병력에 의해 범선에 태워졌다. 보도연맹원들은 해남군 화산면 해창항과 송지면 어란항 두 곳에서 승선했다. 이들은 손이 묶인 채 배에 타자마자 모포와 이불을 뒤집어써서 어디로 가는지도 몰랐다. 40여 분 걸려 갈매기섬에 내린 이들은 열 명씩 바위 위에 선 채 기관총으로 난사를 당했다. 확인 사살까지 행해졌다. 총격을 마치고 섬을 떠났던 경찰은 곧 다시 돌아와 주검에 석유를 붓고 불태워버렸다. 증거를 없애기 위해서였다.

'갈매기 박'이라 불린 상배는 극적인 생존자였다. 그는 시체 더미 밑에서 운 좋게 살아남은 뒤 경찰이 불 지르기 위해 돌아오기 직전, 섬 위 동백나무 숲으로 도망쳤다. 고무신에 빗물을 받아마시고 굴을 따 먹으며 연명하다가 지나가는 낚싯배를 얻어 타고 섬을 탈출했다. 그는 해남의 고향으로 돌아가지 못하고 구자도에서 벙어리 머슴 행세를 하며 10년간 숨어 살았다고 했다. 한참 지나서야 그는 증언했다.

생존자는 또 있었다. 이들을 통해 여러 증언이 구전됐다. 갈매기섬에 도착하기 전 돌에 매단 100여 명을 바다에 빠뜨렸다거나, 갈매기섬 앞 '여'에 100여 명을 그냥 놓고 떠났다는 이야기였다. '여'란 썰물에만 드러나는 바위를 말했다. 사건 두 달 뒤인 1950년 9월 13일, 갈매기섬의 시신을 수습하러 가던 희생자 가족 다섯 명이 해남군 해상에서 경찰에게 모두 사살당한 일도 있었다.

2008년 9월 한 달간 갈매기섬에서는 머리뼈·빗장뼈·주걱뼈·위팔뼈·엉덩이뼈·허벅지 뼈·정강이뼈·종아리뼈 등 유해 299점이 수습되었다. 이 가운데 왼쪽 허벅지 뼈를 기준으로 가늠할 수 있는 개체 수는 19구였다. 유해 감식 결과 모두 남성이었다. 20대 이하 2구, 20대 11구, 40대 이상 3구, 식별 불가 3구였고 평균 키는 167.6센티미터였다. M1 탄피 15개, 카빈 탄피 22개, 45구경 탄피 3개 등과 고무신, 고무줄 혁대, 버클, 안경알도 출토되었다.

자료에 따른 갈매기섬 희생자 수는 들쭉날쭉해 최소 51명에서 최대 350명까지였다. 선주는 2002~2003년 해남신문과 진도군지의 조사 인터뷰에서 언급한 51명이 가장 신빙성 있다고 판단했다. 갈매기섬으로 오다가 수장됐다는 이들은 여기에 포함하지 않았다.

모든 학살이 그렇지만, 외딴섬에서의 학살은 더욱 야만적이고 반인류적으로 다가왔다. 이전에 7년간 했던 국군 전사자 발굴이 국가 정체성을 드러내는 작업이었다면, 민간인 희생자 발굴은 이렇게 국가 폭력의 악독한 민낯과 먼저 마주하는 일이었다. 최선의 발굴 결과를 통해 희생자들의 아픔을 보듬어 국가 정체성에 기여한다 해도 말이다. 그래서 삐딱한 시선을 받고 있었다. 대학 학부 때부터 가깝게 지내온 고고학 분야의 선배는 이렇게 말했다. "밖에서 말이 많아." 대놓고 드러내지는 않았으나, 좌파로 변신했냐는 이야기였다.

선주는 그럴 때마다 영화 〈존 웨인의 기병대〉에 나오는 캔들 소령에게 감정이입을 했다. 19세기 미국 남북전쟁 시기를 그린 영화다. 존 웨인이 연기한 북군 사령관 말로우 대령은 기병대를 데리고 남군 철도 폭파 작전에 나선다. 본부에서는 군의관 캔들 소령을 파견하는데, 말로우 대령의 눈에는 못마땅하다. 마을의 원주민 도움 요청에도 기꺼이 응하는 캔들 소령에게 말로우 대령은 "군인들만 치료하라"라고 명령한다. 캔들 소령은 군인과 민간인, 남군과 북군을 가릴 생각이 없다. 말로우 대령이 남군 추격을 받은 끝에 북군 지역으로 퇴각할 때, 캔들 소령은 남군 지역에 남아 부상자를 치료한다. 그에게는 환자가 중요했다.

죽은 자의 뼈엔 색깔이 없다. 선주는 어느 편이든, 정치적 의미가 어떠하든, 유해 발굴에만 충실했다. 그것은 소명이라기보다 학문하는 이의 자세였다. 2005년 고양 금정굴에선 수직 동굴이 처음이었고, 2008년엔 망망대해 속 무인도 산비탈이 처음이었다. 선주는 새로운 여정을 기꺼이 반겼다. 2009년 충남 공주 상왕동 왕촌 살구쟁이는 또 다를 것이었다.

왜 이렇게까지 죽었을까

◆

내 이름은 태윤이다.

역사를 공부한다. 역사의 현장을 조사한다. 신학대학을 나와 강화
도 교동에서 목회자 생활도 했다. 교회에서 한국전쟁기 학살의 그늘
에서 벗어나지 못하는 교인들을 만났다. 기독교와 학살의 관계를 돌
아볼 기회였다. 2007년부터는 목회를 접고 국가 폭력의 진실을 규명
하는 1기 진실화해위원회 조사관으로 활동했다. 그때 아산을 만났다.
서산을 만났다. 태안을 만났다. 한국전쟁기에 충남지역에서 벌어진
사건의 실상을 접하면서 충격을 받았다. 그래서 쓴 책 제목이 《어떻게
그럴 수가 있는가》다.

1기 진실화해위원회는 2010년에 활동을 마쳤지만, 나는 다시 아산
과 조우했다. 2020년 아산시가 주관하는 아산 민간인학살 전수조사
용역을 맡게 된 것이다. 2기 진실화해위원회가 출범하기 직전이었다.

전수조사는 일곱 명으로 이뤄진 팀이 그해 6월부터 10월까지 5개월간 진행했다. 두 명은 사건에 관한 증언을 듣고 또 다른 두 명은 학살이 마을에 끼친 영향을 조사했다. 세 명은 자료와 문서를 모으고 정리했다.

우리 팀은 아산시의 12개 읍면 총 137개의 법정리와 동에서 진술인 443명을 만나 면담했다. 나는 보고서를 만들면서 면담을 통해 확인한 희생자 숫자를 총 1304명이라고 적었다(2009년 진실화해위원회 보고서는 최소 800여 명으로 추산한다). 적대세력에 의한 희생자 110명, 부역 혐의 희생자 1190명, 기타 네 명. 하지만 한계가 있다. 세월이 오래 지나 증언자가 사라진 마을이 많았다. 전쟁 당시 온양읍에 속해 있던 마을들은 일부 또는 전체가 도시화되어 조사에 제한을 받았다. 이런 점을 고려하면 실제 희생자 수는 더 많을 것이다. 이제 그 과정에서 보고 느낀 이야기를 해보고자 한다.

신기하게도 아산에는 국민보도연맹 희생자가 없었다. 진술인 면담을 할 때마다 보도연맹 희생자 존재 여부를 물어보았으나, 답은 늘 같았다. 천안과 아산에서 경찰이 너무 빨리 철수했기 때문일까? 인민군이 평택을 통해 아산 음봉면 삼거리로 들어오기 직전 자전거를 탄 사람이 음봉면 지서에 "인민군이 내려온다"는 정보를 제공했으나 오히려 경찰로부터 구타를 당했다고 한다. 국군은 인민군에 밀려 남하하면서 아산에는 방어선을 치지도 않았다. 아산은 군 작전상 전술적으로 포기한 지역이었을까.

인민군이 아산을 점령하자마자 다수의 우익 쪽 사람들이 체포되어 대전형무소로 이송되거나 9월 초 인민위원회 궐기대회에 회부되어 희생됐다. 인민군 후퇴기인 9월 27일엔 신창읍 한티고개에서 유엔군이 인민군에게 의외의 패퇴를 당하면서, 도망가다 되돌아온 좌익 세력에게 죽은 사람들도 적지 않다.

인민군이 물러가고 부역 혐의자와 그 가족을 대상으로 한 보복이 시작되었다. 9월 29일 밤부터 10월 초까지가 1차 시기라면, 10월 중순부터 12월 초까지가 2차 시기였다. 그리고 이듬해 1·4 후퇴 때가 마지막 3차였다. 1·4 후퇴 때는 특히 가족 단위의 처형이 많았다. 이때엔 아산 둔포면을 지나던 피난민 300여 명이 미군 폭격으로 비명횡사하는 일도 있었다.

아산에서 학살이 가장 방대하게 일어난 지역은 배방읍이다. 희생자들은 대부분 올해 3월 A4-5를 비롯한 유해 62구가 발굴된 성재산 교통호에 묻혔다. 지금은 북쪽에 신도리코 공장이, 남쪽에는 크라운제과 건물이 세워진 곳이다. 크라운제과 쪽 변전소 근처에서 매운탕집을 했던 할아버지는 2007년 나에게 '밤새 트럭이 들어왔다가 나갔고 총소리가 났다. 하루에 11대가 온 적도 있다'는 말을 했다. 트럭에 사람들을 싣고 왔다는 것은 경찰 공권력이 개입했다는 방증이다.

여러 사람의 증언을 들으면서 '왜 이렇게까지 죽였을까'에 관해 수 없이 질문을 던져보았다. 분노의 본질은 무엇이었을까. 내가 내린 결론은 '이념 투쟁으로만 설명할 수 없다'는 것이다. 일제강점기 때의 사회적 관계까지 거슬러 올라가야 어렴풋이나마 답이 보였다. 그 중심에 바로 지주와 머슴·소작인 간의 갈등 구조가 있고, 씨족 간 또는 마을 간의 대립도 있다. 염치읍의 희생자 중에는 빈농과 소작농이 많았다. 아산 주민들을 면담할 때마다 "전쟁 당시 땅을 얼마나 소유했었는지"를 묻곤 했는데, 번듯한 규모로 땅을 가졌던 사람은 한 명도 만나지 못했다.

일제강점기에 소작농들은 일제에 의한 식량 공출로 두 배의 어려움을 겪었다. 여기다 소작료까지 내고 나면 밥을 제대로 먹을 수 없을 지경이었다. 염치읍 한 마을의 큰 기와집 마당에는 오래된 향나무가 있었다. 전쟁 전부터 소작농들은 이 향나무 앞에서 매를 맞았다. 춘궁기에 곡식을 빌려 가 갚지 못한 주민들을 지주 쪽 사람들이 향나무에 매달고 매타작을 했다는 것이다. 매를 맞은 다음엔 대나무 살로 만든 멍석에 굴려져 온몸에 피멍이 들었다고 했다.

1948년 대한민국 정부 수립 이후인 1949년 6월 21일 농림부 장관 봉암의 주도로 농지개혁법이 제정·공포된다. 1950년 초부터는 소작농에게 지주 농지가 분배된다. 소작농들에게는 단비 같은 정책이었다. 곧이어 전쟁이 터진다. 인민군 점령과 함께 지주들은 좌익의 궐기대회에 회부되어 곤욕을 치른다. 머슴과 소작인들에게 구타를 당하기도 한다. 인민군 점령기에 머슴과 소작농들이 인민위원회와 민청(사회주의애국청년동맹)의 간부로 활동한 마을이 많았다. 향나무가 있는 마을에서 지주들은 처형까지는 당하지 않았으나 결코 잊지 못할 모욕을 당했다. 지주들에겐 위기이자 더 큰 기회였다.

인민군이 물러난 뒤 이 향나무 앞에서 머슴과 소작인 가족 30명이 매를 맞아 죽었다. 내가 만난 90대 할아버지는 이 사건과 관련해 어떤 이야기를 들려주었다. 매를 맞은 사람들 중에 아기와 함께 온 젊은 엄마가 있었다는 거다. 지주 쪽 사람들은 이들이 모두 숨이 끊어졌다고 여기고 거적때기에 실어 묻으러 가려고 했다. 그런데 죽은 줄로만 알았던 아기 엄마가 깨어나 간청을 했다. "아저씨, 아저씨, 마지막으로 우리 아기 젖 한 번만 물리게 해주세요." 아저씨는 들은 척도 하지 않았다. 잘못했다가는 본인이 죽을 수도 있었으니까. 1950년 10월의 어느 날 벌어진 일이다.

그 마을에서 가족 단위로 처형당한 머슴과 소작인들의 땅은 지주들이 차지했다. 농지개혁 때 소작농들에게 분배해준 땅이었다. 지주들은 '원래 내 땅 내가 다시 가져간다' 생각했는지도 모른다.

배방읍 탕정면에서 만난 주민들은 일종의 소작쟁의였던 2·4 파동에 관해 증언했다. 소작쟁의란 소작농들이 지주나 국가에 소작 조건을 개선하거나 땅을 달라고 요구한 투쟁을 일컫는다. 주민들은 2월 4일이었으나 몇 년에 일어난 일인지는 기억하지 못했다. 1947년 또는

1948년으로 추정된다. 농지개혁 이전부터 소작농들은 끊임없이 투쟁했고, 남로당은 이를 지지하며 대변했다. 탕정면에서 인민군 점령 직후 궐기대회를 주도한 이들은 바로 2·4 파동을 주도한 세력이었다. 이들의 가족은 수복 직후 거의 살아남지 못했다.

이 지점에서 빼놓아서는 안 되는 인물이 하나 있다. 내가 만난 상당수의 진술인이 그의 이름을 이야기했다. 존경받는 영웅, 역사의 슈퍼스타를 조상으로 둔 그 사람….

상왕동의 찡그린 남자

남자가 찡그렸다.

살벌한 사진 한 장을 본다. 트럭 사진이다. 앞에서도 찍고, 뒤에서도 찍었다. 짐칸에 사람들이 빽빽하다. 모두 죄수 유니폼을 입었다. 손이 뒤로 묶였다. 고개를 숙였다. 뒤편의 한 남자만이 찡그린 표정으로 얼굴을 들었다. 왼쪽 모서리에 철모를 쓰고 서 있는 군인은 소풍이라도 나온 듯 밝은 얼굴이다.

영국 런던에서 발행한 사진 잡지《픽쳐 포스트Picture Post》1950년 7월호에 실린 사진이다. 기사의 제목은 '워 인 코리아War in Korea'이고, 오스트레일리아 기자가 찍었다고 알려져 있다. 이곳은 충남 공주 상왕동의 한 야산 근처 도로다. 사진기자는 트럭에 실려 온 이들이 산으로 끌려오기 직전 트럭에 다가가 다양한 각도에서 카메라 셔터를 눌렀다. 그는 죄수들을 실어 온 군경이나 트럭 운전사에게 말을 걸어

264

어떤 상황인지 알아보았을까. 죄수들이 트럭에서 내렸다면, 그다음에 어디로 가는지 물어보고 그 뒤를 따라가 취재하려는 시도를 해봤을까.

선주는 2009년에도 '한국전쟁 전후 민간인 집단희생 유해발굴단' 조사단장을 맡아 일했다. 3년째였고, 정해진 기한의 마지막 해였다. 그해 6월 10일부터 진주 문산읍 상문리 진성고개를 시작으로 6월 12일 공주 상왕동, 6월 15일 경산 코발트광산, 6월 18일 함평 해보면 광암리에서 유해 발굴을 진행했다. 선주는 2007년, 2008년과 마찬가지로 전체 발굴을 총괄하고 감식을 도맡아 했다. 2008년 발굴 지역 중 갈매기섬에 가서 현장 실무를 책임졌던 것처럼, 2009년에는 공주 상왕동에 갔다. 선주는 트럭 속에서 얼굴을 찡그리던 남자를 떠올렸다. 그 남자를 찾으러 가는 길이었다.

현장은 공주대교에서 동쪽으로 4킬로미터, 금강을 따라 공주에서 대전으로 향하는 구 도로가의 해발 76.3미터와 91.4미터 야산 사이 능선 계곡에 있었다. 오스트레일리아 기자가 사진을 찍은 도로에서는 직선으로 약 100미터 거리였다. 행정구역상으로는 공주 상왕동 산29-19. 공주 사람들은 이곳을 왕촌 살구쟁이라고 불렀다. 15명 넘는 인원이 참여한 발굴은 6월 12일부터 7월 20일까지 장마철을 끼고 40일간 이어졌다.

1950년 7월 공주형무소에 있던 사람들이 이곳으로 끌려왔다. 한국

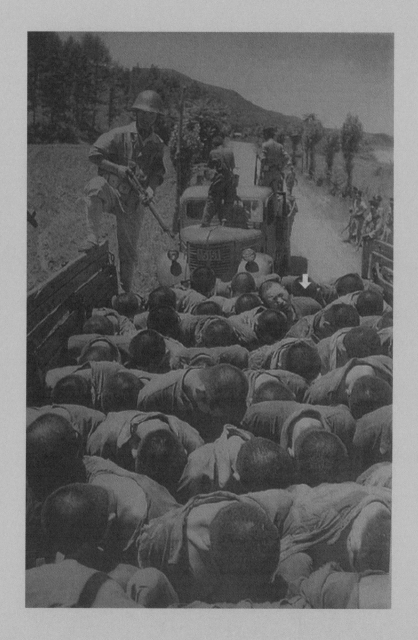

영국 런던에서 발행한 사진 잡지《픽쳐 포스트》(Picture Post) 1950년 7월호에 실린 사진.

전쟁이 발발한 직후인 6월 29~30일께부터 공주 지역에서는 국민보도연맹원들을 잡아들이는 예비검속이 이뤄졌다. 250~300여 명이 인근 지서에 일주일 가까이 구금됐다가 공주경찰서 유치장 또는 공주형무소로 이송되었다. 당시 공주형무소는 초만원이었다. 최대 수용 인원이 700여 명인데, 보도연맹원들이 들어오면서 1000명에 이르렀다고 한다.

북한군은 빠르게 남하 중이었고, 경찰과 형무소 경비대들은 철수를 준비하고 있었다. 공주형무소는 7월 12일 완전히 소개疏開되는데, 3일 전인 9일 이곳에 공주형무소에 수감돼 있던 좌익수들과 보도연맹원들이 끌려온다. 보도연맹원 중 일부는 공주 의당면 청룡리 도살장 뒷산, 연기군 송원리 욕골로도 끌려간다.

공주는 선주에게 너무나도 친숙한 곳이었다. 석장리가 지척이었다. 1968년 대학에 입학한 뒤 구석기 유물 발굴을 위해 박물관장 손 선생을 따라와 한 달씩 머물곤 하던 바로 그 석장리였다. 뗀석기를 발굴한 손 선생에 의해 우리나라에도 구석기 시대가 있음을 처음으로 증명한 그 역사적 유적이었다. 석장리는 금강변이었다. 상왕동도 금강변이었다. 둘은 금강을 사이에 두고 직선거리로는 1킬로미터 남짓 거리에 있었다. 발굴 일정이 끝난 밤이면 석장리 구절골 골짜기 개울에 횃불을 들고 가 가재를 잡아 매운탕을 끓여 먹던 추억이 선주에겐 새삼스러웠다.

그때 석장리 사람들은 금강을 건너와 버스를 타고 상왕동을 지나 다녔다. 1960년대 석장리 시절의 선주는 금강 건너 야산 기슭에서 집단 처형 같은 끔찍한 일이 벌어졌으리라고는 상상하지 못했다. 상왕동은 묻고 있었다. 신석기-청동기-철기 시대와 산업혁명기를 지나 인간이 우주선을 타고 달에 가던 20세기는 돌조각으로 사냥을 하던 2만 5000년 전보다 과연 문명화됐다고 말할 수 있는가?

석장리는 과거의 추억으로만 그치지 않았다. 선주는 석장리의 세 어르신을 일꾼으로 모셔왔다. 1964년부터 손 선생이 발굴 현장에서 인부로 고용했던 마을 사람들이었다. 고등학생이었던 영배는 환갑이 다 돼가고 있었다. 30대였던 나머지 두 사람은 팔순을 바라보았다. 돌조각이든 유해든, 선주는 석장리 일꾼들이 우리나라에서 발굴을 가장 잘하는 사람들이라고 자신 있게 말할 수 있었다.

조그만 돌조각을 훼손하지 않고 다뤄야 하는 구석기 유물 발굴은 섬세한 손놀림을 요구했다. 상왕동에서 이들은 흙 입자만 보고도 유해가 있는지 없는지를 금방 알아냈다. 모두 흙손(트롤)의 귀재였다. 발굴·노출·걷어내기 등 전 과정을 알아서 하도록 믿고 맡길 수 있었다. 위기 대응에도 능했다. 상왕동 계곡에 갑자기 큰비가 쏟아져내리자 이들은 별일 아니라는 듯 농사형 비닐을 꺼내 양편의 나뭇가지에 걸고 줄을 당겨 커다랗고 쾌적한 텐트를 만들어냈다. 젊은 발굴단원들이 탄성을 터뜨렸다.

이제 찡그린 남자를 찾을 시간이었다. 트럭에서 내린 뒤엔 무슨 일을 겪었을까. 유해들은 모두 등을 마주한 채 얼굴을 양쪽 벽면을 향하고 결박된 채였다. 일부는 목에 깍지를 끼고 무릎을 꿇은 자세였다. 머리는 땅바닥을 향하고 있었다. 사전조사를 통해 이미 이곳에 유해가 분명히 있음은 알았다.

총 3개의 매장 구덩이가 나왔다. 첫 번째 구덩이의 경우 길이 15미터, 너비 2.5미터, 깊이 0.55미터로 한쪽으로 길었다. 나머지 구덩이들도 비슷한 형태였다. 습한 점토성 토양인 데다 산성도가 높아 유해의 보존 상태는 최악이었다. 머리뼈는 거의 없었으나, 있어도 아주 얇아 잘못 만지면 부서졌다. 머리뼈에선 M1 소총 구멍이 보였고 탄피 대부분이 구덩이 안에 있었다. 가까운 거리에서 뒤통수에 총을 쏜 듯했다. M1·카빈 소총의 탄피가 모두 634개였다.

전체 유해는 317구였다. 이것은 유례없는 숫자였다. 2007년부터 국가 독립기관인 진실화해위원회에서 유해 발굴을 시작한 이래 한 번의 발굴에서 300구가 넘은 경우는 처음이었다. 이게 끝이 아니었다. 발굴 작업을 다 끝내고 둘레에 배수로를 파는데 거기서 또 머리뼈가 나왔다. 유해가 더 있었다. 곧장 추가 발굴을 검토했으나 여의치 않았다. 4년 뒤인 2013년 10월에야 또 하나의 구덩이에서 재발굴에 들어갔고, 80구를 더 찾아냈다. 2009년과 2013년 합해 397구가 나온 셈이다. 2013년에도 석장리 일꾼들이 왔다.

사진 청계인권진화연구소

2009년 6월과 7월, 장마철을 끼고 40일간 이어진 공주 상왕동 살구쟁이 유해발굴 현장 사진.

유해의 신분은 단추를 통해 추정할 수 있었다. 갈색 단추는 공주형무소 단추였고, 흰색 단추는 민간인 단추였다. 갈색 단추는 145개, 흰색 단추는 195개였다. 보도연맹원들은 공주경찰서가 수용하지 못해 공주형무소에 일주일도 안 되는 기간 동안 구금된 터라 죄수복을 입지 않았을 가능성이 컸다. 찡그린 남자는 이전부터 공주형무소에 있었던 죄수였을 것이다. 이들은 대부분 좌익수로 1948년 봄에 일어났던 '단독정부 수립 반대투쟁사건'과 여순 사건 등에 연루되어 2~3년의 단기형을 선고받은 이들이라고 했다.

2013년 10월의 상왕동 발굴 현장에는 유족들이 많이 왔다. 현장에서 유품으로 안경이 나왔다는 보도가 나가자 한 60대 남자는 자신의 아버지가 똑같은 안경을 썼다면서 자신의 아버지임을 밝혀달라고 했다. 형이 육군 장교였는데 공주형무소에 갔다가 석방된 뒤 행방불명됐다면서 이곳에 있을 게 분명하다는 이도 있었다. 학원 원장을 지냈다는 노인은 아버지가 이곳에 끌려와 죽은 뒤 자신은 연좌제 때문에 교사가 될 수 없었다며 눈물을 흘렸다. 자기 남편을 꼭 찾아달라는 부탁과 함께 시원한 거 사 드시라며 꼬깃꼬깃한 지폐를 선주의 주머니에 한사코 넣어주려던 할머니도 있었다. 찡그린 남자에게도 가족과 함께 어떤 사연이 있을 터였다.

2009년 발굴을 마친 뒤의 어느 날, 선주는 다시 한번 사진을 쳐다보았다. 찡그린 표정의 남자 좌우와 위아래로 수를 하나씩 세보았다. 하나, 둘, 셋, 넷, 다섯, 여섯, 일곱, 여덟, 아홉, 열…. 트럭에는 몇 명까지 탈 수 있을까. 서른다섯, 서른여섯. 그 이상으로는 숫자가 넘어가지 않았다. 무엇인가가 선주의 머리에 걸렸다.

충무공의 후손들

◆

내 이름은 응렬이다.

가문의 영광을 간직해온 응렬이다. 나를 모르는 사람들은 많겠지만, 나의 선조를 모르는 사람은 없을 것이다. 나는 덕수 이씨, 그중에서도 충무공파다. 임진왜란 시기 조선의 수군을 이끌며 수차례 왜군을 격파했던 충무공 순신의 14대 종손이 바로 나다.

서울에서 태어난 순신은 12세를 전후하여 어머니의 고향인 충남 아산으로 이사해 성장했다. 그 뒤 많은 후손들이 아산에 퍼져 터전을 잡고 400년 넘게 살아왔다. 나의 고향 역시 아산이다. 염치읍(옛 염치면) 백암리를 아시는가. 충무공의 사당인 현충사가 있는 곳이다. 현충사는 나의 집이었다.

한국전쟁기에 현충사에 은거하던 내가 옛 본전에서 체포된 일은 그리 알려지지 않았다. 아산을 점령한 인민군이 물러간 직후인 1950년

10월경이었다. 태극동맹 단원들이 몰려와 나를 끌고 갔다. 우익 반공 청년단체였던 태극동맹은 수복 뒤 잔인한 학살의 실행자이자 조력자 역할을 했다. 태극동맹 단원들은 나를 죽이려고 끌고 갔을 것이다.

시간이 한참 흐른 뒤, 2020년 아산의 마을 곳곳을 돌며 70년 전 일을 조사하던 이들은 내 이름을 접했다. "응렬은 아산 적색분자의 우두머리"라고 증언한 사람들이 있었다. 내가 "아산의 도수자"였다고 말한 이도 있었다. 도수자란 무엇인가. '수괴'를 뜻하는 옛날 말이다.

내가 서울의 보성전문학교를 다니면서 좌익 활동을 한 건 사실이다. 좌익 전향자들로 구성된 반공단체 국민보도연맹에 이름을 올린 것도 사실이다. 그런데 적색분자의 우두머리 또는 도수자라는 말이 어디에서 비롯되었는지는 알 수 없다. 나와 관련한 증언을 한 사람들은 혹시 수복 뒤 부역 혐의자들을 지목하고 학살하는 데 앞장선 자들은 아닌가? 그들은 내가 우두머리였다는 구체적인 근거나 목격한 상황을 대지는 못했다. 조사를 하던 이들도 결국 내 소속과 직위를 밝히지 못했다.

나는 살았다. 놈들은 감히 나를 죽이지 못했다. 대통령 승만이 "충무공의 종손이니 살려줘야 한다"고 배려했다는데 진짜 그랬는지는 모르겠다. 같은 문중으로서 대한국민당 국회의원이자 목사였던 규갑이 나의 구명을 위해 도움을 주었다. 규갑은 전쟁 기간에 탕정면 명암리에 살고 있었다.

그러나 내 주변에 있던 문중 사람들이 너무나 많이 죽었다. 수복된 뒤 한 달 동안 도피 생활을 하다가 나와 함께 현충사에 숨어 있던 매형 정덕이 잡혀가 처형당했다. 경기고보를 졸업한 정덕은 인민군 점령기에 염치면 송곡국민학교 교사로 일했다. 사촌 명렬은 염치면 분주소장으로 활동했다는 혐의로 처형당했다. 신창면 실옥리에 살던 명렬의 여동생 애기와 육촌 O렬, 숙부 민O도 끌려가 돌아오지 못했다. 조카 재만과 그의 오촌 당숙, 칠촌 재당숙 등 여섯 명도 같은 날 함께 희생되었다. 대동리 황골 새지기의 우영 가족은 막내 종률만 제외하고 멸족을 당했다.

또 있다. 온양읍 좌부리에 살던 무영과 탕정면 용두리1구에 살던 장승, 음봉면 신수리에 살던 한영도 죽임을 당했다. 예외 없이 나와 같은 가문의 사람들이다. 셋은 인민군 점령기에 한 자리씩 했다는 혐의를 받았다. 무영은 일본에 유학해 반일 민족운동을 한 적 있다. 장승은 조선후기 국왕의 호위 군대인 시위대 군인으로 일제에 항거하다 1907년 순국한 준영의 손자였다.

충무공의 후손들에겐 독립운동의 피가 흘렀다. 13대 종손인 아버지 종옥은 항일 무장 투쟁의 본거지인 만주의 신흥무관학교를 졸업했다. 신흥무관학교는 독립군을 양성하던 곳으로, 12대손이자 나의 할아버지뻘인 세영이 교장을 지냈다.

나 역시 광복 직전 일제의 식민정책을 비판하다 옥고를 치렀다. 보성전문학교를 졸업하고 서울에서 조선 최고의 매출을 기록하던 누룩 회사인 조선곡자주식회사 사무원으로 근무하던 때였다. 1941년 7월 하숙집에서 동료 하숙인들에게 조선 독립을 주장했다는 죄목으로 1942년 4월 일본 경찰에 체포돼 용산경찰서에서 취조를 받았다. 5월 8일 서대문형무소로 이감되었고, 1943년 2월 24일 경성지방법원에서 치안유지법 위반으로 징역 2년, 집행유예 3년 판결을 받았다.

나는 경찰 조사 과정에서 말했다. "부친 종옥이 평소 들려주던 이야기를 전달한 것뿐"이라고. 종옥은 1941년 세상을 떠나 경찰이 처벌할 수 없었다. 문중에서 내가 영향받은 사람은 또 있었다. 해방 직후에 월북한 소설가 기영이다. 충무공 9대손 민창의 장남으로 아산 배방면 회룡리에서 태어나 1922년 일본의 도쿄세이소쿠영어학교에서 수학한 인물이다. 1924년 잡지《개벽》문예 현상 공모에 〈오빠의 비밀 편지〉가 당선하면서 등단했는데, 귀국 직후인 1925년 조선프롤레타리아예술가동맹(카프)에 가담했고 곧 조직의 핵심이 되었다. 마르크스·레닌주의를 선전했다는 이유로 해방되기 전 대구고법에서 재판을 받기도 했다.

마르크스·레닌주의를 소설가 기영이 받아들이는 과정에서 나의 아버지 영향은 없었을까. 나의 아버지 역시 '주의·사상'이 문제가 되어 일제 경찰로부터 2~3회 끌려간 사실이 있다. 당시 독립운동가들의 상당수는 좌익이었다. 내가 아버지에게 물려받은 독립운동의 노선도

일제 경찰이 만든 응렬의 수형기록 카드(위). 충무공 종손가 사람들의 사진 속 하단 앞줄의 아이가 응렬, 그 왼쪽이 응렬의 아버지 종옥이다(아래).

마르크스·레닌주의였다. 이것은 가문의 비극을 잉태했다. 수많은 덕수 이씨 충무공파 사람들이 문중의 리더였던 종옥과 기영, 그리고 나의 영향에서 자유롭지는 못했을 것이다. 해방 뒤 종손인 내가 지지하는 정치세력을 함께 지지해주는 사람이 적지 않았을 것이다. 그러나 역사의 날카로운 톱날이 당장 어디로 튕겨 나갈지 예측할 수 없었다. 수많은 문중 사람들은 그 톱날에 무력하게 찍히고 찢겨졌다.

전쟁 이후 나는 고향 근처인 영인면 아산리에서 아산정미소를 운영하면서 생계를 이어갔다. 1961년 5월 쿠데타를 일으켰던 군인들은 국시를 반공으로 삼았지만, 나를 괴롭히지는 않았다. 오히려 우리 문중을 적극적으로 활용했다. 1967년 1월 6일, 충무공의 생일인 4월 28일은 탄신기념일로 제정됐다. 3월 18일엔 아산 현충사가 사적 155호로 지정됐다. 이듬해인 1968년 4월 27일엔 서울 종로구 세종로 광화문 광장에 충무공 동상이 세워졌다. 같은 무관 출신으로서 대통령 정희는 충무공처럼 추앙받고 싶었다. 충무공은 성역화되고 성웅화됐다. 반대할 이유가 없었다. 나는 적극 협조했다.

대통령 정희는 나에게 아산시장 자리를 제안했다. 주변에서는 국회의원에 나가보라는 권유를 했다. 나는 거절했다. 사람들은 내가 좌익경력이 드러날까 봐 그냥 조용히 살았다고 쑥덕거렸다. 글쎄다. 그럴수도 있고, 아닐 수도 있다. "종손은 모든 것을 포기하고 살아야 한다"라는 선친의 가르침을 따랐다면 이해해줄까. "문중을 위해 봉사하고 헌신하며 살기로 했다"면 납득해줄까. 어느 날 아들 재국과 결혼한 며느리가 나에게 '북한을 어떻게 생각하느냐'고 물었다. 나는 북한도 싫다고 했다. 이론과 현실은 다르다. 마르크스·레닌주의와 북한 사회주의는 다르다.

나는 1993년 1월 17일 서울대병원에서 세상을 떠났다. 칠순이 되던 1984년부터 심한 천식을 얻어 거동할 수 없었다. 내 인생의 마지막 10년은 기나긴 투병의 나날이었다. 79세였다. 이제 나는 무엇으로 세상 사람들에게 남는가. 독립운동가? 사회주의 운동가? 부역 혐의자?

20년이 넘게 흐른 뒤 새삼 내가 조명되었다. 2016년 6월, 한 언론이 고맙게도 아버지 종옥과 나의 독립운동 증거들을 수집했다. 그들은 일제강점기 조선총독부가 만든 '국외 용의 조선인 명부'를 발굴해 "종옥이 신흥무관학교에 입학할 목적으로 만주에 건너갔다"고 밝혀주었다. 나에 대한 일본 경찰의 조서 기록도 찾아냈다. 덕분에 2016년 상춘이 처장으로 있던 보훈처는 나에게 건국포장을 추서했다. 11월 17일 제77회 순국선열의 날에, 후손들이 나 대신 받은 선물이었다.

좋다.

대한민국이여, 충무공의 14대 종손인 나를 독립 유공자로 기억해다오. 동시에… 한국전쟁 중 재판 없이 끌려가 불법 처형된 아산의 수많은 우리 문중 사람들도 기억해다오.

골령골과 모던 미스

위닝턴Winnington은 보았다.

이것은 모든 언론 보도의 출발점이었다. 위닝턴은 1950년 7월 31일, 대전 산내 골령골에서 구덩이에 서로 엉켜 있는 붉은 살덩이들과 삐죽 솟아 있는 머리를 보았다. 얼굴이 날아가버린 주검을 보았다. 가슴에 뚫린 총탄 구멍을 보았다. 줄로 묶인 두 손을 보았다. 거대한 무덤으로 변한 계곡을 보았다. 현장을 본 마을 주민 20여 명도 만났다. 이를 기초로 8월에 쓴 글의 제목은 '한국에서 나는 진실을 보았다 I saw the truth in Korea'. 신화통신사 등 중국 언론이 이 내용을 타전하면서 골령골은 세계에 알려졌다. 한국의 언론매체에 골령골이 처음 등장한 때는 그로부터 42년이 지난 뒤였다.

선주는 위닝턴의 글을 읽고 또 읽었다. 위닝턴은 영국 좌파 일간지 《데일리 워커Daily Worker》(오늘날 《모닝 스타Morning Star》의 전신)의 베이

징 주재 아시아 담당 통신원이었다. 영국 공산당 소속의 공산주의자로 중국 혁명을 취재하며 마오·저우언라이와도 가깝게 지낸 종군기자였다. 골령골에는 대전을 점령한 북한군과 함께 왔다. 그의 글은 유해 발굴에서 가장 중요한 참고 자료 중 하나였다.

7월 2일 이승만 경찰과 꼭두각시 군대의 트럭들이 마을로 들어와서는 마을 주민들을 총구로 위협하여 계곡으로 끌고 가 여러 개의 도랑을 파게 하였다. 모두 여섯 개의 도랑을 팠는데 가장 긴 도랑은 200미터 길이에 폭은 2미터에서 4미터 정도이며 깊이는 평균 2미터 정도였다. 100여 미터 정도의 도랑이 2개 더 있었으며 나머지는 30미터 정도로 폭과 깊이는 위의 긴 도랑과 같은 정도이다.

발굴 지점을 찾는 데 있어 중요한 단서가 될 문장이었다. 선주는 위닝턴이 쓴 글의 뒷부분을 다시 한번 또박또박 읽어보았다.

7월 4일부터 6일까지 3일간 학살이 자행되었다. 여기에 동원된 트럭은 60대가 넘으며 한 트럭에 50명 이상의 죄수들을 실어 날랐다. 따라서 3일간 처형된 죄수는 적어도 3000명 이상으로 여겨진다. (중략) 16일 밤에 인민군은 금강 전선을 돌파하고 대전 북쪽 20킬로미터까지 진출했다. 17일 새벽에 지프차들이 도착하고 이어 트럭들이 계곡으로 들어왔다. 이때에도 트럭에는 100명 이상의 죄수들이 앞에서와 같은 방법으로 빼곡히 채워졌다. 인민군대가 들어오기 전까지 별로 남은 시간이 없었기 때문이다. 이날 37대의 트럭에 3700명의 애국 시민들이 실려 있었으며 학살은 새벽부터 밤늦게까지 진행되었다.

2007년, 선주는 골령골에 갔다. 대전 동구 낭월동 11번지, 13번지, 산4번지 일대로서 산내초등학교 인근 산기슭이었다. 위닝턴이 다녀가고 57년 만이었다. 진실화해위원회의 의뢰를 받은 '한국전쟁 전후 민간인 집단희생 유해발굴단'을 총괄하는 조사단장으로서 현장을 답사했다.

유해 발굴은 한국전쟁이 터진 날인 6월 25일부터 9월 22일까지 장장 90일간에 걸쳐 진행됐다. 충남대 박물관이 발굴 실무를 맡았다. 1999년부터 골령골에서의 처형 사진을 비밀 해제했던 미국 국립문서기록관리청NARA의 기록에 따르면 희생자는 1800명에 이르렀다. 유족들은 "7000여 구의 시신이 온 계곡을 둘러싸고 있다"는 위닝턴의 보도를 근거로 희생자가 최대 7000명에 이를 것으로 추정했다. 선주 역시 골령골에서 많은 유해가 나오리라 기대했다.

그러나 2007년 골령골에서는 34구밖에 나오지 않았다. 당초 7개 지점으로 추정했던 유해 매장지 중 가장 유력하게 선정된 1·2지점에서 토지 소유주(교회)와 합의가 이뤄지지 않았기 때문이다. 3·4·5·7

지점만 발굴할 수 있었다. 3지점에서 29구, 5지점에서 5구가 나왔다.

골령골에 묻힌 사람들은 누구인가. 모두 대전형무소에서 왔다. 제주 4·3 사건과 여순 사건으로 형을 살던 재소자, 전쟁 직후 예비검속으로 잡혀 온 충남 지역 국민보도연맹원, 징역 10년 이상을 받은 일반 사범이었다. 당시 대전형무소엔 4000명의 재소자가 있었고, 이 중 2000명 정도가 정치·사상범이었다고 한다.

대전의 남동쪽 끝부분에 자리한 골령골은 본래 대전형무소 사형 집행장이었다. 대전 동구와 충북 옥천군의 경계를 따라 이어지는 식장산-망덕봉 산줄기와 대전천 사이에 위치했다. 경찰의 지시를 받은 청년방위대원들이 미리 구덩이를 파놓고 기다렸다. 대전시 중촌동 1번지에 위치한 대전형무소에서 골령골까지는 9.4킬로미터 거리였다.

재소자와 보도연맹원들은 형무관들에게 묶여서 헌병들이 징발한 미군 트럭에 실려 왔다. 아스팔트 포장이 안 된 시골길을 1시간 넘게 달려왔을 것이다. 경찰과 헌병들은 골령골 구덩이 앞에서 재소자들에게 무릎을 꿇게 한 뒤 등을 밟고 뒷머리에 총을 쏘아 죽였다. 헌병 장교가 확인 사살을 했다.

골령골에서의 학살은 크게 세 차례에 걸쳐 있었다고 전해진다. 1차는 1950년 6월 28일부터 30일까지, 2차는 7월 3일경부터 5일경까지, 3차는 7월 6일경부터 17일 새벽(특히 15~16일)까지.

희생자 추정 규모는 각각 세 번의 시기별로 1차 1400명(미군 제

25사단 CIC 파견대 전투일지 기준), 2차 1800명(미대사관 소속 육군 무관 에드워드 중령 보고 기준) 또는 3000명(위닝턴 기록 기준), 3차 1700명(프랑스 신부 카다르 증언 기준) 또는 3700명(위닝턴 기록 기준) 이다. 각 최대치를 합하면 8000명을 넘는다.

기록이 이러할진대 34구가 전부일 리는 없었다. 2010년 12월로 진실화해위원회가 활동을 중단하자 2014년 시민단체들이 힘을 모아 '한국전쟁기 민간인학살 유해발굴 공동조사단'을 조직한다. 그리고 2015년 2~3월 골령골 1지점에서 20여 구의 유해와 도랑의 존재를 확인한다. 위닝턴의 글에 나오는 그 도랑일지도 몰랐다. 발굴 주체가 조금씩 달라졌지만, 유해 발굴은 2020년 9~11월, 2021년 6~11월, 2022년 4~12월까지 계속된다.

2020년 1지점에서 234구가, 2021년 1지점에서 무려 962구가 나왔다. 2022년 발굴에서는 191구(1지점 111구, 2지점 80구)가 나왔다. 점토성 토양이라 유해 상태는 극도로 안 좋았다. 사지 뼈들 위주로 나왔다. 유해들이 층층이 겹쳐진 채로 있었다. 다섯 번의 발굴 결과, 골령골에서 나온 총 유해 수는 1441구(유품은 4587점)였다. 선주는 조사단장 또는 책임조사원으로 전 과정을 함께했다.

1441명, 아직도 많이 남았다. 선주는 각종 자료와 증언에 기대어 파볼 곳은 거의 다 파보았다고 여겼다. 세월이 지나면서 유실되기라도 했을까. 그럴 가능성도 크게 없었다. 물론 유일하게 접근하지 못한 송

전탑 아래 8지점이 있었다. 토지 소유주가 허락하지 않았다. 거기서 유해가 대규모로 나온다면 3000구 가까이 된다는 추정이 얼추 맞을 수도 있었다. 그래도 위닝턴이 주장한 7000구에는 한참 모자랐다.

선주는 2009년과 2013년 공주 상왕동 왕촌 살구쟁이를 발굴하며 참고한 영국 《픽쳐 포스트》의 트럭 사진을 다시 꺼내보았다. 공주형무소 재소자들이 두손을 뒤로 묶인 채 태워져 있는 트럭을 오스트레일리아 기자가 찍은 것이다. 대전형무소 재소자들도 이 트럭을 타고 왔다고 했다. 아무리 빽빽하게 채워도 35명 이상은 탈 수 없어 보였다.

그러나 위닝턴은 7월 4일에서 6일까지 이 트럭으로 50명 이상을 실어 날랐다고 썼다. 17일 새벽에는 트럭에 100명 이상이 탔다고 했다. 37개의 트럭에 3700명이 실려 왔다고 했다. 위닝턴은 왜 50명과 100명의 숫자를 적시했을까. 트럭이 37대였다는 것은 어떤 기준에서 나왔을까. 위닝턴은 또한 200미터 도랑이 하나였고 100미터짜리 도랑이 두 개였다고 했다. 그러나 선주가 파보니 도랑은 1지점의 90미터짜리 하나가 전부였다.

선주는 골령골을 언급할 때마다 '모던 미스modern myth'라는 용어를 설명하지 않을 수 없었다. 일종의 고고학 개념이다. 사실처럼 알고 있는 지식이 진실이 아닐 수도 있다는 것, 무엇인가 덧붙이고 덧붙여져 움직일 수 없는 신화처럼 굳어졌을 수도 있다는 것. 가령 한국전쟁 때 100만 명의 민간인이 학살당했다고들 말한다.

2022년 4월 대전 낭월동 2지점에서의 유해발굴 모습.

유해발굴 현장에서 여러 뼈들이 나와 있다.

사실인가? 선주는 골령골에서 3000명 이상, 아니 최대 7000명 죽었다거나 한국전쟁에서 민간인 희생자가 100만 명이라는 것 모두 모던 미스일 개연성이 높다고 생각했다. '골령골이 세상에서 가장 긴 무덤'이라는 수사를 부정할 수는 없지만, 위닝턴이 주장했던 도랑의 실재에 근거해 그런 말을 하는 건 곤란했다.

학살의 존재나 범죄 행위를 부정하려는 게 아니었다. 실증하고 또 검증하지 않으면 못 견디는 인류학자의 못된 버릇이었다. 선주는 아무리 높게 쳐도 골령골의 희생자는 3000명 안팎이라고 보았다. 이는 1951년 1·4 후퇴 시기에 부역 혐의로 골령골에서 사형 집행을 받은 166명까지 포함한 수였다. 골령골 사건의 진실 규명을 했던 진실화해위 조사보고서도 "최소 1800여 명 이상"이라는 견해를 내놓았다.

위닝턴은 1954년 영국 당국으로부터 반역자 낙인을 받고 본국 입국을 할 수 없게 된다. 한국전쟁기 남한의 학살을 보도하고 북한 포로수용소를 호의적으로 보도했다는 이유였다. 중국에 남았던 그는 1960년 《데일리 워커》 동베를린 통신원 자격으로 동독으로 건너간다. 1967년 비트브로트라는 현지 여성과 재혼하고, 범죄 소설을 쓰기 시작한다. 영국에서 영화배우로도 활동했던 그는 사진 속에서 멋지게 파이프 담배를 물고 있다.

위닝턴은 진실을 보았다. 선주는 진실 속의 허점을 보았다.

신은 위대했다

◆

내 이름은 해진이다.

아산의 역사에 '빌런(악당)'으로 남은 해진이다. 내가 연루된 사건을 조사한 한 국가기관의 조사관은 2009년 작성한 보고서에서 감히 내 실명을 적지 못하고 유OO이라고만 했다. 개인정보보호를 의식한 조치였으리라. 정보 공개 요청을 받아 반출되는 국가 기록 문서에도 나는 유OO으로 처리됐다.

2020년 아산시에서 만든 또 다른 보고서엔 내 이름이 버젓이 기재됐다. 어차피 가릴 수 없었다. 이미 한참 전 신문에도 여러 번 활자화되어 유명세를 얻은 이름이다. 70여 년 전 나를 저주하며 내 이름을 증언한 사람들이 있었다. 희생자 유족은 나를 고소했고, 검사는 나를 기소했다. 결국 법정에 섰다. 한국전쟁기에 아산에서 민간인을 대량 학살했다는 혐의였다.

지금 핸드폰으로 '수도권 전철 노선도'를 검색해보라. 오른쪽 가장 밑에 무슨 역이 나오는가. 서울역에서 1호선을 타고 남쪽으로 향할 경우 무려 2시간 28분이 걸리는, 남동쪽 가장 끝에 자리한 신창역이다. 신창에서 나는 신이었다. 수많은 사람들의 삶과 죽음을 관장하는 신이었다. 그 신의 시간을 누린 대가로, 수인의 시간이 돌아왔다.

　나는 충청남도 경찰국 온양경찰서 산하 신창 지서의 주임이었다. 지서 주임이란 지서장을 말한다. 지금으로 치면 파출소장 또는 지구대장이다. 1950년대 지서 주임은 끗발 있었다. 특히나 6·25가 터지고 전국 곳곳을 점령했던 북한군이 썰물처럼 빠진 뒤 사람들의 눈에 살기가 가득하던 그 시기에 더할 나위 없이 끗발 있었다.

　신창면은 각별했다. 수복 직전까지 전투가 있었기 때문이다. 9월 26일부터 29일까지 신창면 읍내리와 도고면 와산리 사이에 위치한 한티고개에서 퇴각하는 북한군과 연합군 사이에 마지막 혈전이 벌어졌다. 한 방에 물러갈 줄 알았던 북한군이 유엔군을 역습해 몰아쳤다. 이럴 수가. 그 바람에 세상 바뀐 줄만 알고 마을에 들어갔던 일부 치안 대원들이 희생을 당했다. 9월 29일 신창을 완전히 장악할 때, 그래서 우리는 더 독이 올라 있었는지도 모른다.

　600명이었다. 이 얼마나 웅대한 수인가. 인민군 점령기 때 우익 애국 인사들을 체포해 떠들썩하게 연 궐기대회. 그 궐기대회에 참여했거나 구경한 것으로 추정되어 잡혀 온 이들이 600명이었다. 궐기대회에 회부되어 처형된 희생자 유족과 우익 단체 대원들이 하나하나 지목한 결과였다. 이들은 신창면 오목리에 있는 면사무소 창고 등 여러 곳에 나뉘어 감금되었다. 오목리·궁화리·가내리·수장리·수라리(신달리1구)·황산리·창암리·가덕리·신곡리 등에서 사람들이 쉴 새 없이 왔다. 피가 필요했다. 북한군 점령기 때 흘렸던 피의 두 배, 세 배, 아니 백배.

600명의 목숨 앞에서 나의 입은 위대했다. 나의 손가락은 위대했다. 생사를 결정할 수 있었다. 여성을 농락할 수 있었다. 살기 위해 나의 환심을 사려는 자들의 재산을 빼앗을 수 있었다.

훗날 신창면의 여러 마을을 돌며 조사를 한 이들은 이렇게 기록했다.

가내리의 경우 확인된 희생자가 90명에 달했다. 가내리2구와 가내리3구에 가장 많은 주민들이 희생되었는데 14개 정도 가족들이 멸족을 당했다. 멸족을 당했기 때문에 젖먹이 아기와 어린이들이 다수 포함돼 있었다. 신원이 확인되지 못한 30명까지 합하면 가내리 주민들의 희생 규모는 최소 120명에 달할 것으로 추정된다. 이러한 보복 학살은 오목리·수장리·황산리·신달리 등 신창면 전 지역에서 발생했고, 희생 규모는 지역에 따라 편차가 있었다. 신창면에서 확인된 희생자만 180명이었다.

멸족. 씨를 말린다는 뜻. 일가족을 남김 없이 죽인다는 의미다. 나는 학살 현장에서 기관단총을 소지하고 있던 순경이 너무 지나친 짓이라며 총 쏘기를 주저하면 그를 총살하겠다고 협박했다. 나는 신이었고, 신에게 자비는 없었다. 그러나 그 시간은 짧았다.

1955년 1월, 나는 양민 150명을 살해하고 정부 보유미 450가마를 횡령한 혐의로 서울지검에 입건되었다. 1950년 10월 20일 오후 7시경 오목리에 거주하던 옥화 및 그의 2녀 명희 외 50명을 끌어내 결박한 뒤 오목리 앞산으로 데려가 총살하였고, 같은 해 10월 22일 오전 5시경 시우 및 그 손녀 경자 외 50명을 끌어내 결박한 뒤 염통산(궁화리) 방공호로 데려가 총살하였으며, 1951년 1월 15일 구금돼 있던 부역 혐의자 중 중빈 등 6명을 의용 경찰 오 씨와 정 씨를 시켜 총살시켰다는 혐의였다.

1월 13일부터 언론들이 경쟁적으로 이 사실을 보도했다. 《조선일보》 《동아일보》 《한국일보》 《경향신문》이 나의 이름을 지면에 올렸다. 그중 신창면 현지에까지 가서 나에 관해 취재한 신문은 《한국일보》가 유일했다. 《한국일보》 기자를 만난 주민들은 대놓고 나를 욕했다. "유柳는 빨갱이보다도 더 나쁜 놈이었다. (중략) 하늘이 무심치 않아 이제 그 죄인을 법으로 다스리려 한다니 사필귀정으로 되는 모양이지요…. 1·4 후퇴 당시에 지서 주임이 부하들에게까지 마을 부녀자들을 농간케 한 가지가지의 사실은 차마 입에 담을 수 없다. 본래부터 해진은 악질이었다."

나의 죄명은 살인과 사형私刑금지법 위반, 수뢰, 업무상 횡령이었다. 2월 24일 오전 10시 40분 서울지방법원 제4호 법정에서 세 번째 공판이 열렸다. 나는 회색 바지저고리를 입고 법정에 섰다. 나는 '공포 한 발 쏘아본 일 없고 사람 하나 죽인 일 없다'고 공소 사실 전부를 부인했다.

5월 4일 결심공판이 열렸다. 나를 기소했던 검사 익보는 말했다. "대한민국은 엄연한 법치국가로서 모든 국민의 기본권리가 헌법에 보장되어 있음에도 불구하고 피고는 부역자라고 하여 개중에는 무고한 자가 많았을 것임에도 불구하고 덮어놓고 함부로 총살이라는 (중략) 피고의 행위는 악랄의 극치이며, 동 사건의 피해자로 보면 처참의 극치이고, 이 사건이 사회적으로 미친 것은 암흑의 극치이다. (중략) 여사한 피고의 행위는 관민을 이간시킬 뿐 아니라 외국에 대해서도 국제상의 신의를 손실케 하였다." 김 검사는 무려 1시간 동안이나 논고를 했다. 그리고 나에게 사형을 구형했다.

5월 25일 서울지법 4호 법정에서 열린 1심 재판에서 재판장 진권은 나에게 징역 15년을 선고했다. "사변 중의 혼란기였던 관계로 정상을 참작한다"고 했다. 그렇다. 신창에 다녀온 《한국일보》 기자도 쓰지 않았던가. 신창은 "충남의 모스크바, 빨치산의 소굴"이었다고. 그만큼 6·25 동란과 함께 좌익 계열의 폭정이 갖은 횡포를 다하여 나 같은 자

신창 학살 사건에 대한 현지 르포기사를 실은 1955년 1월 18일 자《한국일보》.

가 사건을 일으킬 동기를 양성했다고. 나는 곧장 항소를 했지만 기각당했다. 나는 다시 상고했다.

1956년 2월 14일 대법원은 '살인·사형금지법 위반'에 대해 증거 불충분으로 무죄를 선고했다. '수뢰, 업무상 횡령, 횡령'에 대해서만 징역 3년을 선고하였다. 재판에서 증인으로 채택된 자들은 사건 당시 온양경찰서장, 국민회 신창지부장, 의용 경찰을 지낸 이들이었다. 하하하. 나는 공식적으로 학살자가 아니라 경제사범이 되었다.

아산에는 신이 많았다. 나는 신창에서만 신이었다. 온양경찰서장(현 아산경찰서장) 조OO, 오OO도 신이었다. 충남경찰국장 김OO도 신이었다. 온양경찰서장의 지휘 아래 부역자 문제를 처리한 사찰계 형사들은 모두 신이었다. 경찰의 지시를 받아 부역자를 체포·이송·처형한 아산지역 각 읍면 치안대, 즉 대한청년단과 태극동맹, 의용 경찰들은 내가 부려먹은 작은 신이었다. 대통령 승만은 신 중의 신이었다.

나는 한국전쟁기를 호령한 아산, 충남, 그리고 대한민국의 수많은 신 중에서 재수가 없었다. 왜 감옥에 가야 했던가. 나는 정해진 3년의 징역 기간을 채우지 않고 중간에 출소했지만, 그래도 재수 옴 붙었다며 가래침을 뱉지 않을 수 없었다. 도대체 내가 무엇을 그리 잘못했단 말인가.

슈팅스타가 창공을 가르자

슈팅스타가 창공을 날았다.

구름이 점점이 박힌 맑고 푸른 하늘이었다. 눈이 쌓인 소백산맥 줄기가 그림처럼 펼쳐졌다. 슈팅스타는 무스탕과 합류하여 빠르게 날았다. 저 멀리 아래서는 아이들이 참새처럼 재잘거리며 놀고 있었다. 하늘의 굉음이 가까워졌다. 놀란 아이들이 뛰기 시작했다.

1951년 1월 20일 오전 10시, 동굴의 비극은 이렇게 막이 올랐다. 아이들이 굴속에 들어가자마자 폭탄이 떨어졌다. 그중엔 살아 있는 모든 존재를 불태워버리는 네이팜탄도 있었다. 유독가스가 굴 안으로 퍼졌다. 아이들의 가족이 300명 넘게 있었다. 사람들은 어찌해야 할지 몰라 허둥댔다. 일부는 굴 깊숙이 도망갔다. 또 다른 일부는 굴 밖으로 나왔다. 폭음과 비명과 피비린내가 굴 안팎에 진동했다. 굴 안에서는 숨을 쉬지 못해 죽었고, 굴 밖에서는 불태워지거나 총에 맞아 죽었다. 하늘 위의 슈팅스타와 무스탕은 비정했다. 불바다가 된 굴 앞에 세 시간이 넘도록 폭탄을 투하하고 기총공격을 가했다.

선주는 석회암으로 이뤄진 굴속으로 들어갔다. 입구는 두세 사람이 들어갈 정도로 좁았다. 안에서는 꽤 넓은 공간이 나왔다. 구간에 따라 폭이 들쭉날쭉했다. 길이는 83미터에 이른다고 했다. 한국전쟁기에 피난민들이 떼죽음을 당한 충북 단양군 영춘면 상2리(느티마을) 곡계굴 현장이었다. 유해 발굴을 할 참이었다. 굴속에 유해가 남아 있지는 않았다. 유해는 두 차례나 장소를 옮겨 매장됐다고 했다.

2022년 3월이었다. 선주는 2014년부터 '한국전쟁기 민간인학살 유해발굴 공동조사단'의 공동대표이자 발굴단장을 맡아 일했다. 2014년 이전의 민간인 희생자 유해 발굴이 국가 차원 사업이었다면, 2014년부터는 시민단체들이 힘을 모아 발굴단을 구성했다. 지방자치단체가 예산을 지원하기도 했는데, 단양군도 그중 하나였다.

단양에서의 유해 발굴은 선주에게 두 번째였다. 2003년 단양 노동리 실금산에서 국군 전사자 유해 발굴을 했다. 그때 마을 주민들이 말했다. 단양의 또 다른 지역에서는 미폭으로 엄청 죽었다고. 미폭? 미군 폭격을 일컫는 말이었다. 2000년 미국 클린턴 대통령이 영동군 노근리 쌍굴다리 사건에 관해 유감 표명을 한 이후 한국전쟁 때의 미군 범죄가 세간의 관심을 모으던 때였다. 단양 곡계굴은 노근리 사건보다 희생자가 많다고 했다. 미군 폭격 중에서도 희생자가 많은 편이라고 했다. 2003년에 곡계굴은 처음 듣는 이름이었다. 그로부터 19년 만에 찾은 단양에서, 미군 폭격 유해 발굴을 처음 해보는 거였다.

슈팅스타와 무스탕은 각각 미 공군의 F-80, F-51 전투폭격기 별칭이었다. 그날 미7사단 17연대는 단양군 영춘면 일대의 공중 공격을 미5공군에 요청하고, 이에 따라 미49전투폭격단과 미35전투요격단 소속인 F-80 및 F-51 11대(또는 13대)가 정찰기의 인도 아래 영춘면 용진리 및 상리 일대에 대대적인 폭격을 단행했다. 초토화 작전이었다. 당시는 1·4 후퇴 직후였다. 북한군 2군단이 미10군단과 국군3군단 관할구역 사이 틈을 뚫고 소백산맥 지대로 침투한 상황이었다. 미7사단은 영주에서 단양으로 본부를 옮기고 후방으로 침투하는 인민군을 막는 데 주력하고 있었다.

유해는 곡계굴 맞은편 산 너머 상2리 6~8번지 양계장 뒤편 야산 산기슭 초입에 묻혀 있었다. 폭격이 끝난 뒤 한 차례 방화선에 묻은 무연고 시신들을 1970년대 후반 일대 야산 개발 과정에서 영춘면사무소 주도로 재이장한 거였다. 1951년 3월 방화선에 처음 시신을 묻은 인부들은 전체 희생자 규모를 360여 명으로 추산했다고 한다. 그 뒤에도 영월에서부터 내려오는 동강의 수위가 높아질 때 곡계굴을 가득 채웠던 물이 시신을 끌고 나오기도 했다. 이제 매장지 앞까지 개발이 진행되면서 거의 40년 만에 유해 발굴을 하게 된 거였다.

희생자들은 영춘면과 그 북쪽 지역에서 왔다. 영춘면 사람들은 이장 또는 면사무소 직원으로부터 "마을이 공격 목표가 될 수 있으니 빨리 떠나라"는 소리를 듣고 짐을 싸 피난길에 나섰다. 그러나 가곡면 향산리 근방에서 탱크를 앞세운 미군에 의해 가로막혔다. 북한군이 민간인들 속에 잠입할지 모른다며 차단한 것이다. 피난민들은 결국 되돌아와 곡계굴을 피신처로 선택했다.

발굴 현장에는 70개의 작은 봉분들이 1미터씩 떨어져 열을 이루고 있었다. 봉분 앞에는 시멘트로 만든 사각의 작은 표지석이 서 있거나 땅속에 묻힌 상태였다. 표지석마다 숫자가 보였다. 봉분을 모두 걷어내고 바닥을 호미, 트롤(흙손), 대나무 칼을 이용해 파내었다. 10여 명의 발굴단원은 엎드린 자세로 일했다. 구덩이 안 유해는 가로세로 폭과 높이가 각각 40센티미터씩인 나무관 속에 들어 있었다. 하루에 잘해봐야 발굴단원 한 명당 나무관 한 개를 꺼낼 수 있었다.

영춘면 상2리로 되돌아온 피난민들은 북한군과 조우했다. 북한군 병사들은 폭격 당일인 20일 새벽 떠나기 전 "절대 굴에 들어가지 마라"고 경고했다. "이미 미군에게 노출된 지역이고 폭격당하면 다 몰살하므로 하얀 보자기를 쓰고 눈밭에 엎드려 있거나 산에 숨어 있는 것이 더 안전"하다고 했다. 피난민들은 그 말을 귀 기울여 듣지 않았다.

슈팅스타와 무스탕의 조종사들은 왜 민간인, 그것도 아이들이 있는 현장에 폭탄을 투하하고 총격을 가했을까. 당시 북한군 병사들은 민간인 복장이 아닌 군복 차림이었다. 날은 맑았고, 가시범위가 최대

24킬로미터일 정도였다. 만약 미군이 자신들이 탱크로 막았던 피난민들의 정황에 조금이라도 관심을 보였거나 폭격 이후 뛰쳐나온 민간인을 식별하는 최소한의 노력만 기울였다면 희생은 발생하지 않았다. 미군이 북한군 은신처는 물론이고 은신처가 될 만하다고 의심되는 곳을 모두 공중 공격과 소각 작전의 대상으로 삼은 것 자체가 잘못이었다. 진실화해위원회 조사에 따르면, 7사단장 바Barr 준장이 "무리한 작전"이라며 상부에 이의를 제기할 정도였다.

발굴 결과, 50구가 나왔다. 나머지 20개 봉분은 비어 있었다. 두 차례 이장 과정에서 상했는지 머리뼈는 하나도 없고 긴 사지 뼈들 위주로 459점이 나왔다. 50구 중 남자가 30구, 여자가 9구, 알 수 없음이 12구였다. 연령별로는 60대 이상이 많았다. 진실화해위원회 조사 결과에 따르면, 신원이 확인된 곡계굴 사건 희생자 수는 167명이었다. 상리와 인근 지역 거주자들이었다. 선주가 발굴한 50구의 유해는 무연고자들이었다. 영월 등 다른 지역에서 왔을 가능성이 컸다. 이들을 찾으려면 정부나 지방자치단체가 당시 피난민 유가족을 수소문해 DNA 검사부터 해야 했다. 50구의 유해는 일단 세종 추모의 집으로 보내졌다.

미17연대와 그 상부인 미7사단 기록에는 1951년 1월 20일 오전 13대의 폭격기가 굴을 공격한 사실이 명시돼 있었다. "굴속의 적군들과 다수의 짐실이(짐을 싣는) 가축들에 대해 공중 공격, 다수의 사상자 발생." 민간인 희생자가 적군으로 기록돼 있었다. 진짜 적군은 도망쳤고, 오히려 적군 병사들의 권고를 무시하고 아군을 믿은 피난민들은 아군에게 목숨을 잃으며 '적군'으로 둔갑했다.

사건 일주일 뒤 미군 헬리콥터가 곡계굴 앞 밭에 앉았다. 미군 두 명이 사진기를 들고 동굴로 갔다. 무연고 시체가 동굴 안에 가득 차 있을 때였다. 주민들은 두 미군 중 한 명이 사진 찍기를 마치고 내려오다 눈물을 흘리는 장면을 목격했다.

미 공군은 한국전쟁기에 압도적 제공권을 누렸다. 곡계굴은 수십 가지 사건 중 하나였다. 포항·울진·영월·강릉·고성·홍천·경주·김천·함안·의령·오창·예천·여수·나주·순천·화성·오산·신갈·용인·월미도와 그 밖에도 전국 방방곡곡에서 수천여 명이 죽었다. 서울에서 가장 많이 죽었다. 중구·종로구·동대문구·성북구·성동구·서대문구·마포구·용산구·영등포구에서 4250명이 죽었다. 슈팅스타와 무스탕을 비롯한 미군 전폭기들이 창공을 장악한 결과였다.

사라진 아버지의 진실

◆

내 이름은 환일이에요.

남자 이름 같죠? 어릴 적 집에서는 환옥이라고 불렀어요. 할아버지가 이름을 바꿔주셨대요. '옥' 자가 안 좋다고 했어요. 제 이름 한 글자까지 세심하게 신경 써주셔서 감사합니다. 엄마도 저를 보석 상자처럼 조심조심 취급해주셨어요. 클 때까지 손에 물 한 방울 묻힌 적이 없어요. 아무것도 안 시켰으니까요. 어린애처럼 가만두었어요. 제가 '유복녀'라서 그랬을까요?

충남 아산시 도고면 도산리 도산1구가 고향이에요. 도고산 바로 밑이죠. 예전에는 80여 가구가 모여 살았대요. 7남매 중 막내로 태어났어요. 생일이 음력으로 1950년 10월 17일이죠. 양력으로는 11월 26일이네요. 엄마가 만삭이 되어 몸을 풀려고 공주의 친척 집으로 가 있을 때 아버지가 저세상 사람이 됐어요.

엄마는 얼마나 황망했을까요. 큰아이가 고작 열한 살이고 젖먹이가 태어나려고 하는데, 7남매를 놔두고 남편이 떠났으니까요. 엄마는 늘 고달프고 슬픈 얼굴이었어요. 입술이 부르트고 피가 날 정도로 매일 일했어요. 논과 밭이 있었지만 일을 할 사람은 없고, 일하는 사람을 쓰면 제멋대로 해서 속을 끓였어요. 아이들은 툭하면 아팠고, 그럴 때마다 병원이 있는 예산까지 업고 밤길을 걸어갔대요. 불운하게도 7남매 중 넷이 어린 시절에 병으로 죽었어요.

농사만으로는 안 돼 지게에 나무와 수수엿을 이고, 지금은 사라진 선장역에 가서 팔기도 했어요. 엄마와 함께 저보다 열한 살 많은 언니 환선이 고생을 했지요. 그 밑에 있는 언니들도 집안일을 거들어야 했어요. 막내인 저만 빼고요. 엄마는 그렇게 힘겹게 살면서도 저한테는 싫은 소리 한마디 안 하고 예뻐만 해주셨어요. 아버지도 못 보고 태어난 막내가 불쌍했나봐요. 밤에는 당신 가랑이에 제 발을 넣으라고 해서 안고 잤어요. 저는 묻지 못했어요. 언니·오빠들도 안 가르쳐주었죠. 아버지는 도대체 왜 없는지.

그 비밀을 깨우쳐준 사람은 뜻밖에도 시어머니였어요. 스물여섯 살 되던 1976년 늦가을에 결혼했어요. 화장품 팔러 다니는 분이 중신을 서 선을 보았죠. 두 번째 만난 자리에서 남자가 약혼을 청하는 거예요. 착해는 보였지만 확신이 들지 않아 망설이고 있었어요. 그 얘기를 엄마한테 했다가 혼났어요. "네가 뭐 잘났냐"고 했어요. 엄마는 혼기

환일의 어머니 오순의 사진. 얼굴에 신산했던 삶의 역사가 쓰여있는 듯하다.

가 꽉 찬 딸이 시집 못 갈까 봐 애를 태워왔으니까요. 1년도 안 지나 결혼식을 했어요. 아산시 염치읍 백암리에서 시어머니를 모시고 살았지요. 시어머니는 남편 먼저 보내고 농사일에 지쳐 계셨어요. 화를 낼 때가 많았죠. 며느리가 아무 일도 할 줄 모르니 심통이 더 났을까요? 함께 산 지 서너 달 된 어느 날 밤에 저한테 그러는 거예요. 빨갱이 자식이라고. 아….

까무러칠 뻔했어요. 얼마나 충격을 받았으면 돌이 갓 지난 아이마저 놔두고 가출해 작은엄마 집으로 달려갔을까요. 작은엄마는 일찍이 남편을 여의고 친정이 있는 온양읍 모종리(현 모종동)에 살고 있었죠. 1시간 넘게 걸어가야 했어요. 그제야 작은엄마에게 오래된 가족사의 비밀을 들을 수 있었어요. 전쟁 통에 우리 아버지 상직과 당신의 남편 형직이 빨갱이로 몰려 함께 죽었다는 이야기. 작은엄마는 "네 엄마 알면 쓰러지신다. 하룻밤만 자고 어서 돌아가라"고 달랬어요. 돌아갈 생각이 없었어요. 다음 날 저녁 남편과 시어머니가 찾아왔어요. 시어머니가 내 손을 붙잡고 빌었어요. 다시는 안 그러겠다고.

아버지 상직은 5년제 예산농고를 졸업하고 온양읍 농조(농업조합)에 다녔대요. 지금으로 치면 농협이죠. 공부도 직장 생활도 다 잘해서 할아버지 사랑을 듬뿍 받았답니다. 그런데 전쟁 터지고 인민군이 들어왔을 때 아버지가 도고면사무소에서 사무를 본 게 문제가 됐나 봐요. 큰언니 환선은 '인민군이 왔을 때 엄청 머리 좋은 머슴 한 명이 주동이 되어 지주들을 혼냈는데, 그 머슴이 아버지한테 강압적으로 사무 일을 시켰다'고 해요. 밭에 가서 추수한 콩 알갱이 세는 일 따위를 했다죠. 또 좌익들이 연 궐기대회 후 지주들이 도고저수지에서 처형될 때 그곳에 있었나 봐요. 결국 면사무소 일을 함께 본 바로 밑의 동생 형직과 1950년 10월 말에 우익 자치대에 끌려간 거죠.

형직 밑으로는 동생 우직이 있었는데, 우직은 그보다 전인 10월 초에 끌려가 선장면 공동묘지에서 처형당했어요. 우직은 원래 도고면사무소에 일했어요. 인민군 점령기 때도 피신을 안 하고 일을 봐 밉보였다죠. 우직의 시신은 할아버지가 손수 수습했대요. 지금 생각하면 아버지가 속 터져요. 동생 우직이 그렇게 당한 걸 알면서 왜 피신하지 않았을까요. 잘못한 거 없다고, 그냥 집에 남겠다고 했다가 화를 당한 거래요.

아버지의 마지막 모습을 본 사람은 막냇삼촌 정이에요. 아버지는 6형제 중 둘째로 1920년생이죠. 막냇삼촌 정은 31년생이에요. 서울 경복고등학교에 다니다 피난 내려와 있었어요. 형 둘이 동네에 있는 노루목고개 주막집에 감금돼 있다는 소식을 듣고 간 거예요. 감시자한테 허락을 받아 자초지종을 물었대요. 문을 열어놓고 아버지는 그저 통곡하면서 '아이들을 잘 부탁한다'는 말만 했대요. 형직 삼촌은 아무 말 없이 눈물만 글썽이더래요. 둘 다 등 뒤 손목에 삐삐선이 묶여 있었고요. 막냇삼촌은 들고 간 내복도 전달할 수 없었어요. 눈물만 흘리다가 그냥 왔답니다.

막냇삼촌이 이튿날 새벽 다시 주막집을 찾아갔을 때는 두 형이 자취를 감춘 뒤였어요. 트럭을 타고 어디론가 갔다는 이야기만 들었다지요. 나중에 그곳이 온양경찰서라는 걸 알았어요. 할아버지가 온양에 사는 누이동생들한테 들었는데, 온양경찰서에 끌려온 사람들이 죄다 인근 배방면 공수리에 있는 성재산 교통호에 가서 처형당했대요. 우리 고향 도산리에서만 그렇게 41명이 죽었어요.

언니 환선은 그때 열한 살이었는데 기억이 선하대요. 동네 먼 일가 사람들이 집에 쳐들어와 아버지 책상 서랍을 뒤져 죄다 가져가던 기억. 외삼촌과 어머니가 그 서랍 속의 물건들을 찾아오기 위해 사방팔방 돌아다니던 기억.

'다시는 그러지 않겠다'던 시어머니는 약속을 지키지 않았어요. 가끔 화가 나면 그 말을 했어요. 저는 또 가출을 하지는 않았어요. 더 험한 일을 겪은 사람들이 있다는 것도 알아요. 고인이 된 오빠 환진은 철도공사에 들어갔는데 정규직이 안 돼 애를 먹었어요. 국방부에서 일한 조카도 뭔가 불편한 일이 많았대요. 연좌제 때문이죠. 여기에 비하면 시어머니 말은 별 게 아닐까요? 아니죠. 그래도 그런 말 하면 안 돼요.

어린 시절 늘 기가 죽어 있었고 어두웠지만, 그나마 엄마가 계셔서 숨을 쉬고 살았어요. 아버지 죽고 그렇게나 무거운 짐을 홀로 지고도 부지런하게 일하며 자식들 키워준 우리 엄마. 엄마 욕되지 않게 살아야겠다고 다짐해요. 아버지의 진실을 안 뒤에도 엄마한테는 입도 벙긋 못 했어요. 그 이야기만 나오면 엄마가 한숨만 쉬었으니까요.

저는 2년 전 진실화해위원회에 아버지의 죽음을 진실 규명 해달라고 신청했어요. 아버지는 무고하게 재판 절차도 없이 불법적으로 처형당했어요. 국가가 잘못했다는 결정을 기다리는 중입니다. 아버지를 마지막으로 목격했던 막냇삼촌 정이 진실화해위원회 조사관에게 증언을 해주었어요. 저에게 '증언서'도 써주었고요. 막냇삼촌은 92세, 지금은 기력이 없어 누워만 계세요.

참 이상하죠. 한 번도 얼굴을 못 봤지만 아버지 이야기만 나오면 목이 메어요. 아버지! 저는 그래도 남편과 행복하게 살고 있답니다. 마지막 소망은 진실 규명과 함께 아버지 당신의 유해를 찾는 거예요. 성재산, 신도리코 건물이 있는 그곳 교통호에서 지금 유해 발굴을 하고 있다죠. 며칠 전에 저는 검사원 앞에서 입을 벌려 DNA 시료 채취도 했어요. 유해를 찾으면 도고면 화천리에 있는 엄마 산소에 합장해드릴 겁니다. 아버지 가묘도 만들어놨어요. 희망이 있을까요? 성재산 교통호에서 유해 발굴은 잘되고 있나요?

사람이 아니라 시스템으로

유해 발굴 최종 결과는 공개되지 않았다.

선주는 자신의 연구소 서가 한쪽에 쌓인 서류 더미에서 먼지가 잔뜩 묻은 보고서 하나를 꺼냈다. '전북 익산 망성면(금강변) 발굴 유해 용역 보고서'. 발행일자는 2021년 3월 2일로 되어 있다. 선주는 용역 보고서를 제출한 뒤 잊고 있었다. 직접 현장에 가서 유해 발굴을 하지는 않았다. 발굴한 지 6년이 지난 뒤에야 유해를 넘겨받아 분석만 해줬다. 선주가 적은 보고서의 결론은, 애초 발굴단이 짐작했던 내용과는 정반대였다. 그래서였을까. 정확한 이유는 알지 못한다. 선주가 작성한 보고서는 그 어디에도 공개되지 않았다.

때는 2014년으로 거슬러 올라간다. 한국전쟁 당시 숨진 것으로 보이는 유해 1구가 7월 18일 전북 익산시 망성면 화산리 금강변 갯벌에서 발견됐다. 이틀 뒤엔 20여 구가 또 발굴됐다. 유해가 발견된 지역은 충남 강경과 인접한 곳으로 1950년 7월 북한군과 경찰 간 치열한 전투가 벌어졌다고 했다.

유해를 발견하고 신고한 이들은 낚시를 하던 초등학생 두 명이었다. 경찰은 전북지방경찰청 과학수사대와 익산경찰서 형사계 직원 40명으로 발굴단을 구성했다. 경찰이 대대적으로 한국전쟁기 유해 발굴에 나서는 유례 없는 경우였다. 국방부 유해발굴감식단은 발굴 지원을 하며 감식을 해주기로 했다. 추가 발굴 결과, 총 49구의 유해가 나왔다.

경찰은 발견된 유해가 한국전쟁기 전투 과정에서 사망한 경찰 또는 국군의 것이라고 추정했다. 전사戰史에 따르면, 1950년 7월 18일 발굴 현장과 1.6킬로미터 떨어진 곳에서 북한군 6사단과 강경 경찰서원 사이의 전투가 벌어졌고, 이때 경찰 82명이 전사했다. 비슷한 시기 국군 7사단 병력과 전북경찰 및 충남경찰 혼성 중대가 북한군 6사단과 전투를 벌였다는 기록도 있었다.

하지만 막상 발굴을 해보니 뭔가 이상했다. 경찰복이나 군복, 군화는 나오지 않았다. 대신 고무신이 나왔다. M1이나 카빈 소총의 탄두와 탄피가 나왔다. 그럼에도 경찰과 군은 미련의 끈을 놓지 않았던 것 같다. 유해에 대한 DNA 검사를 실시했고, 2015년 5월부터 2018년 12월까지 2차에 걸쳐 약 5만 6375명의 유가족(경찰 1375명, 국군 약 5만 5000명) 유전자와 비교하는 작업을 벌였다. 안타깝게도 단 한 명과도 일치하지 않았다.

경찰과 군인이 아니라면 민간인일 수밖에. 군은 이후 업무를 행정안전부 과거사지원단에 넘겼다. 당시는 1기 진실화해위원회가 활동을 마친 상태라 한국전쟁기 민간인 희생자 유해를 담당할 국가기관이 없었다. 행안부 과거사지원단도 유해를 어찌해야 할지 난감한 상황이었다.

그래도 매듭은 지어야 했다. 망성면의 유해들은 국군 전사자와 민간인 희생자를 모두 발굴한 경험이 있는 선주에게 왔다. 발굴 유해의 인류학적 조사를 통해 한국전쟁 전후 민간인 희생자 여부 등을 분석한 뒤 임시 안치 시설(세종 추모의 집)로 보낼지 여부를 결정해달라는 거였다.

선주에게 온 유해엔 곰팡이가 피어 있었다. 발굴된 이후 5년 이상 비닐 봉투 안에 담긴 상태였기 때문이다. 머리뼈는 대부분 부서져 조각으로만 남아 있었고 완전한 형태는 2구뿐이었다. 머리뼈에서 총 상흔이 보였다. 유해와 함께 발견된 M1과 카빈 등의 탄피와 탄두를 감안할 때 이들은 아군 소총 등에 의해 사망한 것으로 보였다.

희생자들의 나이 분포는 10대 후반에서 40대 중반까지 다양했다. 만약 군경이었다면 20대로 균일했을 것이다. 고무신이나 단추류 등의 유품도 이들이 민간인 희생자라는 걸 보여주었다. 발굴 지점에 거주하는 주민들에 따르면, 북한군이 1950년 7월 15일 강경을 장악한 뒤

16일 일단 퇴각하자 17일경에 지역 우익 세력이 적군에 동조한 부역
혐의 민간인들을 처형했다. 시신이 바로 수습되지 않고 오랫동안 방
치된 점으로 볼 때 적대세력에 의한 희생 가능성은 작았다.

경찰과 군으로서는 곤혹스러웠을 것이다. 강경을 점령한 북한군
에 의한 군경 전사자가 대부분이리라 믿고 발굴을 했는데, 거꾸로 군
경의 주도나 방조 속에서 희생됐을지 모르는 민간인들이 나온 셈이었
다. 유해 발굴 초반엔 떠들썩하게 언론에 알렸으나, 최종 결론이 밝혀
진 뒤에는 침묵해버렸다. 굳이 밝히고 싶지 않았을 것이다.

곤혹스러운 사례는 또 있었다. 군 발굴단이 민간인 유해를 수습한
뒤 발굴을 멈춰버린 경우였다.

선주는 한참 컴퓨터 하드디스크를 뒤지더니 파일을 하나 찾아냈다.
'서울 강북구 우이동 인수천 옹벽 보강공사 현장에서 수습된 유해의
감식 보고'. 발행일자는 2018년 3월 30일로 돼 있다. 선주는 역시 감
식 보고서를 제출한 뒤 잊고 있었다. 망성면과 마찬가지로 직접 현장
에 가서 유해 발굴을 하지는 않았다. 그래도 망성면처럼 6년이나 지난
뒤 유해가 오지는 않았다. 최초 발굴로부터 두 달 만에 감식을 의뢰받
았다.

2017년 11월 16일 서울 강북구 우이동 338번지 인수천 옹벽 공사
를 하던 노동자들이 땅속에 묻힌 유해를 발견해 신고했다. 강북경찰서
와 국방부 유해발굴감식단이 나서 유해 6구를 수습한 결과, 6세 어린이

부터 60대까지 군인이 아닌 민간인들로 추정되는 유해가 나왔다. 6구의 유해는 위아래로 3~4겹 혼재돼 있었다. 일부 유해는 손목을 철사줄로 결박당한 채였다. 국방부 유해발굴감식단은 남은 유해가 더 있다는 사실을 알고도 추가 발굴 작업을 하지 않고 흙을 덮었다. 이들 유해는 2023년 10월이 돼서야 진실화해위원회를 통해 세상 빛을 보았다.

한국전쟁기에 한강 이북에서 경찰과 우익 단체에 의한 부역 혐의자 처형이 있었을 것이라는 추정은 있었으나, 구체적인 증거가 드러난 경우는 우이동이 처음이었다. 추가 조사가 필요했다. 그러나 군은 현장에 유해가 2구 이상 더 있다는 사실을 알면서도 발굴을 하지 않았다. 군은 민간인 유해를 발굴할 권한이 없다는 이유였다.

국방부는 관련 업무를 행정안전부로 넘겼다. 당시에도 진실화해위원회는 1기를 마치고 2기 출범이 되지 않은 상황이었다. 행정안전부가 할 수 있는 일은 유해 감식과 분석을 외부에 용역 준 뒤 민간인으로 밝혀지면 세종 추모의 집으로 보내는 거였다. 용역을 맡은 선주는 유해를 개체별로 분류해 나이·성별·키 재기 등의 조사를 했다. 6구 중 2구만 남녀 식별이 가능했다. 2구는 모두 남자였다.

선주가 유해와 함께 받은 국방부 문서에 따르면, 희생자들은 우이동 발굴 지점 근처에 살던 중학교 음악 선생(당시 45~50세)의 가족일 가능성이 컸다. 우이동 토박이라는 80대의 남성 제보자는 '중학교 1학년 때쯤(1950년 10월경) 경찰이 6·25 전쟁 이전 자신의 학교 음악

313

선생 일가족을 인수천 주변에서 사살하는 것을 목격했으며 시체는 묻어주지 않았다'고 말했다. 그때 죽은 사람은 음악 선생 부부와 선생의 장모, 7세 이내의 아들 두 명 등 총 다섯 명이었다고 했다. 장소도 정확하게 기억하고 있었다.

또 다른 증언에 따르면, 우이동의 경전철 자리와 다른 두 곳에서 학살이 있었다고 했다. 아침마다 트럭에 실려 와 사살되는 사람들을 목격했다는 증언도 있었다. 가해자가 경찰인지 우익 청년단원인지는 확실치 않다고 했다.

선주는 한계를 절감했다. 이것은 '시스템의 부재'라는 한계였다. 망성면에서 유해를 수습한 경찰과 군은 왜 적극적으로 민간인 희생자들의 유족들을 탐문할 수 없었을까. 국방부 유해 발굴감식단과 민간인 유해 발굴팀이 정보를 공유한다면 그 한계를 극복할 수 있을 것 같았다. 그러나 공유가 지속될 만한 구조가 아니었다. 국방부 유해발굴감식단은 2007년 1월 정식 부대로 창설됐으나, 민간인 희생자 발굴팀은 진실화해위원회가 살아 있을 때만 기능했다. 진실화해위원회가 한시적 기구이다 보니 발굴팀은 불안정한 존재였다.

선주는 망성면과 우이동 유해의 감식 요청에 흔쾌히 오케이했지만, 이제는 사람이 아니라 시스템으로 해결해야 한다는 생각을 했다. 군인·경찰·민간인 유해 발굴 전체를 아우르는 통합센터의 필요성을 절실하게 느끼게 되었다.

아버지는 인민위원장

◆

내 이름은 상춘이여.

나이가 아흔둘이지. 그래도 지팡이 짚고 잘 걸어 다녀. 평생을 운동으로 다져온 몸이여. 내가 역도와 육상을 했거든. 공주에서 중학교 다닐 때 날 모르는 사람이 없었어. 키도 175센티미터로 젤 컸지. 오죽하면 공주의 한 사진관 사장이 나보고 몸 좋다면서 특별히 사진을 찍어 줬겠어. 그 옷, 역도복은 아녀. 그냥 팬티 바람으로 누워서 폼 잡고 찍었지. 그래도 멋지지 않어?

5년제 공주농업중학교(공주농중)에 다녔어. 한 학년에 120명밖에 없는 명문이여. 고향은 아산이지. 영인면 알어? 영인국민학교 졸업했어. 중학교는 좀 쉬다가 만 16세에 들어갔어. 그때 옆구리에 권총 차고 다니던 배석 장교이자 체육 선생이 충남에서 처음으로 역도 기구를 사 왔는데 내가 60킬로그램짜리를 세 번 꺾어서 단번에 들어버렸

315

어. 그날로 역도선수가 되었지. 내가 150킬로그램까지 들어봤어.

철인 10종 경기 선수도 했어. 충남 대표로 전국체전도 나갔는데 메달은 못 땄어. 마지막까지 뛰었으면 동메달이었어. 100미터 달리기부터 멀리뛰기, 포환던지기, 높이뛰기, 110미터·400미터 허들, 원반던지기, 장대높이뛰기, 창던지기까지 아홉 개를 다 마치고 마지막 1500미터 뛰다가 포기했어. 몸이 땅속으로 꺼지는 느낌이잖어.

아녀, 마음이 땅속으로 꺼지는 느낌이 더 무섭지. 공주농중 4학년 때 6·25 사변이 나고 내가 아버지를 잃었잖어. 존함이 수자 홍자(1902년생)여. 그해 추석날(9월 26일) 아침에 아버지가 날 부르더니 이렇게 말하는 거여. "너 조금도 서러워 마라. 열 사람 죽을 거 살리고 나 하나 죽는 게 현대의 혁명가다." 국민학교도 안 댕긴 양반이여. 이 심오한 말은 도대체 뭐여. 이제부터 우리 아버지 이야기를 해볼겨.

내 고향 아산 영인면 신운리2구는 하씨 집성촌이여. 46가구가 하씨였어. 16가구는 다른 성씨 쓰는 사람들이었지. 부촌이었어. 근데 부자들이 정이 없어. 사촌 땅 사면 배만 아픈겨. 돈만 알고 서로 트집만 잡지. 갈등이 심했어. 그러다가 전쟁이 터진 거여.

인민군 세상이 된 뒤 아버지가 영인면 신운리 인민위원장을 했어. 종중 어른들이 아버지를 추대한 거여. 원만하게 일을 처리할 사람을 고른 거지. 아버지가 위원장 할 때 인민군이나 지방 좌익한테 죽은 사람이 없어. 딴 동네는 궐기대회 열어 지주들 막 죽이고 했잖여. 그러다가 미군이 인천으로 상륙하고 9·28 수복이 됐어. 북으로 도주하는 인민군들이 우리 집에 머문 거여. 말하자면 인민군 패잔병 연락소가 우리 집이 된 거여.

인민군이 악질 지주 몇 명을 내놓으라고 한 거여. 아버지가 지주들 숨은 데 알지만 말을 안 했어. 그러니까 인민군이 아버지 데리고 뒷동산에 올라간 거여. 어머니랑 나도 울면서 따라갔지. 인민군이 그러는 거여. 마을을 깨끗하게 해주겠다고 말이여. 말하자면, 악질 지주들을 청소해주겠다는 거여. 소나무에 묶어놓고 위협해도 안 되니까 탕탕탕 총을 쐈어. 휴… 하늘에 대고 쏜 거였어. 그렇게 끝까지 지주들 숨겨주고 보호해준 거여.

하지만 인민군이 물러난 다음에 경찰이 인민위원장 한 사람은 용서해주지를 않았어. 아버지는 잘못한 게 없으니 피신하지도 않았지. 음력 8월 20일(10월 1일) 온양경찰이 트럭 타고 와서 아버지를 끌고 갔잖어. 함께 끌려간 동네 사람들은 영인 지서에 내려줬지만 아버지와 또 다른 두 사람은 온양경찰서까지 갔지. 둘은 농민위원장하고 여맹위원장이여.

아버지 덕분에 목숨을 부지했던 지주들이 말여. 인민군 떠난 뒤 부역자 잡겠다고 온 마을을 쑥대밭으로 만들었어. 지주들 덕 볼까 하는 사람들이 거기 빌붙어서 사람 죽이는 데 앞장섰지. 그네들이 손가락 총질만 하면 다 죽이는 거여. 정말 잘못한 사람들이 아니라 사적 감정으로 그런 거여. 집 짓는 데 부잣집 앞까지 담 넓혔다는 이유로 죽이기도 했으니까. 신운리2구에서만 20명 넘게 죽었잖어.

어머니랑 나는 죽지는 않았지만, 대한청년단 창고에 끌려가 죽도록 두드려 맞았어. 어머니는 살이 닿으면 아프니까 이불을 모기장처럼 치고 잤어. 그 지경으로 온몸이 멍들고 상처가 났어. 나도 새끼줄로 두 손이 묶인 채 끌려가서 몽둥이로 등짝을 50대 맞고 기절했어. 이북 출신 채씨 그놈이 그랬어.

끌려가서 보니 내 옆에 국민학교 선생님이 무릎 꿇고 앉아 있어. 공주농중 1년 선배 태훈이여. 선생님은 백석포 지서로 가고 나는 영인면 지서로 갔는데, 선생님은 지서로 가다가 방공호에서 총 맞아 죽었대. 나는 그래도 집안 할아버지 진욱이 지서에 찾아와 항의해줘서 산 거여. 그 지주들 말여, 다 이름을 알어. 가해자들 이름 다 외워.

집에 돌아와 뭘 먹었는지 알어? 변소 가서 똥을 누고 그걸 퍼 담아 설탕 넣어 마셨어. 어머니가 먼저 그렇게 마시고 나한테 알려준 거여. 매타작으로 생긴 독을 빼는 황금탕이라고 하면서 말이여.

그제야 아버지 말이 이해가 갔어. 만약 아버지가 지주들 은신처를 알려줬으면 나중에 우리 가족들은 모조리 죽었을 겨. 다섯 남매까지 아주 멸족을 했을 거여. 아버지가 지주들만 살린 게 아니라 처자식도 살린 겨.

아버지는 농사일만 아는 선비였어. 모습이 가물가물하지만 키가 작

역도와 육상으로 단련했던 공주농업중학교에 다니던 시절의 상준(위). 2023년, 아흔을 훌쩍 넘긴 상준이 아산시 영인면 자택 앞에서 포즈를 취했다(아래).

고 명주옷으로 된 저고리 바지 입고 댕겼지. 밤에는 말이여, 동네 사랑방에서 동네 어르신들 모셔다놓고 이야기책을 읽어주곤 했어.

내가 아버지한테 효도한 게 하나 있어. 공주농중 2학년 때 반장이됐어. 아버지가 한번은 학교를 왔는데 선생님들이 아들 잘 됐다고 칭찬을 해준 거여. 그러니까 아버지가 한 달에 한 번은 꼭 학교를 와서내가 체육 시간에 앞에 나가 구령 외치고 하는 걸 보는 거여.

그런데 전쟁과 함께 아버지도 잃고 학교도 더 다니기 힘들게 되었지. 집에 있는데 공주농중 담임선생한테서 편지가 왔어. 이북 출신이라 어디 피난갈 데도 없었을 거여. 국어를 가르쳤는데 3년간 우리 반담임이었잖어. 난 3년간 반장을 했고 말여. 나더러 공주까지 좀 오라는 거여. 160리를 걸어서 갔어. 선생님이 나를 일주일 동안 먹여주고재워주면서 그러는 거여. 상춘아, 학교에 안 와도 좋으니까 시험만 보라고. 그러면 졸업시켜주겠다고 말여. 정이 있었던 거여.

어머니는 아버지 잃고 나서 두부 장사를 하면서 나보고 대학을 꼭가라고 했어. 쌀 네 가마를 주면서 이거 팔아 등록금 내라는 거여. 전쟁 중에 신흥대학(현 경희대학교) 체육과 입학시험을 청주에서 봤어. 합격증 받고 나선 부산에 판잣집으로 세운 임시 학교로 무작정 갔어. 체육과 교수님이 소사 집에서 자게 해주고, 또 나중에 총장 된 영식, 그분하고 지내게 해줬어. 돈은 없어도 다들 정이 있었어.

전쟁 끝나고선 서울 이문동에서 대학을 다녔는데, 2학년 봄 고향 집에 못자리하러 간 거여. 논에 볍씨 뿌리려고 말이여. 그런데 영인중학교라고 새로 생긴 거여. 그런데 선생 없어 문 닫게 생겼대. 그때 교장이 공주농중 1년 선배였어. 학교에 전기도 없을 때여. 발령 내도 누가 옵니까? 나보고 선생 좀 해달래. 월급을 3000원 주겠대. 그때 대학교 등록금이 4500원 할 때여. 그럼 많이 주는 거여. 내가 석 달만 봐주겠다고 했어. 석 달이면 9000원이잖어. 1년 등록금 버는 거 아녀. 석 달간 봐드리겠다고 했다가 33년을 영인중학교에서 보냈어.

영인중학교, 온양고등학교에서 체육 선생 하면서 역도부 창설해 역도선수 키웠어. 영인중학교 나온 종철이는 아시안게임에서 은메달도 땄지. 아들은 육상선수 출신이여. 난 정으로 가르쳤어. 평생 정에 한이 맺혀서, 입만 열면 정 이야기를 해. 정이여, 정.

참, 아버지는 어디에 묻혔냐고? 아까 세 사람만 온양경찰서로 갔다고 했잖어. 아버지 빼고 두 사람은 한 달 만에 집에 돌아왔어. 농민위원장하고 여맹위원장 했던 사람들 말여. 근데 동네 사람들이 몰려가 지게 작대기로 때려 죽여버린 거여. 아버지는 그 전에 죽었어. 아버지를 태우고 간 경찰 트럭 몬 사람이 그랬어. 온양서 천안 가는 길가 산에서 죽였다고 했어. 거기서 젤 많이 죽었잖어. 거기가 성재산이래.

그래도 말이여, 아버지는 혁명가여. 여러 사람 살리고 혼자 죽은 현대의 혁명가여. 혁명가의 아들은 그 덕분에 지금 아흔 넘게 살고 있잖어. 이 나이에도 아버지가 애달파 눈물이 난다면 믿겠어?

해양 뼈대학

여자의 오른쪽 뺨이 미끈거렸다.

손을 살짝 갖다 대자 살이 꺼져 내리며 광대뼈가 드러났다. 선주는 머리 뒤로 넣었던 왼손을 빼고 시신을 다시 천천히 바라보았다. 반으로 꺾여진 몸에서 비누화가 진행되는 중이었다. 그래도 이렇게 온전한 시신은 처음이었다. 머리부터 발끝까지 '흩어지지 않은' 상태였다. 선미 좌현 객실 3-18구역이었다. 2017년 5월 22일, 그날 세월호에서 시신이 마지막으로 발견되었다.

2014년 4월 16일 진도 앞바다에서 침몰한 세월호가 3년 만인 2017년 3월 23일 바다 위로 떠올랐다. 그리고 4월 10일 목포 신항만으로 왔다. 세월호에 탔던 476명(선원·승무원 33명, 승객 443명) 중 304명이 목숨을 잃었다. 아홉 명의 시신을 수습하지 못한 상태였다. 옆으로 누워 있는 세월호는 뻘로 가득 채워져 있었다. 진흙 덩이를 꺼내 시신과 유해를 찾아야 했다. 세월호 선체조사위원회가 구성되었다. 선주는 해양수산부 자문위원 자격으로 누워 있는 세월호에 갔다.

2017년 4월, 제19대 대통령 선거 직전이었다. 그해 2~3월 진주 명석면 용산고개에서 군경에 희생된 유해 38구를 발굴했다. '한국전쟁기 민간인학살 유해발굴 공동조사단'의 공동대표이자 발굴단장으로 일하던 때였다. 진주에서 올라오자마자 해양수산부 과장이라는 이의 방문을 받았다. 곧 세월호가 목포로 올 텐데 유해 수습과 감식을 해달라고 했다. 세월호 선체조사위원회를 구성했고 국방부 유해발굴감식단과 국립과학수사연구소, 해양경찰청, 해양수산부가 공동으로 참여한다고 했다. 정부에 대한 유족들의 불신이 극에 달하던 때였다. 민간 전문가가 필요하다고 했다.

선주는 2016년 초여름에 선감도에서 선감학원 사망자 유해 발굴을 했다. 선감학원은 아동과 청소년에 대한 국가 폭력을 상징하는 공간이었다. 1982년까지 40년간 경기도가 운영한 수용시설에서 5000여 명에 이르는 8~19세 아이들이 강제 노역과 폭력에 시달렸다. 수백 명이 병사하거나 탈출하다가 익사했다. 2014년의 평화로운 봄날엔 여객선을 타고 제주도로 수학여행을 가던 고등학생 250명이 바다에 빠져 죽었다. 세월호는 청소년 보호에 대한 국가의 무책임과 무능을 상징했다. 국가는 선감도에서 악질이었고, 침몰하는 세월호에서는 아예 부재했다. 바다에 빠져 죽어서도 구조되지 못한 이들이 선주를 기다렸다.

　마지막 수습된 이는 영○이라고 했다. 옷에서 신분증이 나왔다. 나중에 실시한 유전자 감식에서도 신원이 일치했다. 단원고 학생은 아니었다. 제주도로 이사를 계획한 아들의 짐을 싣고 배에 올랐던 54세 엄마였다. 영○은 옆으로 누워 있는 배 밑부분, 외부와 차단된 객실에서 발견됐다. 합성수지로 된 추리닝을 입고 있었다. 추리닝은 전혀 썩지 않은 채였다. 선주는 영○의 시신이 왜 그나마 온전했는지를 알 것 같았다.

　《법의학적 화석학Forensic Taphonomy》라는 책은 오래전부터 선주의 연구실 서가에 꽂혀 있었다. 책 속에서 '해양 맥락에서의 법의학적 화석학Forensic Taphonomy in Marine Contexts'이라는 챕터는 세월호 조사에서 참고할 점이 많았다. 이는 일종의 '해양 뼈대학'이었다. 바다에서 건진 유해가 육지에 묻혀 있던 그것과 어떻게 다른지, 시기별로 어떤 변화를 겪는지, 발견된 위치와 어종의 구성에 어떤 영향을 받는지 등을 연구한 논문이었다.

　가령 사람이 바다에 빠지면 가장 먼저 먹장어의 공격을 받는다고 했다. 먹장어는 사람의 입으로 들어와 살과 내장을 파먹고 나간다고 했다. 시신에 위해를 가하는 어종은 바다 윗부분일수록 많다고 했다. 시신이 가라앉고 나면 그다음엔 해삼·성게·가리비 등이 시신에 달라붙어 조직에 손상을 가한다고 했다. 홍합은 무릎 등 관절 부위에 해를 입힌다고 했다. 실제로 세월호 선체에서도 먹장어를 비롯해 이러한 어종들이 많이 나왔다. 영○은 선체 안에서도 가장 밑부분, 문이 닫힌 객실에서 합성수지 추리닝을 입고 있었다. 해양생물의 공격을 당할 여지가 훨씬 적은 조건이었다.

세월호 유해 수습은 뻘과의 전쟁이었다. 수색팀이 객실에 들어가 진흙 덩이를 일일이 손으로 퍼내 양동이에 담아 가져왔다. 진흙 속에 온갖 잡동사니 쓰레기가 다 들어 있었다. 그 안에는 유해와 함께 신발·가방·안경·의류·휴대폰 등 유품도 있었다. 20명의 여성 인부들이 2인 1조씩 나뉘어 진흙이 담긴 체에 물을 쏘아 내용물을 걸러냈다. 체는 가로세로 폭과 깊이가 1미터로 된 망으로 돼 있었다. 망 간격은 3밀리미터로 촘촘했다. 사람의 치아 조각 하나도 빠져나갈 수 없었다.

영○을 포함해 도합 네 명의 유해가 수습되었다. 학생들을 내보내고 끝까지 남았던 단원고 체육교사 창○은 5월 5일 배 바닥 바깥 수중에서 허벅지 뼈와 정강이뼈가 나왔다. 각각 5월 13일과 16일 발견된 나머지 두 명은 단원고 여학생 은○와 다○이었다. 한 명은 머리뼈가, 또 한 명은 아래턱뼈와 손가락뼈가 나왔다. 나머지 5구는 끝내 발견하지 못했다.

옆으로 기울어진 세월호 안에는 30미터짜리 2개의 타워가 세워져 있었다. 뻘에서 뼈가 발견됐다는 소식이 전해져 오면 타워 계단을 올라가 확인을 했다. 선주는 해양수산부 자문위원 신분이었으나 실제로

325

는 선체조사위원회 조사관 두 명과 함께 수습과 감식을 주도했다. 함께 참여한 국립과학수사연구소나 국방부 유해발굴감식단 사람들 중에 선주보다 경험과 전문성을 더 쌓은 이가 없는 현실이었다. 초기에는 뼈 발견 즉시 검사의 지휘를 받으라는 요구에 당혹해 하기도 했다. 이 유해들을 변사체로 간주한다는 이유였다.

선주는 2016년 봄 KBS〈추적 60분〉팀의 의뢰를 받아 선감학원 묘지 터에서 치아 5개를 발굴했을 때를 떠올렸다. 그날 밤 11시 안산경찰서 소속 경찰이 집으로 왔다. 변사체이기 때문에 검사 지휘를 받아야 한다면서 감식 준비 중이던 치아를 가져갔다. 세월호는 선감학원과 또 달랐다. 하루이틀도 아니고 몇 달간 진행하는 유해 수습이었다. 뼈 발견 즉시 검사 지휘를 받아야 한다는 해양경찰의 말은 코미디 같았다. 세월호에 파견 나온 검사는 초임이었다. 개 뼈다귀와 사람 뼈도 구분하지 못할 것 같았다. 선주는 뼈가 나오면 주변 발굴 조사를 끝낸 다음에 검사가 투입되어도 늦지 않을 거라 했지만 듣지 않았다. 두 손을 들고 집에 가겠다며 짐을 쌌다. 그제야 말이 통했다. 선주는 집에 가지 않았다.

언제나 그랬듯 세월호에서도 학문적 호기심의 안테나를 세웠다. 선주는 진흙 덩이에서 나온 먹장어·가리비·해삼 등의 해양생물들을 현장에서 임시로 설치한 냉동 보관함에 보관해놓았다. 중요한 연구 자료였다. 세월호 사건에 관해 애통해하고 진실과 책임 소재를 밝히는 것과 또 다른 차원에서, 인류학적 연구 성과를 축적하는 일도 필요하다고 보았다. 하지만 긴급하고 필수불가결한 사안으로 선체조사위원회의 정식 승인을 받기에는 한계가 있었다. 선주는 목포의 한 대학 해양학과 교수에게 이와 관련한 연구 제안을 하고 긍정적인 답변을 들었다. 그에게 냉동 보관함에 있던 해양생물들을 모두 건네주었다. 그 뒤 실제 연구가 진행됐는지는 확인하지 못했다.

미군 발굴 부대 DPAA에는 1941년 12월 7일 일본군의 진주만 공격으로 침몰한 USS 아리조나호(1177명 사망)의 유해와 유품 처리 매뉴얼이 있었다. 이 자료를 DPAA로부터 받아내 세월호 선체조사위원회에 전했다. 세월호도 이러한 보고서나 매뉴얼을 만들어놔야 한다고 생각했다.

선주는 2017년 6월, 두 달 반 만에 세월호를 떠났다. 평소 육지보다 훨씬 긴 발굴 여정이었다. 바닷속 유해는 처음이자 마지막이었다. 그리고⋯ 그 뒤로 선주는 장어를 절대 먹지 않았다.

피해자가 가해자로

◆

네 이름은 광동이다.

나에게, 우리에게 강력한 영향력을 지닌 광동이다. 대한민국의 장
관급 공직자로서 위대한 업무를 수행하도록 사명을 부여받은 광동
이다.

그렇다. 당신이 앉은 그 자리는 위대하다…라고 나는 생각한다. 대
한민국은 과거의 범죄를 반성할 줄 아는 국가의 품격을 가졌음을 당
신의 자리가 증명한다…고 나는 생각한다. 당신은 진실과 화해와 통
합의 항법장치가 장착된 타임머신의 조종 지휘관으로 임명받았다. 안
전하고 평화로운 사회를 목적지로 설정하고 과거사의 시공간을 누비
는 조종사들을 이끌 자격을 얻었다. 당신의 권력은 죽은 사람을 구원
할 수 있다. 붉은 딱지가 붙은 채 비명횡사한 이들의 명예를 구원할 수
있다. 나 역시 구원받고 싶다.

328

나를 소개한다. 2023년 3월 28일 충남 아산시 배방읍 공수리 산 110번지 성재산 교통호에서 나온 A4-5다. 1950년 가을 느닷없이 이곳에 끌려와 총에 맞아 죽은 뒤 흙에 덮였고, 73년 만에 기적적으로 햇빛을 보았다. 세상 밖으로 나를 끄집어낸 책임자들이 누구인지 하나둘 따지다 보니 끄트머리에 당신이 나왔다. 적지 않은 돈을 들여 나에게 광명을 찾아줄 계획을 입안하고 진행한 사업은 바로 타임머신 비행의 산물이었던 것이다. 이 광대한 우주에서 우리는 매우 깊이 연결돼 있다. 당신에 관한 호기심을 품고 살펴보지 않을 수 없었다.

처음 발견 당시 나의 흐트러짐 없는 뼈대와 쪼그려 앉은 자세에 사람들이 소스라치게 놀랐던 것처럼, 2022년 12월 당신이 그 자리에 임명된다는 소식을 접한 사람들은 놀람을 감추지 못했다. 얼마나 많은 언론의 스포트라이트가 쏟아졌던가. 세상은 당신을 주목하고 조명했으며, 당신이 과거에 했던 말들을 곱씹고 또 곱씹었다.

사람들은 '뉴라이트 조종 지휘관'이 선발됐다고 했다. '뉴라이트'는 오른쪽 방향으로만 휘어져 요동치는 속성을 지녔다고 했다. 이 타임머신에는 항로 이탈을 막는 시스템과 법률, 조종 지휘관의 독단을 견제할 부지휘관들이 있지만 힘에 부칠 거라고 했다. 덧난 과거의 상처와 아픔을 치유하고 소독하기 위해 설계·제조한 타임머신이 고장 날지도 모른다고 했다. 도대체 당신의 머릿속에 무엇이 있기에 이런 걱정들이 나온단 말인가.

뜬금없지만, 사랑에 관해 말해본다. '당신이 귀뚜라미를 사랑한다면, 나도 귀뚜라미를 사랑할 수 있다. 당신이 라일락을 사랑한다면, 나도 라일락을 사랑할 수 있다. 당신은 밤을 사랑하는가. 나도 밤을 사랑하겠다.'(조용필의 〈킬리만자로의 표범〉) 당신은 승만을 사랑한다고 했다. 나도 승만을 사랑…하기는 곤란하다.

어느 책에선가 당신은 승만이 독재자라는 세간의 평가에 관해 강력한 반론을 폈다. 승만이야말로 건국과 민주주의 혁명의 토대를 마련한 인물이라고 극찬했다. 압권은 학살과 처형에 관한 대목이었다. "대규모 학살과 처형이 반드시 동반되게 마련이라는 것이 독재의 특징"이라면서 당신은 스탈린·히틀러·무솔리니·마오·일성·폴을 예로 들었다. 그러면서 승만은 독재자이기는커녕, 그 반대라고 했다.

1950년 전쟁이 터지자마자 '적에게 동조할 수 있다는 이유'만으로 전국 팔도에서 수많은 국민보도연맹원들이 국가에 의해 계획적인 죽음을 당했다. 그해 9·28 수복과 1951년 1·4 후퇴 직후에는 부역 혐의자로 지목된 이들과 그의 가족들이 떼죽음을 맞았다. 나도 그들 중 하나다. 당시 우리의 대통령은 승만이었다.

나는 어떤 죄를 지었을까. 1950년 인민군 점령기에 흠을 잡히거나 미움을 샀을 것이다. 나는 나쁜 놈일 수도 있다. 명명백백한 사실은 재판을 받지 못했다는 것이다. 죽은 뒤 함부로 버려져 70년 이상 방치됐다는 것이다. 당신의 말대로, 승만은 자랑스러운 민주공화국의 대통령이었다. 민주공화국에서 모든 국민은 법률의 정한 법관에 의하여 법률에 의한 재판을 받을 권리가 있다(1948년 대한민국 헌법 22조). 전쟁이 터지고 계엄령이 선포됐을 때도 군법회의에 회부될지언정 마찬가지였다. 그 어떤 죄를 지었든 재판받을 권리는 존엄하다. 재판 없는 나의 최후는 존엄하지 않았다.

내가 '학살'이라 쓰면 당신은 '평화'라 읽는다. 2023년 6월 9일의 어느 강연장에서 당신은 나와 같은 이들의 죽음에 관해 이렇게 평했다. "침략자에 맞서서 전쟁 상태를 평화 상태로 만들기 위해 군인과 경찰이 초래시킨 피해였다"고. 새로운 관점이다. 나는 전쟁 상태를 평화적으로 전환하려는 군인과 경찰에 의해 불가피한 피해를 입은 셈이다. 당신이 승만을 스탈린·히틀러·무솔리니·마오·일성의 반열에 세우지 않은 수수께끼가 풀렸다.

당신의 오묘한 말은 계속되었다. 2023년 10월 10일에는 "전시에는 재판 없이 죽일 수 있다"고 했다. 전시에는 군 지휘관에 의해 민간인에 대한 즉결 처분도 가능하다고 했다. 당신의 놀라운 관점에, 사람들은 법적 근거를 궁금하게 여겼다. 나 역시 알고 싶었다. 안타깝게도 당신은 제대로 답하지 못했다. 질문이 쏟아지자 "즉결 처분은 즉결 처형만을 의미하지 않는다"면서 말을 바꿨다.

승만을 사랑하는 당신은 일성을 증오한다. 동족상잔 비극의 출발점이 일성의 침략 전쟁이라는 신념은 확고하다. 당신이 일성을 증오

한다면, 나도 일성을 증오할 수 있다. 그러나 증오스러운 일성이 침략을 했다고, 승만의 추종자들이 나를 부역자로 몰아 즉결 처형할 권리는 없다. 승만은 나를 비롯한 민주공화국의 시민들을 보호해줄 책임이 있었다. 부역자로 몰아 죽이고 싶다면, 부역자임을 확인하고 심판하는 절차를 거쳐야 했다. 그래서인가. 당신은 또 의욕적으로 말했다. "(희생자들 중에서) 부역자가 있는지 세심히 살피겠다"고. 2023년 5월 25일 기자들 앞에서 한 말이다. 70여 년 전에 못 살폈으니, 이제라도 살펴보겠다는 뜻인지 알쏭달쏭할 뿐이다.

이건 '색출'과 다름없다. '색출'은 당신에게 친근한 분야다. 한때 감정사였으니까. 보경을 기억하는가. 2008년 창원지방검찰청 진주지청에 의해 국가보안법 위반죄로 기소된 경남 산청간디학교 교사 보경 말이다. 보경은 자신이 펴낸 현대사 수업 교재가 이적표현물이 분명하다고 판단한 검찰에 의해 반국가 사범으로 몰렸다. 검찰을 위해 감정을 해준 당신을 뭐라고 불러야 할까. 당신이 즐겨 쓰는 말에 빗대자면, 공안 검찰의 부역자일까.

당신은 "보경의 문건이 북한 공산 전체주의 유지와 옹호라는 목적에서 작성되었다"는 감정 결론을 내렸다. '국가의 존립을 위협할 이적행위'라는 거였다. 이적이란 무엇인가. 적을 이롭게 한다는 뜻이다. '부역'과 쌍둥이 말이다. 당신은 2010년 1월 보경을 피고로 한 재판에 나와 "제가 검찰 측 요청으로 지난 10여 년간 20여 건 이상의 감정을 한 경력이 있다"고 자부했다.

　이제 당신은 보경 대신 한국전쟁기 군경에 의해 죽은 수천여 명의 희생자들을 들여다본다. 이들 중 상당수가 이적행위를 했는지, 즉 죽을 만한 짓을 해서 죽은 건 아닌지 여부가 감정의 핵심이다. 그 서막이 올랐다. 당신은 타임머신에 진실 규명을 요청한 1950년 경북 영천 국민보도연맹 사건 희생자 여섯 명을 특별 감정했다. 부지휘관들과 언론의 비판에도 기어이 이들을 부역자로 몰아가는 중이다. 피해자가 가해자로 바뀌고 있다.

　당신의 전적을 음미해본다. 안타깝게도 보경에게는 0 대 3 완패했다. 1심, 2심, 대법원 내리 세 번 모두 무죄였다. 이 정도면 감정의 신뢰성에 대한 평가가 이뤄져야 한다. 그럼에도 당신의 자리는 굳건하다. '뉴라이트'의 명망가이자 이데올로그로서 대통령 석열에게 받는 이쁨과 사랑 덕분인가. 뉴라이트는 검찰과 함께 석열을 떠받치는 양대 기둥이라고 한다.

　희생자들이 당신에게 위로와 구원을 받는 길은 멀어 보인다. 당신이 감정사의 태도를 취하는 이상, 불안은 계속된다. 이제 나를 꺼내준 사람을 만나 위로를 받아야겠다.

마침내 만나다

●

하얀 선이 희미했다.

선주는 큼지막한 항공지도를 펴놓고 성재산 일대를 손으로 짚어 보았다. 교통호를 팠다면 자국이 남았을 것이다. 1967년, 1972년, 2022년 지도도 구해서 비교를 했다. 그래도 사건 당시로부터 가장 가까운 지도는 1954년 것이다. 확대경을 놓고 자세히 살폈다. 아주 희미하게 다른 지역 땅과 구분되는 선이 보였다. 구덩이를 파놓고 메꾸지 않은 흔적이었다. 바로 이 선을 따라 묻혀 있을 가능성이 컸다.

아산 일대의 항공지도, 그것도 고지도를 2022년 초에 입수했다. 국토지리정보원을 통하면 유료로 구할 수 있었다. 유해 발굴을 앞두고 이곳의 지형이 어떻게 변했는지를 알아야 했다. 아산시청을 통해서는 토지대장을 구했다. 산 밑의 도로가 전쟁 이후 확장한 방향을 확인하기 위해서였다.

선주는 드디어 A4-5와 만났다. A4-5는 마침내 선주와 만났다. 선주의 유해 발굴 역사에서 잊지 못할 일이었다. 세상에 나오면서 한국전쟁기 민간인 학살의 비극성을 대표하는 역사적 인물로 다시 태어난 A4-5였다.

A4-5는 2023년 3월 아산시 배방읍 공수리 산110 성재산 1~2부 능선의 교통호에서 나온 총 62구의 유해 중 하나다. 25미터 길이의 매장지 남쪽 최초 발굴 지점에서 북쪽으로 4미터 떨어진 곳에서 나온 5구 중 하나로서 A4-5라 명명된 이 유해는 산쪽으로 파인 둥근 참호 안에 혼자 있었다. 쪼그리고 앉은 상태였다. 머리뼈부터 다리뼈까지 이렇게 완전 유해 상태로 나온 경우는 처음이었다. 최후 순간의 표정이 잡힐 듯 생생한 유해였다.

이들은 모두 1950년 9월 말부터 1951년 1월 초까지 인민군 점령 시기에 부역했다는 혐의와 그 가족이라는 이유로 온양경찰서 소속 경찰과 치안대(대한청년단, 청년방위대 및 향토방위대, 태극동맹)에 의해 집단 살해된 아산 주민들이다. 손마다 굵고 검은 삐삐선으로 묶여 있었다.

아산에서의 유해 발굴은 벌써 네 번째였다. 첫 발굴은 2018년 2월 설화산이었다. 배방읍 중리 산86-1번지(현 수철리 174-1번지)에서 부녀자와 아이 등 부역 혐의자 가족으로 보이는 208구와 각종 유품이 나왔다. 2019년 5월에서 9월까지는 탕정과 황골 새지기로 이어졌다.

A4-5의 손목을 강하게 조였던 삐삐선.

각각 탕정면 용두1리(현 염치읍 백암리 49-2)와 염치읍 대동리(현 염치읍 백암리 96-4)에서 발굴 작업을 했다. 탕정에선 1구도 나오지 않았다. 황골에서만 6구가 나왔다.

설화산에서 황골까지 선주는 '한국전쟁기 민간인학살 유해발굴 공동조사단'의 공동대표이자 발굴단장으로서 일했고, 아산시 예산 지원을 받았다. 아산유족회장 장호가 백방으로 뛰며 아산시장에게 도움을 청한 결과였다. 그다음이 바로 배방읍 공수리 성재산이었다. 성재산부터는 아예 진실화해위원회 주체 사업으로 바뀌었다. 2020년 12월 2기 진실화해위원회 출범 이후 처음이었다. 이에 따라 2023년 봄 성재산을 비롯해 전국 7곳에서 유해 발굴이 이뤄졌다. 선주는 성재산 발굴을 맡은 한국선사문화연구원의 요청에 따라 발굴 현장에서 책임조사원으로 일했다. 민간 공동조사단 시절 함께 일했던 조사원들을 불러들였다.

A4-5를 만나기까지, 선주는 언제나 그랬던 것처럼 수많은 자료를 수집하고 사실관계를 검증했다. 지형을 확인하는 항공지도와 토지대장은 기본이었다. 그 밖에도 생존자와 유족의 증언, 문헌 기록, 사진을 확인하고 현장을 방문했다. 이 모든 걸 종합적으로 검토한 뒤 유해 매장 가능성을 가늠해야 했다. 가급적 여러 사람의 증언을 듣고 그중 겹치는 부분을 판단 근거로 삼았다.

아산에선 특히 남화, 창봉 등 생존자와 유족의 증언과 기록을 수집하며 현장 답사를 해온 이들의 노고가 큰 힘이 되었다. 성재산에서 나온 첫 뼈는 2022년 4월, 이들이 시굴 작업을 벌인 결과였다. 작은 단서 하나도 놓치지 말아야 했다. 황골 새지기 때는 20여 일간 허탕만 치다가, 옛 티브이 다큐멘터리 속 증언자의 손가락 방향을 단서 삼아 다시 각도를 재서 발굴에 성공하기도 했다.

성재산 유해 발굴은 증언으로만 존재했던 교통호에서의 부역 혐의자 처형이 사실임을 밝혀주었다. 여기서 죽은 사람들은 농사 짓는 주민들만이 아니었다. 가령 성재산보다 두 달 늦었던 서산시 갈산동 176-4 봉화산 교통호에선 모두 농민으로 보이는 60구의 유해가 발굴됐다. 성재산에는 일반 주민들과 학생들이 뒤섞였다. A7부터 A12까지 '大學'이라 새겨진 단추들이 50센티미터 사이를 두고 출토됐고, A13부터 A22까지엔 '中'과 '天農'(5년제 천안농업중학교) 단추가 발견되었다. 대학생 또는 중학생이었다.

그렇다면 A4-5는 농민이었을까, 아니면 학생이었을까. 유해 발굴을 통해 당시의 사회와 조직이 어떻게 작동했는지를 추론할 수 있었다. 선주는 먼저 A4-5가 같은 집단 내에서 다른 포지션에 있다고 보았다. 그가 묻혀 있던 위치와 자세, 군화 조각, 탄피 수에 근거한 추정이었다. 선주는 A4-5가 학생 그룹에 속하지 않았을 수 있지만 리더 역할을 했던 인물이라 여겼다. 그는 좌익 세력의 주동자였을까. 모른다. 선주는 주민들에게 리더십을 발휘하다가 주동자로 찍힌 A4-5를 상상했다.

2023년 성재산과 비슷한 시기에 진실화해위원회가 주체가 되어 발굴한 곳 중 서산시 갈산동과 진주시 명석면 두 곳에서는 유해가 각각 60구와 21구 발굴되었다. 성재산 다음에 일주일간 진행한 황골 새지기 추가 발굴에서는 2구가 나왔다. 그러나 경기도 안성시 보개면, 충주 호암동, 대구 가창면 등에서는 한 구도 나오지 않았다. 전국 7곳 중 3곳에서 전혀 소득이 없었던 셈이다. 유족들의 증언과 강력한 요구에 따른 발굴이었으리라. 기억의 허점 때문일 가능성이 높았다. 73년의 시간이 지났다. 그러나 선주는 아무것도 안 나와도, 그것조차 증거라고 생각했다. 다시는 그곳에서 유족들이 무리하게 발굴을 요구하지 않을 터였다.

2023년 선주가 발굴에 참여한 곳은 성재산과 황골이었지만, 모든 감식은 오롯이 선주의 몫이었다. 서산 60구, 진주 21구의 유해들도 청주에 있는 선주의 연구실로 왔다. 선주를 대체할 감식자를 찾기 힘들었다. 유해를 부위별로 계측하고 마모도를 조사해 키와 나이를 밝혔으며, 함께 나온 탄피가 어느 나라 어느 공장에서 온 것인지를 분석했다. 여기엔 미국판 '세계의 탄약 표장 식별 가이드Identification Guide: Cartridge Headstamps of the World'가 요긴하게 쓰였다. 잘라진 머리뼈는 테이프로 붙여 최대한 원형을 유지하도록 했다.

감식을 마친 뒤에는 2023년 9월부터 세종 추모의 집에서 또 다른 일에 참여했다. 이곳에 안치된 한국전쟁기 희생자 유해 도합 3700구

사진　고경태

2023년 7월, 선주가 청주의 연구소 사무실에서 조사원 태인과 함께 서산에서 나온 민간인 희생자 유해들을 정리하고 있다.

중 2000구의 유전자 시료를 채취하는 작업을 맡았다. 진실화해위원회 사업이었다. 주중 세종시에 숙소를 잡고 출퇴근하며 매일 34구씩 허벅지 뼈를 잘라 큐브에 담았다. 12월 초까지 3개월이 걸렸다. 성재산에서 함께 발굴을 했던 조사원들이 함께 했다. 가장 먼저 아산 성재산 유해를 처리했다. 다른 유해들과 마찬가지로, A4-5의 허벅지 뼈는 세 조각으로 잘려 TRC-23-0016이라는 식별번호를 얻었다.

선주는 눈을 감고 그동안의 발굴 여정을 되짚어보았다. 1968년 대학에 입학하자마자 공주 석장리 구석기 유적 발굴에 참여했다. 1997년부터 2015년까지 홋카이도 현장에서 강제징용 민간인 희생자 발굴을 했다. 2000년부터 2006년까지 육군본부와 함께 국군 전사자 발굴을, 2007년부터 2009년까지 진실화해위원회와 함께 한국전쟁기 민간인 희생자 발굴을 했다. 2013년 정년퇴임을 하고도 다음 해인 2014년부터 2023년까지 시민단체 또는 진실화해위원회와 함께 민간인 희생자 발굴 현장의 책임자로 일해왔다. 56년째였다. 언제까지 발굴 현장을 지킬 수 있을까. 성재산이 마지막일 듯 싶었다. 그럴 만한 이유가 있었다.

본 헌터

◆

내 이름은 선주다.

서울 아현동에서 태어나 사대문 안에서 중·고등학교를 다니며, 공부보다 무술에 더 탐닉했던 선주다. 젊은 시절 피를 토하는 폐결핵과 싸우며 죽음의 그림자를 이겨낸 선주다. 원자력공학도와 기자를 꿈꿨으나, 재수해서 들어간 대학 은사 손 선생과의 만남으로 운명이 바뀐 선주다. 그 운명을 한마디로 말한다면 이러할 것이다. 석장리에서 공수리까지. 석장리는 공주에 있고, 공수리는 아산에 있다. 또 다른 말로 하면 이러할 것이다. 구석기 시대에서 한국전쟁까지. 예외적으로, 21세기에 일어난 세월호 사건도 있다. 나는 선사 시대와 근현대사의 사람과 유적이 묻힌 현장을 추적해 발굴하고 증언해왔다. 매개체는 뼈였다. 나는 체질인류학자다. 나는 본 헌터다.

유학 생활을 한 버클리대학교에서 내 눈앞을 빠르게 스쳐 지나가던 뼈들을 떠올려본다. 이른바 땡 시험이었다. 순식간에 그 뼈들의 이름을 맞혀야 했다. 20초가 지나면 종이 땡 울리고 다음 뼈가 왔다. 조각만 보고도 그것이 사람의 위팔뼈인지 돼지의 허벅지 뼈인지를 판별해내야 했다. 4층 건물이 통째로 뼈 실습실과 수장고였던 버클리에서 나는 동물 뼈와 사람 뼈의 바다에 빠져 지냈다. 에티오피아의 초원에서 발견된 루시(오스트랄로피테쿠스 아파렌시스)가 인류의 진짜 조상인지를 논쟁하던 시절이었다. 그러나 몰랐다. 내가 유학 생활 10년을 마치고 한국에 나와서도 이렇게 지독한 본 헌터의 삶을 살게 될 줄은.

본 헌터란 무엇인가. 뼈에 눈을 번뜩이는, 숨은 뼈를 찾아내는 사냥꾼이다. 그 뼈에 담긴 수수께끼를 푸는 추적꾼이다. 이제 내 입을 빌려 말하는 처음이자 마지막 기회를 가져본다. 풀지 못한 매듭 그리고 어떤 아쉬움에 관해서 말해보고자 한다.

본 헌터로서 나는 산에서, 섬에서, 평야에서 땅속을 파헤쳐 뼈를 꺼내고, 닦고, 분석하다가 늙어버렸다. 전선의 맨 앞에서 적의 총알받이가 돼야 했던 국군 전사자, 전쟁기에 결코 있어서는 안 될 광기에 의해 떼죽음을 당해야 했던 민간인 희생자, 일제강점기에 머나먼 타국에서 강제 노동 끝에 죽음을 당한 징용자, 그리고 실미도·선감학원 등 인권 침해 사건의 희생자들. 식민지와 전쟁, 분단 시대 권위주의 정부로 이어진 대한민국의 특별한 역사가 아니었다면 나도 이 일을 할 필요가 없었을 것이다. 그 자취를 따라다니다 보니 세월이 갔다. 여든에 가까워진 나이가 아찔하다.

　본 헌터의 삶에서 가장 아쉬운 미제의 발굴 유해가 있다. 앞으로도 미제로 남을 가능성이 크다. 한반도 남과 북 모두로부터 추앙받는 인물, 바로 안 의사다. 1909년 10월 26일(러시아력으로 13일) 만주 하얼빈에서 이토를 권총으로 저격해 사살한 그 안 의사 말이다. 안 의사 유해를 발굴하자는 이야기는 1948년으로 거슬러 올라갈 정도로 역사가 길다. 1979년에는 북이 먼저 시도를 하기도 했다. 남쪽에서도 보훈처를 중심으로 정보를 수집해왔다. 내가 그 작업에 참여하는 행운을 누리게 된 것은 그로부터 한참이 지난 2008년의 일이다.

　2006년 남과 북은 공동유해발굴조사단을 구성하게 되었고, 나는 2008년 발굴단장으로 참여했다. 현장은 중국 요녕성 다롄시 뤼순구 일아 감옥 구지대 뒷산인 원보산 일대였다. 이전에 여러 매장 추정 후보지가 있었으나 결국 안 의사의 사형이 집행된 뤼순 감옥 바로 뒷산 한 곳으로 좁혀졌다. 사형 집행 당시 뤼순 감옥 간수장이었던 구리하라의 딸 후사코가 넘겨준 두 장의 사진이 결정적 단서였다. 한 장은 1911년 뤼순 감옥 공동묘지에 열린 위령제를 찍은 것인데, 안 의사 묘가 표시돼 있었다. 다른 한 장은 뤼순 감옥을 뒤에서 찍은 희귀한 사진이었다.

　2008년 3월 25일부터 4월 29일까지 두 차례에 걸친 발굴은 성과를 거두지 못했다. 당시 발굴 현장에선 고층 아파트가 막 올라가던 참이었다. 중국 당국의 협조를 얻어 공사를 중단하게 했지만, 깎아놓은 산을 어쩔 수는 없었다. 이제는 현장에 고층 아파트가 완전히 들어섰고, 다시 발굴을 하기는 무망하다. 그럼에도 안 의사가 묻힌 매장지 위치를 최대한 과학적인 데이터를 동원해 확정적으로 도출하는 일이 필요하다고 생각한다. 매장 추정지에 대한 남북 공식 입장은 원보산이지만, 아직도 원보산 반대편인 둥산포에 안 의사가 묻혀 있다는 주장이 제기되고 있기에 그렇다.

뤼순 감옥 사형 보고서에 따르면, 안 의사는 1910년 3월 26일 오전 10시 4분 뤼순 감옥에서 교수형에 처해졌고, 10시 15분 절명이 확인되었으며, 10시 20분 가로로 된 침관寢棺에 넣어진 채 운구되어 오후 1시경 감옥 묘지에 매장되었다. 그렇다면 뤼순 감옥을 중심으로 10시 20분부터 오후 1시까지 도달할 수 있는 거리는 어디인가. 당시의 뤼순 지도를 통해 변화되기 전 지형을 참고하고, 침관을 함께 든 사람들의 보폭과 시간을 계산하고, 감옥에서 시신이 나온 출구와 묘지로 향한 방향에 대한 증언 등 검증된 모든 조건들을 GPS와 연결해 시뮬레이션화할 필요가 있다. 나는 여전히 이에 대한 강렬한 의지가 있다. 돈이 꽤 드는 일이라 박근혜·문재인 두 정부에서 보훈처(현 보훈부)에 제안했으나 모두 거절당했지만 말이다.

나는 궁금하다. 본인의 평화주의를 무력의 정의를 통해 역설적으로 보여준 위대한 투사였던 안 의사는 지금 도대체 어디에 있는가. 사실을 확인하고 싶은 마음이야말로 2008년 이후 중국을 수차례 드나들면서 안 의사 유해 발굴에 힘을 쏟게 한 동력이었다. 실물 뼈 확인이 더 이상 어렵다면 컴퓨터 기술을 접목해 가상현실에서라도 발굴에 성공하고픈 마음인 것이다.

국군 전사자와 민간인 희생자들의 유해를 발굴할 때도 나는 같은 태도였다. 어떤 이들은 그러한 나의 학자적 탐구 자세를 못마땅하게 여겼을지도 모른다. 나는 유해로부터 소리 없는 증언을 듣고 싶었다. 데이터와 영감을 얻고 싶었다. 그걸 제대로 못 하면 두고두고 아쉬움으로 남았다.

2000년, 국군 전사자를 발굴하던 첫해였다. 치열한 낙동강 전투가 벌어졌던 왜관의 한 발굴 현장에서 철모와 그 안에 들어 있는 머리뼈를 발굴했다. 광대뼈의 구조와 턱의 형태, 치아로 볼 때 백인이었다. 철모는 소련제였다. 혹시 스탈린이 보낸 구 소련 군사고문단의 일원은 아니었을까. 그들이 낙동강 방어선까지 내려왔다는 역사적 증거는 없었다. 철저한 감식을 통해 그 증거를 찾을 수도 있는 기회였다. 지금에야 통탄하는 바다. 그때는 일단 증거만 남기려고 했는데 그마저도 여의치 않아 일찍이 화장을 해버렸다. 사진도 필름 카메라로 엉성하게 남길 때였다.

왜관에서 온몸을 구부리고 죽은 전사자 유해에 대해서도 정확하게 검증을 하지 못했다. 일각에서는 미군의 세균전 결과로 유행성 출혈

염에 감염되어 죽었다고 주장했는데, 내가 볼 땐 미군 융단폭격에 의한 가능성이 높았다. 낙동강 전선은 B-29의 가공할 만한 융단폭격이 산소를 말아 올려 산소 부족으로 고통스러운 자세를 취했을 것이다. 좀 더 논쟁을 했어야 했다.

그곳 왜관에서 나온 수많은 북한 군인들을 파주 적군묘지로 보낸 일도 마음에 걸린다. 감식 결과 17~18세로 나온 북한군 유해들은 정규군이라기보다는 대부분 의용병으로 끌려온 남한 사람들이라고 보는 게 합당했다. 다부동 369고지와 칠곡군 328고지에서 이들은 맨 앞줄로 떠밀렸고 퇴각 때 가장 먼저 죽음을 맞았다. 북한군 복장과 견장, 소련제 소총이 나왔다고 하여 모두 북한군으로 처리하는 게 능사는 아니었다. 현충원에 모실 수 없다면 제3의 대안을 찾았어야 했다.

민간인 희생자 유해 발굴에 관해서는 더 이상 시민참여 형태의 유해발굴단이 어려워졌다는 점이 아쉬움으로 꼽힌다. 2기 진실화해위원회가 유해 발굴의 주체로 서면서 발굴 참여자에 관해 매장문화재 보호 및 조사에 관한 법률을 적용하고 있다. 조사 기관은 이 법에 따라 규모·장비·인적 구성 등을 갖추어야 한다. 가령 발굴단의 중요 직책은 문화재 관련 학과 출신이어야 가능하다. 내가 2023년 하반기부터 발굴 작업 실무에 손을 뗀 이유이기도 하다. 나와 함께 10여 년간 유해 발굴 경험을 쌓아온 능력 있는 친구들이 더 이상 발굴 작업에 참여하기 힘들어졌기 때문이다.

민간 쪽에서도 국방부 유해발굴감식단과 같은 전문기구를 만들어야 할 때다. 근거 법령을 위해선 진실·화해를위한과거사정리 기본법에 이를 뒷받침하는 조문과 함께 관련 시행령을 만들면 될 것이다. 이를 통해 문화재 관련 기관이 아닌 전문가와 일반 시민들도 유해 발굴에 참여할 수 있는 길을 열어주었으면 하는 바람이다.

유해 발굴 전담 민간기구가 생긴다면 서울 강북구 우이동 338번지에서처럼 국군 유해 발굴하려다가 민간인 유해가 나왔다고 발굴장을 덮는 일은 발생하지 않을 것이다. 우이동에서의 그 일은 군인과 민간인 모두의 생명을 보호해야 할 책임이 있는 국가의 직무 유기였다.

마지막으로 가장 아쉬운 것은, 뼈 그 자체다. 뼈가 없다. 아직도 연구 목적을 위해 뼈를 수집하는 일을 백안시하거나 폄하하거나 이해하지 못한다. 나는 교수 시절 학교 당국의 반대를 무릅쓰고 300~400구의 유해를 학교로 들여와 콜렉션을 만든 적이 있다. 이 뼈로 학생들 실습을 했다. 그런데 정년퇴임과 함께 이 뼈도 학교에서 나가야 할 뻔했다. 답답한 일이다. 여기까지만 하자. 이제 남은 이야기는 《본 헌터》의 마지막 한 사람에게 넘긴다.

봄을 기다리며

●

내 이름은… 음… 그러니까….

《본 헌터》에서 마지막으로 남은 한 사람, 경태다. 드디어 마지막 글을 쓴다. 어깨를 무겁게 눌러온 글쓰기의 짐 하나를 내려놓는다. 나는 기자다.

'본'은 정형외과 이름에나 들어가는 단어로만 알아왔다. 불과 8개월 전만 해도 '본'과 '헌터'가 이렇게 만나 조합을 이룰 줄은, 내가 그 조합에 개입될 줄은 상상하지 못했다. 덜컥 '본 헌터'라는 제목으로 글을 쓰기로 결심을 한 직후, 밤이면 밤마다 정체불명의 뼛조각을 땅에서 파내고 또 파내는 꿈에 시달릴 줄은 몰랐다. 이 연재가 어떤 방향으로 흘러갈지 초반에는 예측할 수 없었기 때문이다. 이야기의 빈틈과 공백이 채워지고 어떤 실마리들이 풀리면서 악몽에서 풀려났다. 이제 마지막 이야기다.

'본 헌터'는 2023년 3월 29일 조간신문에서 본 그의 얼굴에서 시작되었다. 얼굴 없는 얼굴이었다. 눈과 코와 입과 귀가 없는 그 얼굴을 가리켜 사람들은 해골이라 불렀다. 주인공은 충남 아산시 배방읍 공수리 성재산 산110의 교통호 참호 안에서 쪼그리고 고개를 처박은 자세로 세상에 출현했다. 한국전쟁기에 재판 없이 처형된 민간인 희생자라고 했다. 그 머리뼈와 갈비뼈와 위팔뼈와 허벅지 뼈와 정강이뼈를 보며, 그러니까 73년 전 파묻힌 유해 치고는 멀쩡하게 온몸의 뼈들이 원 상태로 연결돼 있는 그를 보며 충격에 감전되지는 않았다. 벌떡 일어나 브레이크 댄스라도 출 것 같은 그 생생한 이미지의 뼛속으로 빨려 들어갈 것만 같은 충동에 사로잡히지도 않았다. 다만 궁금했다. 어떻게 저럴 수 있지? 조사하고 싶어졌다. 저 사람 누구지?

그래서 만난 사람이 선주였다. 해골, 아니 유해들이 62구나 나온 현장에서였다. 선주가 그 유해를 꺼낸 실무 책임자라고 했다. 성재산 기슭 바로 앞에 설치된 컨테이너 사무실 안에서 선주는 종이컵에 믹스커피를 타주며 손님을 맞이했다. 내가 참호 안에서 쪼그리고 앉아 있던 그의 인상착의를 설명하자 선주는 문서를 뒤적거리더니 무심한 목소리로 말했다. "아, A4-5구나?" 유해의 식별번호라고 했다. 뜻밖에도 A4-5는 함께 나온 다른 유해들과 사무실 안에 쌓여 있었다. 유해마다 모든 부위의 뼈들이 분리된 채 플라스틱 상자 하나씩에 담긴 채였다. 그 실물을 보고 싶었다. A4-5라 적혀 있는 노란색 포스트잇이 붙은 플라스틱 상자의 뚜껑을 열고 싶었다. 내가 말했다. "한 번만 볼 수 없을까요?" 선주가 말했다. "안 됩니다."

그날 2시간가량 인터뷰를 했다. 선주가 품은 세계는 거대하고 광활했다. A4-5의 나이·키·직업·노동 정도·희생 이유 추정에서 시작해 수십 곳의 한국전쟁기 민간인 희생자 발굴 현장으로 범위를 넓힌 이야기는 경계를 넘어 다부동 전투, 포항 전투 등 국군 전사자 유해의 영역으로 나아갔다. 그러고는 구석기 시대의 사람과 동물을 지나 오스트랄로피테쿠스와 네안데르탈인 화석 등 인류의 기원과 진화로 뻗어나갔다.

그날 인터뷰 중엔 충북 영동군 노근리에서 한 달 동안 유해를 뒤졌으나 하나도 못 찾고 어린아이로 추정되는 뼈 1점을 건졌다거나(노근리 유해는 못 찾았다고?), 서울 오류동 공군 2325정보부대 터에서 실미도 사형수 네 명의 유해를 찾으려 했으나 역시 실패했다거나(실미도 병사들 발굴도 했다고?) 하는 내용이 인상적이었던 것 같다. 아산 유해 발굴 현장에서 함께 나온 M1·카빈·38식·99식 소총 탄피에 따라 가해자를 구분하는 방법을 듣고는 '아, 고증을 철저히 하는구나' 싶었다. 가장 뜻밖의 사실은 그가 문과 출신이라는 거였다. 뼈를 보는 사람이니 당연히 의사나 법의학자이겠거니 했던 터였다.

이후 선주를 일곱 차례 더 만났다. 본인의 호를 딴 청주의 청계인류진화연구소에서였다. 어린 시절의 가족과 결혼, 사학과로 입학해

351

고고학을 거쳐 미국에 가서 체질인류학을 공부한 이야기, 수많은 유해 발굴 현장의 에피소드가 펼쳐졌다. 만날 때마다 오전 9시부터 오후 6시까지 꽉 채웠다. 76세라는 나이가 믿기지 않을 만큼, 하루 8시간의 '대화 노동'에 지치지 않는 선주였다. 해부학과 인류학의 전문 용어가 나올 때도 많았다. 그의 이야기가 흥미롭되 결코 쉽지는 않았던 이유다.

'본 헌터' 집필의 동력은 호기심에 대한 호기심이었다. 선주가 지닌 호기심에 관해 내가 호기심과 매력을 느끼지 않았다면 만남이 길게 이어지지는 못했으리라. 선주가 진보연 하는 사람이 아니어서 좋았다. 그를 이끄는 힘은 역사의식이나 정의감이 아니었다. 사실을 직접 확인하고 싶은 탐구 정신이었다. 군경에 의한 민간인 희생이든, 적군인과 교전을 치른 국군 전사자든, 유해 발굴 현장에서는 수수께끼를 풀려고 하는 탐정의 태도로 임했다. 매번 발굴을 통해서 무얼 배울 수 있을까 기대하는 젊은 학자처럼 눈을 반짝였다.

굳이 구분하자면, 선주는 보수적인 사람이다. 대한민국 군경에 의해 학살당한 민간인 희생자 유해를 대한민국에서 가장 많이 발굴한 사람이지만, 대한민국이라는 국가와 그 가치를 부정하려고 하는 세력과는 거리를 두었다. 또한 대한민국에서 국군 전사자 유해를 가장 많이 발굴한 사람답게 대한민국이 헌법에서 천명한 민주공화국과 법치국가의 정신을 훼손하려는 세력과는 거리를 두었다. 어쩌면 생각은 보수적이나 진보적으로 행동하는 사람이다.

선주가 강조하는 개념은 '모던 미스'였다. 우리가 사실처럼 알고 있는 어떤 지식이 꾸며진 이야기일 수 있다는 것이다. "어디에서 몇 명이 죽었다더라" 하면 절대 곧이곧대로 믿기 보다는 문헌과 증언을 비롯한 갖가지 기록과 직접 땅을 파보고 유해를 뒤져본 뒤의 결과로 사실 여부를 검증하려고 했다. 모던 미스를 넘어서려는 신조는 그가 작성한 모든 유해 발굴 보고서 맨 끝에 이런 표현으로 적혀 있다. "진실의 반대는 거짓이 아니라 꾸며진 이야기라는 말을 새기며…."

전체 글은 홀수 회와 짝수 회가 각각 독립적으로 진행되다가 끝에서 만나는 구조였다. 짝수 회에서 선주가 3인칭으로 나와 자신의 삶과 발굴 현장 이야기를 들려주었다면, 홀수 회의 주인공은 1인칭 또는 2인칭으로 등장한 A4-5와 충남 아산의 한국전쟁기 민간인 희생자 또는 유족들이었다. 아산 현지에서의 유족 인터뷰를 위해 아산 사람 남화가 아산유족회의 여러 증언자들을 연결시켜주었다. 1회씩 서로 교차하며 전개된 아산과 선주의 이야기는 일종의 '다크 투어'였다. 죽고 죽이는 이야기의 여행, 왜 죽이고 죽였는지 이유와 특징을 탐문하는 여행. 이를 통해 나는 한국전쟁의 아주 작은 챕터 하나를 써보려고 했다.

한국인 중에 한국전쟁에 대해 제대로 아는 사람은 얼마나 될까. 나 역시 마찬가지였다. 글을 쓰기 전, 한국전쟁에 대해 내 지식과 시야가

얄팍함을 절감했다. 아산에서만 부역 혐의로 이렇게 많이 죽은 줄은, 이렇게 전국 곳곳의 지명 중에 학살의 역사에서 예외가 된 곳이 없음을 몰랐다. 올해는 특히 적법절차 없이 처형된 부역 혐의자를 다시 부역자로 몰아세우려는 반역사적인 움직임이 거세게 일었던 한 해였다. 유족들이 바라는 해원解冤의 길은 아직 멀고도 멀다. 국민보도연맹 등 국가에 의해 조직적이고 계획적으로 살해당한 사람들이 많았지만, 한국전쟁기의 모든 민간인 학살을 온전히 이념대립의 프리즘으로만 설명할 수 없음도 새삼스레 확인했다.

전화기 너머에서 한스러움이 맺힌 눈물을 펑펑 흘리던 어떤 유족을 잊을 수 없다. 가족 10여 명이 성재산에서 살해당해 묻히고 본인은 연좌제로 인생이 온통 망가져버렸는데, 지금은 투병 중이다. 또 다른 유족은 대학에 다니는 손주가 불이익을 볼까 봐 두렵다며 인터뷰를 거절했다. (설마 지금도 연좌제?) 또 다른 유족은 인터뷰를 마친 뒤 본인의 이야기를 담은 글이 배포되는 날 아침 "글을 삭제해달라"고 했다. 대통령 석열이 "공산 전체주의 세력" 운운하는 발언을 하던 즈음이었다. "현 정권이 너무 무섭다"고 했다. 이승만 정권 때의 악행이 재연되지 않는다는 보장이 없다고, 그럴 경우 자신들이 처형 1순위라고 했다. 이 글을 읽는 당신은 이 걱정에 대해 어떻게 생각하는가.

이런 이들에게 선주는 어쩌면 '테크니션' 같은 존재였다. 펄펄 끓어오르는 한과 감정을 식히고 차분하고 이성적으로 못다 한 과제를 해결하도록 도와주는 조력자였다. 유해 발굴이 끝나면 선주는 그 결과를 최대한 다양한 데이터로 남기려고 했다. 보고서는 기본이고 학술논문도 자주 썼다. 선주가 2010년에 작성한 논문의 제목은 이러했다. 〈경산 코발트광산 출토 유해를 중심으로 본 6·25 전후 민간인 집단희생자 허벅지 뼈의 생체역학적 분석〉. 1950년 7~8월경 대구형무소 재소자 등 1800명 이상이 살해된 현장인 경산코발트 광산이 동굴로 돼 있어 그 어느 곳보다 깨끗한 허벅지 뼈가 많이 나왔다고 했다. 허벅지 뼈는 우리 몸에서 가장 단단해 오래 남기도 하거니와 사람들의 영양상태를 보여주는 지표가 되기도 한다.

이런 식으로 시기에 맞춰 한국인 몸의 평균 데이터를 만들려는 시도가 국내에서는 거의 없었다고 했다. 오히려 그 연구 수준은 북한보다 못하다고 했다. 북한은 1950년대 후반에 《조선고고학전사》를 펴내조선 사람의 몸에 대한 세부적인 기록과 통계를 남겨놓았다. 여기엔귀 길이, 귀 너비, 눈썹, 코마루 높이, 콧구멍 형태, 어깨 너비, 궁둥이둘레 등 갖가지 통계치가 나온다. 선주는 마지막 인터뷰에서 여기에대한 아쉬움을 한 보따리 풀어놓았는데, 그 이야기를 다 전하지는 못한다. 선주는 2024년부터 본인이 경험한 유해 발굴의 역사를 직접 방대한 기록으로 남기려고 구상 중이다. 거기엔 모조리 담길 것이다. 이제 한평생 익히고 얻은 것을 사회에 돌려주고 싶다고 했다.

선주는 요즘 합기도를 전혀 하지 않는다. 한때 매트에 몸을 던져 스트레스를 풀었으나, 나이를 고려하면 지금은 무리다. 대신 대금과 시조창을 하고 붓글씨를 쓴다. 선주의 청주 연구소엔 본인이 먹을 갈아 붓으로 쓴, 다음과 같은 글귀 액자가 걸려 있다.

봄이오면차디찬침묵의무덤에서갇혔던생명들이죽음을떨치며일어서고 죽었던나무에서파아란싹이움트고노오란나비는몸을휘감은과거의허물 을벗어버리고빛이어둠을이기고생명이죽음을이기고희망과기쁨이슬픔 과절망을밀어내고봄은죽음후에일어난부활이다.

봄. 우리는 오늘도 봄을 기다린다. 겨울의 이야기를 마친다.

한국전쟁 전후, 광풍의 역사 틈으로

강성현(역사사회학자, 성공회대 교수)

한국전쟁 민간인 피해 유형과 규모

전쟁은 모든 것을 파괴한다. 한국전쟁도 엄청난 규모의 인적 · 물적 피해를 발생시켰다. 전쟁이라는 거대한 폭력은 전선에 있는 군인과 경찰보다 민간인들에게 더 광범위하고 잔인하게 가해졌다. 전쟁의 광풍이 휩쓸고 지나간 곳곳에서 광적인 '민간인 대량학살'이 자행되었다.

당시 남한에서 발생한 민간인 학살은 작전, 처형, 보복의 성격을 갖는 대량학살 사건들이었다.* 진실화해위원회가 조사한 항목으로 크게 구분하면, 예비검속 관련 사건(보도연맹 사건 및 형무소 재소자 희생

---

* 《자유대한-6.25사변1주년기록》(1951), 《전란1년지》(1951), 《전란2년지》(1953), 《6.25사변 종합피해조사표》(1954), 《경제연감》(1955) 등에서 확인 가능하다.

사건 포함), 미군에 의한 민간인 희생 사건, 부역혐의 민간인 희생 사건, 군경(토벌)에 의한 희생 사건 그리고 적대세력에 의한 피해 사건이다.

민간인 학살은 일차적으로 군·경찰의 지시와 집행으로 이루어졌다. 토벌과 같은 공식 작전과 공식 명령계통으로 하달되어 예비검속 후 '처리'된 처형뿐 아니라 자의적으로 '빨갱이 적'으로 간주한 민간인을 비공식적으로 처형하고 보복하는 방식으로 학살하는 경우도 있었다. 군경은 민간의 갈등과 적대를 야기하고 민간인 간 대량 폭력과 심지어 학살을 사전·사후 승인하기도 했다. 우익청년단, 향토방위대, 치안대 등을 조직한 우익 민간인들은 인민군과 북한 통치기구에 협력한 민간인들뿐 아니라 그 가족들마저 모두 좌익 '부역자'로 몰고 섬멸했다. 전쟁 후 1년 넘게 이런 학살 사건들이 전후방 가리지 않고 마을 곳곳에서 극심하게 벌어졌다.

그 과정에서 희생된 민간인 수가 어느 정도인지 정확하게 파악하긴 어렵지만, 당시 집계된 피해통계들이 없지 않다.* 그중 공보처 통계국이 1953년 7월부터 조사해서 1954년 3월에 발간한《종합피해조사표》에 따르면, 민간인 인명 피해가 99만 968명이다. 구체적으로 사망 24만 4663명, 학살 12만 8936명, 부상 22만 9625명, 행방불명 30만

---

*   김동춘,《전쟁과 사회: 우리에게 한국전쟁은 무엇이었나?》, 돌베개, 2020, 211~233쪽.

3212명, 납치 8만 4532명이다. 그동안 얘기되어왔던 '민간인 희생자 100만 명'이라는 표현이 과장되어 보이지 않는다.[*]

사실《종합피해조사표》에서 한국 군경이 저지른 민간인 희생사건의 피해자들은 상당수 빠져 있다. 학살 유족의 증언을 청취해보면, 유해를 수습하지 못했을 경우 '행방불명'이나 심지어 '납북'(북에 의한 '납치')으로 신고했던 경우도 있었다. 한국전쟁 피해 통계 연구들은 당시 민간인 사망자 수가 과소평가되었다고 하나같이 지적한다. 예컨대,《종합피해조사표》에는 진실화해위원회가 조사한 '군경토벌 희생 사건' '예비검속 관련 희생 사건' '부역혐의 관련 희생 사건' 등의 피해가 상당 부분 누락되어 있다.

이러한 민간인 피해 규모는 군과 경찰의 그것과 비교해보면, 더 두드러져 보인다.《종합피해조사표》에서 민간인 사망자와 행방불명자의 합은 67만 7567명으로, 당시 군경의 피해 규모에 비해 약 4배 크다. '과소평가'된 민간인 인명 피해 조사와 달리, 전쟁 상황에서 군경 전투 인력의 손실은 매우 중요한 문제라 여러 통계조사를 통해 전쟁 기간 비교적 체계적으로 집계되었고, 부상자·사망자 유족들에 대한 통계 등 관련 통계조사도 다양하다. 부상자 수만 집계한 민간인 피해

---

* 강성현·김민환,〈한국전쟁 피해 상황에 대한 종합 통계자료 해제〉,《실록 대한민국사 자료집 한국경제 정책자료8-번역·통계편》, 국사편찬위원회, 2013, 319~321쪽.

통계와 매우 대조적이다.*

이승만 정부의 '부역자' 처리 양상과 규모

'부역附逆'은 국가에 반역이 되는 일에 동조하거나 가담한 행위를 말한다. 법에 처음으로 '부역'을 법률적으로 정의한 '부역행위 특별처리법'과 '사형금지법'(1950년 12월 1일 공포)에서도 '부역자'는 "역도逆徒에게 협력한 자"로 기술하고 있다. 문제는 어떤 행위가 협력한 것인지 판단할 수 있는 기준이 법률적으로 제시되지 않았다는 것이다. 이임하에 따르면, 자발성이냐 비자발성이냐도 부역의 기준이 되지 못했다. 역도에게 도움을 주었다고 심판자가 일방적으로 판단하기만 해도 부역자로 간주되었다. 이런 부역 행위 규정의 자의성, 모호성, 불특정성은 그대로 부역자 처리, 처단의 잔혹성으로 재현될 수밖에 없었다.**

이승만 정부의 부역자 심사와 처벌의 법적 토대는 대통령 긴급명령이었다. 긴급명령 제1호 '비상사태하 범죄처벌에 관한 특별조치령'(1950년 6월 25일 공포)은 단 한 번의 재판만으로 증거 설명도 생략한 채 부역 혐의자에게 사형 또는 중형을 내릴 수 있어서 적극 활용되

* 강성현·김민환, 위의 글, 323쪽.
** 이임하, 〈한국전쟁기 부역자처벌〉, 서중석 외, 《전쟁 속의 또다른 전쟁: 미군문서로 본 한국전쟁과 학살》, 선인, 143~146쪽.

었다. 이 명령은 제헌헌법 제57조가 규정한 긴급명령 제정과 공포의 절차와 형식도 어긴 것이어서 위헌적이었다. 수많은 무고한 국민들을 감금하고 처형했다.* 긴급명령 제5호 '계엄하 군사재판에 관한 특별조치령'(1950년 7월 26일 공포)도 마찬가지였다. 감당할 수 없을 정도로 급증하는 부역혐의자에 대한 군사재판을 신속하고 간략하게 처리하기 위해 민간법원의 판·검사를 활용할 수 있게 했다. 그 결과 부역혐의자들이 범죄처벌특조령으로 "사색 없이 사형, 사형"당했다. 유병진 판사의 이야기다(본문 '소리 없는 도망' '사색 없이 사형, 사형'). 마지막으로 긴급명령 제9호 비상시 향토방위령(1950년 8월 4일 공포)은 우익 청년단체를 중심으로 구성된 마을 단위의 자위대가 인민군과 공비, "기타 이에 협력하는 자"를 체포할 수 있도록 규정하고 있다. 전시 민간단체에게 '체포' 권한을 부여한 것이다. 자위대나 치안대가 임의적으로 '즉결처형' 형식으로 대량 학살할 수 있었던 건 향토방위령을 제멋대로 활용했기 때문이다. 심지어 치안대원들의 사적 원한과 보복, 욕망 등이 여기저기 참극을 만들었는데, 법은 이 사적 폭력들을 방조하고 묵인했다.

긴급명령 같은 국가긴급권 조치들은 국회마저 사후적으로도 통제할 수 없는 무소불위의 전권이었다. 비상사태라는 미명하에 국민의

---

* 강성현, 〈'예외상태 상례'의 법 구조에 대한 비교 연구: 한국전쟁기와 유신체제기 발동한 국가긴급권을 중심으로〉, 《사회와 역사》 제108집, 2015, 179쪽.

기본권을 유린한 법제화된 국가폭력이었다. 국회는 이를 견제해 부역행위 처리에 신중을 가하고 극단적 처벌을 감면하도록 '부역행위 특별처리법'을 제정했다. 국회는 전국 곳곳에서 부역자 학살의 서막이 올랐던 1950년 9월 29일에 제정했지만, 이승만 정부는 그 긴급성에도 불구하고 12월 1일이 되어서야 공포했다. 무분별한 사형을 금지하고 민심을 안정시키기 위해 국회가 제정한 '사형금지법'도 마찬가지였다. 급기야 국회는 국민의 안전은커녕 스스로의 안전마저 도모할 수 없는 지경에 처하기도 했다.

얼마나 많은 사람들이 부역혐의자로 체포되었고 재판을 받았는지, 얼마나 많이 처형되었거나 징역을 살았는지, 또는 석방되었는지, 전모를 확인할 수 있는 종합적인 통계는 없다. 다만 내무부 치안국이 1973년 발간한 《한국경찰사 1948.8-1961.5》에 주한미대사관이 미국무부에 보낸 〈한국정부의 부역자 처리에 관한 보고〉 문건을 보면, 1950년 11월 8일까지 서울과 인천 지역의 부역자 재판 결과 통계가 있어서 처리 양상과 규모를 가늠해볼 수 있다.*

---

*   국방부 군사편찬연구소, 〈미국무부 한국 국내 상황 관련 문서 XIV〉, 《한국전쟁 자료총서 52》, 2001, 429~430쪽.

	기결수					미결수	석방	총계
	사형	무기	10년 이상	10년 이하	무죄			
계엄고등군법회의	713	304	267	46	57			1387
계엄중앙고등군법회의	232	28	221	170	154			805
민간재판	353	239	596	188	233	2682	3457	7748
총계	1298	571	1084	404	444	2682	3457	9940

  민간 법원에 비해 군법회의(군사재판)에서 사형 선고 비중이 압도적으로 높게 나왔는데, 이는 군법회의에선 범죄처벌특조령보다 국방경비법을 적용한 결과였다. 국방경비법은 군 형법이라 민간인에게 적용하면 안됐지만, 32조, 33조 이적행위와 간첩행위를 한 "여하한 자"에 군인뿐 아니라 민간인도 포함시킬 수 있다고 유권해석해 무더기 사형 판결을 했다. 단심제 약식 군법회의에서 극형 판결이 신속하고 효율적으로 이루어질 수 있도록 의도한 결과였다.* 이에 대해 유엔한국통일부흥위원단UNCURK과 국제적십자회ICRC, 영국과 미국 등 '자유진영'의 언론들의 비난과 항의가 쏟아졌고, 이승만 정부는 부역자 집단처형을 하지 않겠다고 밝히며 사형이 선고된 기결수들을 무기징역으로 감형하는 조치를 취했다.

* 강성현, 〈한국전쟁기 예비검속의 법적 구조와 운용 및 결과〉,《사회와 역사》 103집, 2014, 20~21쪽.

그러나 이는 빙산의 일각이었다. 부역혐의자 희생 사건은 전국에서 끔찍한 양상으로 발생했다. 그 빙산의 일각을 1기 진실화해위원회 조사 및 진실 규명 결정에서 확인할 수 있다. 진실화해위원회는 2007년 하반기에 고양 부역혐의 희생 사건, 2008년에는 울진, 남양주 진접·진건면, 평택 청북면, 김포, 안동, 서산과 태안 부역혐의 희생 사건을, 2009년에는 양평, 아산, 여주, 음성군 대소면 부역혐의 희생 사건을, 2010년 상반기에는 충남지역 당진, 홍성, 서산, 예산, 금산, 논산, 보령, 부여, 서천, 연기, 천안 지역에서 발생한 부역혐의 민간인 희생 사건을 조사하고 진실 규명을 결정했다. 또한 군경(토벌)에 의한 민간인 희생 사건 안에서도 여러 지역에서 부역(혐의)자를 대상으로 집단 처형이 이루어졌음을 밝혔다. 1기 진실화해위원회가 2010년까지 조사해 희생자 신원을 직접 확인한 수가 2929명이었고, 조사 지역에서의 희생자 규모를 약 2만 명으로 추정했다. 진실화해위원회 조사에서 가장 피해가 컸던 사건은 '서산·태안 부역혐의 희생 사건'으로, 최소 1865명의 민간인이 희생된 것으로 판단했다. 2020년 12월에 시작된 2기 진실화해위원회도 군경에 의한 부역혐의 민간인 희생 사건을 조사해왔고, 최근 전남 진도, 화순, 해남, 영암, 그리고 인천 강화와 경북 안동과 영양 지역에서 발생한 사건의 진실 규명을 결정했다.

충남 아산과 《본 헌터》

 《본 헌터》가 다루고 있는 사건은 충남 아산에서 발생한 부역혐의 민간인 희생사건들이다. 이 사건들은 1950년 '9·28 수복' 이후 국면과 1951년 '1·4 후퇴' 국면에서 두드러지게 발생했다. 1기 진실화해위원회는 2009년 상반기 충남 아산지역 '배방면 사건' '탕정면 사건' '염치면 사건' '선장면 사건' '신창면 사건'의 진실 규명을 결정했다. 주요 내용은 주민들이 인민군 점령시기에 부역했다는 혐의와 그 가족이라는 이유로 1950년 9월 말부터 1951년 1월 초까지 적법한 절차 없이 온양경찰서 및 각 지서 경찰과 치안대(대한청년단, 청년방위대, 향토방위대, 태극동맹)에 의해 온양경찰서, 탕정지서, 배방면사무소 창고(곡물창고 및 역전 창고) 등지에 감금되었다가 배방면 성재산 방공호, 배방면 설화산 폐금광, 염치면 대동리(황골) 새지기 공동묘지, 염치면 산양1구(남산말) 방공호, 선장면 군덕리 쇠판이골, 탕정면 용두리1구 뒷산 등지로 끌려가 집단학살 당했다는 것이다. 진실화해위원회는 이 사건들의 희생자로 77명의 최종 신원을 확인했는데, 연령 미상 32명을 제외하고 가장 많은 희생자 연령은 10세 미만으로, 14명이었다.*

---

 * 미상 32명, 10세 미만 14명, 11~20세 6명, 21~30세 11명, 31~40세 9명, 41~50세 2명, 51~60세 3명. (출처:진실화해위원회, 〈아산 부역혐의 희생사건〉, 《2009년 상반기 조사보고서》제4권, 2009, 611쪽.)

그리고 신원 확인이 되지 않았지만, 최소 800여 명이 아산 부역혐의 사건으로 희생되었을 것으로 추정했다.

이 사건은 1950년 '9·28 수복' 이후 치안대가 조직되고 온양경찰이 복귀하면서 본격적으로 시작되었는데, 무차별적인 부역 학살 광풍으로 확대된 것은 1951년 '1·4 후퇴' 국면에서였다. 집단처형 장소들이 늘어났고, 희생 규모도 크게 확대되었다. 무엇보다 여성과 노인은 물론 갓난아이를 포함한 어린이까지도, 말 그대로 일가족 전체를 몰살시키는 방식으로 진행되었다. 심지어 때려서 죽이고 생매장하는 그야말로 참혹한 상황도 발생했다. 이런 지옥도를 만들었던 이유라는 게 일차적으로 부역자 낙인이었고, 부역 여부와 상관없이 그 가족들도 잡어 삼켰다. 일가족 몰살이라는 참변을 막기 위해 변호하는 친지와 그 가족들도 피해갈 수 없었다. 경찰 및 민간인 가해자들의 사적인 원한과 보복 감정, 기회주의적이고 사사로운 욕망도 작용했다. 그 감정과 원한은 이전의 신분과 지주-소작 계급 간 갈등으로 인했거나 마을 내 주민들 간 갈등에서 비롯된 것이기도 했다. 경찰이라는 국가권력은 이런 갈등을 부추기면서 우익 치안대를 절대적으로 비호했고 잔인한 대량 폭력을 활용하는 방식으로 질서를 유지하려 했다. 이념적인 좌우 대립은 이런 끔찍한 상황을 야기한 하나의 갈등 축에 불과했다.

이 지옥도는 2018년 충남 아산 배방읍 설화산 폐금광 인근(중리 산 86-1번지)에서 본격적인 유해 발굴 작업이 시작되면서 다시 확인되었다. 이미 충분히 국가가 그 책임을 방기한 상황에서 유족과 시민사회 중심의 유해 발굴 작업은 '기억투쟁'의 역사에서 이정표가 될 만한 일이었다. 유족들에게도 유해 발굴의 목적이 단지 억울하게 죽은 가족의 유해를 수습해 안장시키는 것에 그치지 않고 한 시대의 기억을 재구성해 현재에 투영하는 과정이라는 것을 어렴풋하게 깨닫는 계기가 되었다.*

그 다음은 아산 배방읍 공수리에 위치한 성재산이었다. 달라진 점이 있다면, 2020년 12월에 2기 진실화해위원회가 출범했고, 유족과 시민사회 중심에서 국가 주도 유해 발굴 사업으로 바뀌었다는 점이다. 2023년 3월 성재산 1-2부 능선에서 유해 발굴이 진행되었고, 일반 주민과 학생들로 보이는 62명의 희생자 유해가 발굴되었다. 본문 '65만 시간의 기다림' '나, A4-5' '중학생의 절규'에서 나오는 화자인 '완전 유해' A4-5와 A5-4가 충격적인 모습으로 세상에 등장했다. 성재산 유해 발굴은 2009년 진실규명 결정되었던 '배방면 사건'이 사실이었음을 증거했다.

이 책은 충남 아산의 곳곳에서 벌어진 부역혐의 민간인 희생사건과 관련한 많은 화자들의 이야기들이다. 총 50장 구성인 책에서 홀수 장은 발굴된 유해와 유품 은비녀, 부역자 학살 광풍의 생존자, 유가족,

---

*   노용석, 《국가폭력과 유해발굴의 사회문화사: '빨갱이'가 된 인간의 뼈, 그리고 유해발굴》, 산지니, 2018, 244~245쪽.

2009년에 처음으로 아산 부역혐의 사건의 조사보고서를 쓴 조사관 변지윤, 유해발굴단원, 심지어 학살 가해자인 신창면지서주임 유해진 등의 이야기들이 씨줄날줄로 엮이며 배치되어 있다. 짝수 장은 국유해 발굴을 진두지휘한 체질인류학자 박선주의 삶, 유해 발굴 현장에서 '본 헌터'로서의 신념과 활동을 유감없이 보여주고 있다. 이렇게 책을 구성한 이유로, 저자 고경태는 '충남 아산과 박선주의 이야기로 교차되며 전개된 '다크 투어'를 통해 죽음의 이유와 특징을 탐문하고, 죽고 죽이는 이야기의 여행을 통해 한국전쟁의 아주 작은 챕터 하나를 써보려고 했다'고 밝힌 바 있다. 참으로 소박한 변이 아닐 수 없다.

말을 할 수 없는 존재들의 이야기가 생생하게 들린다면, 그래서 이를 기억하고 사회적으로 기념할 수 있다면, 더 나아가 한국에서 벌어진 거대한 폭력의 역사를 대면하고 응답할 수 있게 한다면, 이는 인류학적·역사학적 상상력이 풍부한 이야기꾼인 저자 덕분이다. 이런 역할은 전문 연구자로도, 학술 논문과 연구서로도 따라 하기가 쉽지 않다. 이 책의 출간이 한국전쟁과 폭력 연구자들의 분발을 촉구하고 대중들의 관심을 환기할 수 있기를, 공공역사와 평화사의 관점에서 쓴 한국전쟁 이야기를 대표하는 책이 되길 바란다. 마지막으로 겨울의 이야기를 마치며 봄을 기다리는 저자의 바람이 이루어지길 간절히 소망한다.

ㄱ

갑재-맹갑재 · 190쪽

경모-차경모 · 121쪽

경식-정경식 · 166~171, 187쪽

경자-이경자 · 292쪽

경준-박경준 · 146~147쪽

경태-고경태 · 349쪽

경호-안경호 · 137~139,
   166~167, 169~170, 187쪽

경화-홍경화 · 77쪽

곡산 강씨-[확인 불가] · 206쪽

광동-김광동 · 6, 328쪽

광준-박광준 · 147쪽

구리하라-구리하라 테이키지(栗原
   貞吉) · 344쪽

구수-이구수 · 121쪽

국성-이국성 · 206~207쪽

권순-김권순 · 200, 202~203쪽

규갑-이규갑 · 274쪽

규남-[확인 불가] · 78~80쪽

규성-유규성 · 105쪽

규옥-이규옥 · 189쪽

기남-홍기남 · 239쪽

기문-홍기문 · 46쪽

기영-이기영 · 276, 278쪽

기왕-복기왕 · 163쪽

기홍-김기홍 · 161쪽

꽃님-박꽃님 · 232쪽

ㄴ

남화-홍남화 · 81~82, 337쪽

ㄷ

도노히라-도노히라 요시히코 ·
217, 226~230쪽
동주-윤동주 · 48~49쪽
두환-전두환 · 72쪽
두희-이두희(박데비) · 21~26,
181쪽

ㄹ

로벤-안토니우스 로벤(Antonius C.
G. M. Robben) · 251쪽

ㅁ

마오-마오 쩌뚱 · 281, 330~331쪽
마틴-루돌프 마틴(Rudolf Martin)
· 102쪽
만호-맹만호 · 189쪽
말숙-한말숙 · 212쪽
맹기스투-맹기스투 하일레 마리암
· 110~111쪽
명렬-이명렬 · 275쪽
명희-이명희 · 292쪽
묘숙-한묘숙 · 211~213, 216쪽

무사시-미야모토 무사시 · 37쪽
무섭-맹무섭 · 189~190쪽
무솔리니-베니토 무솔리니 ·
330~331쪽
무숙-한무숙 · 212쪽
무영-이무영 · 275쪽
문원-이문원 · 121쪽
문유-홍문유 · 78~79,
220~221쪽
뭉크-에드바르드 뭉크 · 38~39,
43쪽
민창-이민창 · 276쪽
민화-홍민화 · 68, 80, 221쪽

ㅂ

바-데이비드 바(David G. Barr) ·
300쪽
바스-윌리엄 바스(Willian M.Bass)
· 168쪽
박씨-[확인불가] · 79쪽
벽초 홍 선생-홍명희 · 46쪽
병진-유병진 · 90, 105쪽
병호-정병호 · 226~228, 230쪽
병회-김병회 · 121쪽
보경-최보경 · 332~333쪽
보선-윤보선 · 117쪽

복재-맹복재 · 189쪽

봉두-김봉두 · 121쪽

봉암-조봉암 · 261쪽

봉제-강봉제 · 93, 95쪽

봉희-유봉희 · 146쪽

비트브로트- 우르술라 비트브로트
　(Ursula Wittbrodt) · 288쪽

빈포드-루이스 빈포드(Lewis
　Binford) · 88, 128쪽

ᐱ

사범-홍사범 · 79쪽

사숭-홍사숭 · 79쪽

사억-홍사억 · 79쪽

사충-홍사충 · 79쪽

사학-홍사학 · 78~79쪽

상배-박상배 · 225쪽

상범-박상범 · 36쪽

상직-김상직 · 305쪽

상춘-박상춘 · 279쪽

상춘-하상춘 · 315, 319~320쪽

석열-윤석열 · 333, 354쪽

선주—박선주 · 7, 21~26, 33~37,
　45, 47~50, 57~62, 69~75,
　83~89, 98~103, 110, 112~114,
　123~129, 137~139, 141~142,
　152~155, 157~158, 166~171,
　181~185, 187, 197, 199, 202,
　211~217, 224~226, 228~230,
　238~239, 241~243, 252~254,
　256~257, 265, 267~268,
　271~272, 280~282, 284~285,
　288, 297, 300, 309, 311~314,
　322~327, 334~335, 337~342,
　350~356쪽

선준-박선준 · 146~147쪽

성균-신성균 · 121쪽

성모-신성모 · 92쪽

성무-이성무 · 147쪽

세광-문세광 · 36쪽

세영-이세영 · 275쪽

세준-박세준 · 146쪽

세진-나세진 · 73쪽

세화-홍세화 · 68, 80, 218쪽

셀라시에-하일레 셀라시에 ·
　110쪽

소룡-이소룡 · 35쪽

소선-이소선 · 170쪽

손 선생-손보기 · 45~50, 58, 71,
　73, 85~87, 101, 128, 267~268,
　342쪽

수현-박수현 · 99쪽

수홍-하수홍 · 316쪽

숙재-맹숙재 · 189쪽

순신-이순신 · 273쪽
스탈린-이오시프 스탈린 ·
330~331, 346쪽
승갑-최승갑 · 187, 197~201,
203쪽
승관-홍승관 · 220쪽
승만-이승만 · 93~94, 117~118,
121~122, 212, 274, 281, 295,
330~332, 354쪽
승완-홍승완 · 77, 80~81, 220쪽
승우-홍승우 · 77, 79~81쪽
시우-이시우 · 292쪽

ㅇ

아스파-바하니 아스파 · 110,
114쪽
아이작-글린 아이작(Glynn Isaac)
· 72쪽
안 의사-안중근 · 344~346쪽
애기-이애기 · 275쪽
약수-김약수 · 121쪽
억호-맹억호 · 190~194, 196쪽
에드먼드-라일리 에드먼드 ·
214~215쪽
에드워드-밥 에드워드(Bob E,
Edwards) · 284쪽

영선-홍영선 · 79쪽
영식-조영식 · 320쪽
영화-홍영화 · 77, 79쪽
오순-권오순 · 304쪽
오형-이오형 · 206쪽
옥순-홍옥순 · 79쪽
옥주-김옥주 · 121쪽
옥형-이옥형 · 206쪽
옥화-김옥화 · 292쪽
완민-손완민 · 93쪽
왕자-박왕자 · 213쪽
요한슨-도널드 요한슨 ·
112~113쪽
용길-서용길 · 116~117쪽
용석-이용석 · 171쪽
용술-최용술 · 34~36쪽
용재-맹용재 · 189쪽
용해-전용해 · 98쪽
우순-이우순 · 189쪽
우영-이우영 · 77~80, 275쪽
우직-김우직 · 306쪽
욱중-강욱중 · 121쪽
웅선-홍웅선 · 79~80쪽
웅재-맹웅재 · 147, 189~193,
195쪽
은재-맹은재 · 189쪽
원룡-김원룡 · 46~47쪽
위닝턴-앨런 위닝턴(Alan

Winnington) · 280, 282,
284~285, 288쪽
위트컴-리처드 위트컴 · 212쪽
유호-도유호 · 46쪽
육 여사-육영수 · 36쪽
윤원-박윤원 · 121쪽
윤호-황윤호 · 121쪽
을선-김을선 · 167, 169~170쪽
응렬-이응렬 · 273~274, 277쪽
이순-홍이순 · 79쪽
이토-이토 히로부미 · 344쪽
인순-홍인순 · 79쪽
인욱-황인욱 · 51쪽
인원-이인원 · 204쪽
일성-김일성 · 105, 330~332쪽
일환-노일환 · 121쪽
임순-[확인 불가] · 77쪽

ㅈ

장 선생-장준하 · 129, 137~143,
170쪽
장승-이장승 · 275쪽
장호-김장호 · 159, 337쪽
재국-이재국 · 279쪽
재규-김재규 · 36쪽
재만-이재만 · 275쪽

재원-김재원 · 46~47쪽
재한-정재한 · 118쪽
정기-박정기 · 170쪽
정-김정 · 306, 308쪽
정덕-김정덕 · 275쪽
정하-윤정하 · 231쪽
정희-박정희 · 71, 222, 278쪽
종률-이종률 · 275쪽
종열-김종열 · 99쪽
종옥-이종옥 · 275~279쪽
종철-[확인 불가] · 321쪽
종철-박종철 · 170쪽
주성-박주성 · 136, 146,
148~149, 189쪽
주순-박주순 · 149쪽
주연-박주연 · 149~150쪽
주호-박주호 · 148~149쪽
주화-박주화 · 145~146, 148쪽
중빈-임중빈 · 292쪽
익보-김익보 · 293쪽
진권-김진권 · 293쪽
중혁-배중혁 · 121쪽
중희-조중희 · 189쪽
지순-홍지순 · 79쪽
지윤-변지윤 · 175쪽
지철-차지철 · 36쪽
진욱-하진욱 · 318쪽

ㅊ

찬우-남찬우 · 120쪽

창봉-박창봉 · 337쪽

철규-[확인 불가] · 81쪽

춘성-이춘성 · 204, 209쪽

춘열-이춘열 · 242~243쪽

칠영-이칠영 · 147쪽

ㅋ

카다르-카다르(Father Cadars) ·
284쪽

크롱카이트-월터 크롱카이트 ·
47쪽

ㅌ

태규-최태규 · 121쪽

태육-최태육 · 258쪽

태인-김태인 · 340쪽

태일-전태일 · 170, 222쪽

태훈-박태훈 · 318쪽

ㅍ

폴-폴 포트 · 330쪽

필유-홍필유 · 79쪽

ㅎ

하월-프란시스 클라크 하월(Francis
Clark Howell) · 72, 74~75,
112쪽

한영-이한영 · 275쪽

한재-지한재 · 35쪽

해진-유해진 · 289, 293쪽

헌배-최헌배 · 49쪽

형보-길형보 · 183쪽

형직-김형직 · 305~306쪽

혜진-한혜진 · 224쪽

호권-장호권 · 139쪽

호선-[확인 불가] · 80쪽

화이트-팀 화이트 · 113~114쪽

환선-김환선 · 303, 305, 307쪽

환일-김환일 · 302, 304쪽

환진-김환진 · 307쪽

후사코-이마이 후사코(今井房子) ·
344쪽

후튼-어니스트 앨버트 후튼(Earnest
Albert Hooton) · 73쪽

홍수-김홍수 · 124쪽

홍식-박홍식 · 118쪽

히틀러-아돌프 히틀러 ·
  330~331쪽

이 연표는 한국전쟁 전후 민간인 학살 희생자 유해 발굴의 현황을
발굴 시작일 기준 시간순으로 정리한 것으로, '기간/ 장소/ 발굴 규
모/ 발굴 주체[실무 추진기관]/ • 비고' 순으로 기입했음을 밝힌다. 미
주는 모두 저자의 것이다.

       *   이 연표는 1·2기 진실화해위원회, 한국전쟁기 민간인학살 유해발굴 공동조사
단(이하 공동조사단) 등의 유해발굴 보고서와 국립부경대학교 산학협력단과 부경대학
교 글로벌지역학연구소가 만든 '유해매장 추정지 실태조사 및 유해발굴 중장기 로드맵
수립 조사용역 최종보고서 권역별 자료'를 종합하고 교차확인하여 작성했음을 밝힌다.
공동조사단은 2010년 12월 1기 진실화해위원회가 활동을 종료한 뒤 국가 차원의 유해
발굴조사가 멈추자 민간 차원에서 유해발굴을 위해 조직된 기구다.
       발굴된 유해는 국민보도연맹 및 예비검속사건과 부역혐의 희생자들인데 이 표에
서는 따로 구분해 표시하지는 않았다. 좌익과 인민군 등 이른바 적대세력에 의한 희생자
발굴은 결과가 없어 넣지 않았다. 이 밖에도 전남 여수시 봉계동 122-32(봉계동 야산,
큰골)에서 1980년대 이후 여수지역사회연구소에 의해 유해 2구를 발굴했다고 자료에
나와있으나 발굴연도가 불투명해 따로 넣지 않았다.

1960년대

◆ 1960년[*]   부산 금정구 선동 회동수원지 등 5개소/ 유해 713구[**] / 동
                     래유족회

[*]   1960년 5월23일 대한민국 4대 국회가 제35회 국회 제19차 본회의에서 '거창,
함양, 산청 등지의 양민학살사건 진상조사에 관한 긴급결의안'등을 통과시키고 3개 지
역의 진상조사반(경남·경북·전남)을 구성하여 그해 6월 10일까지 조사활동을 실시했
다. 이 국회조사 보고서는 민간인 학살로는 국가의 공식 경로를 통해 처음 조사한 사례에
속한다. 1961년 5 · 16 군사정변으로 한국전쟁기 민간인 학살 유해발굴은 더 이상 진행
되지 못했다.

    1960년의 조사는 짧은 조사기간(1960년 5월 31일~6월 10일)과 피해접수 기간
(1960년 6월 일~6월 4일) 그리고 경남북과 전남북만을 대상으로 설정했다는 점을 고려
할 때 상당히 불충분했다고 볼 수 있으며 조사된 사례들도 일부에 그치고 있다.

    유해발굴의 측면에서도 1960년 4대 국회의 활동은 전혀 전문적 유해발굴을 위한
사전조사 역할을 하지 못했다. 조사보고서에는 단순히 민간인 학살 사건이 발생했던 곳
의 지명만 언급되었고, 발굴을 위한 구체적인 계획 등에 대해서는 언급이 없었다.

    또한 2005년 한국전쟁 전후 민간인학살 진상규명 범국민위원회가 '한국전쟁 전후
민간인학살 실태보고서'를 내며 서울·인천·경기, 강원, 충북, 대전·충남, 대구·경북, 부
산·울산·경남, 전북, 광주·전남 등 8개 지역에서 668명이 희생됐다고 밝혔으나 이는 유
해매장 추정지 조사를 전혀 염두에 두지 않은 민간인학살 조사였다. 어느 지역에서 유해
발굴이 가능하고 어떤 방식의 발굴이 필요한가에 대해서는 전혀 언급이 없었다. (출처:
'유해매장 추정지 실태조사 및 유해발굴 중장기 로드맵 수립 조사용역 최종보고서'(국립
부경대학교 산학협력단, 부경대학교 글로벌지역학연구소, 2022년 7월))

[**]   동래컨트리클럽, 회동수원지 입구, 고리원자력발전소 뒤, 반송동 운봉부락,
해운대구 우동 산기슭 등지를 발굴하여 713구를 수습하고 1960년 부산 거제동 화지산
정상에 재매장했다고 한다.

1990년대

◆ 1995년 9월 24일   경기 고양시 일산동구 성석동 208-10 금정굴/ 유해
   ~10월 6일   153구·유품 814점/ 금정굴유족회

◆ 1998년~1999년   전남 여수시 호명동 산140-2 일대 야산*/ 유해 3구/ 여수
                    지역사회연구소

2000년대

◆ 2000년   경남 산청군 시천면 외공리 숯굴/ 유해 150여구 및 유품/
                    지리산 외공 양민학살 진상규명 추진위원회

◆ 2003년   경북 김천시 구성면 송죽리 산168 돌고개/ 일부 유골 발굴
                    뒤 재매장**/ 김천지역유족

◆ 2004년 5월 3일   경남 마산시 진전면 여양리/ 유해 163구·일부 유품/ 경
   ~6월 30일   남대 발굴팀

    * 이 사건은 한국전쟁 이전의 여순사건 시기인 1948년 11월경 종산국민학교에
수용됐던 부역 혐의자 100여 명을 국군이 야음을 틈타 인적이 없고 후미진 호명동 야산
일대에 끌고 가 며칠에 걸쳐 학살을 한 사건으로, 발굴 뒤 유해는 여수시립공동묘지에 안
장했다.
    ** 발굴한 유해를 처리할 방법이 없어 종이에 싸서 다시 그대로 땅에 묻었다고
한다. 당시 1매장지와 2매장지를 발굴했으나 2022년 기준, 유족회에서는 1매장지의 위
치만 알고 있는 상황이다. 구체적인 발굴기간과 발굴된 규모는 확인이 안 되고 있다.

◆ 2005년 7월 22일 　경기 고양시 일산동구 성석동 산208-10 금정굴/ 미발굴/
　~9월 21일 　　　고양시[충북대 중원문화연구소]

◆ 2007년 6월 18일 　전남 구례군 봉성산(봉성리)/ 유해 14구·유품 46점/ 1기
　~7월 17일 　　　진실화해위원회[한양대 박물관]

◆ 2007년 6월 25일 　경북 경산시 평산동 산40-12 코발트광산*/ 유해 107구·
　~9월 17일 　　　일부 유품/ 1기 진실화해위원회[경남대 박물관]

◆ 2007년 6월 25일 　대전 산내 골령골(동구 낭월동 13, 3·4·5·8지점)/ 유해
　~9월 22일 　　　34구/ 1기 진실화해위원회[충남대 박물관]

◆ 2007년 7월 6일 　충북 청주시 상당구 남일면 고은리 산69-13 분터골/ 유
　~8월 31일 　　　해 118구·유품 410점/ 1기 진실화해위원회[충북대 박
　　　　　　　　물관]

◆ 2008년 6월 25일 　전남 순천시 서면 압곡리 1044-1 구랑실재/ 유해 1구·
　~7월 3일 　　　유품 2점/ 한국도로공사

　　* 　코발트광산은 2001년 민간차원(경산코발트광산유족회, 경산시 민간인학살
대책위원회, MBC 〈이제는 말할 수 있다〉 보도팀 등)이 농수확보 차원에서 콘크리트로
막혀있던 제2수평갱도 입구를 다이너마이트로 폭파한 뒤 내부로 진입, 30여 구의 유해
를 수습하였으나 대부분의 유해는 그대로 방치한 채 발굴을 마쳤다. 2005년에도 경산
코발트광산유족회, 영남대학교 문화인류학과팀이 골프장 공사 직전 구제발굴 차원에서
경산시 평산동 대원골 일대 유해발굴을 실시해, 53구의 유해(제2수직갱도 3구, 대원골
50구)를 발굴해 코발트광산 인근 유족회 컨테이너에 보관해왔다. 이후 2023년 3월부터
7월까지 2기 진실화해위원회가 한빛문화재연구원에 경산 코발트광산 유해수습 용역사
업을 주어 유해 조각 1048점과 유품 12점을 수습했다.

◆ 2008년 7월 18일   경남 산청군 원리(시천면 원리 산10·산16-4·산20) 및
~10월 18일   외공리(시천면 외공리 214-1)/ 유해 257구·유품
                      1251점/ 1기 진실화해위원회[경남대 박물관]

◆ 2008년 7월 21일   경북 경산시 평산동 산40-12 코발트광산/ 유해 220구(추
~11월 4일   정)/ 1기 진실화해위원회[영남대 인문과학연구소]

◆ 2008년 7월 28일   전남 순천시 매곡동(179-54)/ 미발굴/ 1기 진실화해위원
~8월 9일   회[목포대 박물관]

◆ 2008년 7월 28일   충북 청주시 상당구 남일면 고은리 산74-3 분터골 및 지
~9월 28일   경골/ 유해 211구·일부 유품/ 1기 진실화해위원회[충북
                      대 박물관]

◆ 2008년 9월 19일   전남 진도군 의신면 구자도리 산91·산94 갈매기섬(갈명
~11월 9일   도)/ 유해 19구·유품 150점/ 1기 진실화해위원회[충북
                      대 중원문화연구소]

◆ 2009년 6월 10일   경남 진주시 문산읍 상문리 산312 진성고개(아랫법륜
~7월 30일   골·가늘골·웃법륜골)/ 유해 111구/ 1기 진실화해위원회
                      [경남대 박물관]

◆ 2009년 6월 12일   충남 공주시 상왕동 산29-5 살구쟁이/ 유해 317구·유품
~7월 20일   1170점/ 1기 진실화해위원회[충북대 박물관]

◆ 2009년 6월 15일   경북 경산시 평산동 산40-12 코발트광산/ 유해 42구(추
~10월 9일   정)/ 1기 진실화해위원회[영남대 인문과학연구소·20세

기민중생활사연구단]

◆ 2009년 6월 18일   전남 함평군 광암리(해보면 광암리 산22-5 등)/ 유해
  ~7월 13일   143구·유품 1048점/ 1기 진실화해위원회[순천대 문화유
                    산연구소]

2010년대

◆ 2011년 5월 3일   경기 여주시 세종대왕면 왕대리 933-15·943-2/ 유해
  ~5월 4일   33구·유품 29점/ 국방부 유해발굴감식단*

◆ 2013년 10월 14일   충남 공주시 상왕동 산29-5 살구쟁이/ 유해 80구·유품
  ~10월 25일   28점/ 공주시[충북대 중원문화연구소]

◆ 2014년 2월 24일   경남 진주시 명석면 용산리 산425-1 용산고개/ 유해
  ~3월 4일   39구(추정)·유품 90점/ 한국전쟁기 민간인학살 유해발굴
                   공동조사단

◆ 2014년 8월 21일   전북 익산시 망성면 화산리 금강변 갯벌/ 유해 49구/ 전북
  ~2014년 9월(추정) 지방경찰청 과학수사대·국방부 유해발굴감식단**

    *   2010년 '왕대리 골짜기에 전사자 유해가 매장됐다'는 마을 주민 제보를 받고
2011년 국방부 유해발굴감식단이 현장을 방문해 이틀에 걸쳐 발굴을 진행했으나 민간
인의 것으로 추정되는 유품이 출토됐다.
    **   애초 한국전쟁기 전투 과정에서 사망한 경찰 또는 국군의 유해로 추정하고
발굴했으나 민간인 유해로 판정돼 이후 업무를 행정안전부 과거사지원단으로 옮겨 재감

◆ 2015년 2월 23일   대전 산내 골령골(낭월동 13, 1지점)/ 유해 20구(추정)/
　~3월 2일   한국전쟁기 민간인학살 유해발굴 공동조사단

◆ 2016년 2월 25일   충남 홍성군 광천읍 담산리 산93/ 유해 21구·유품 30점
　~2월 29일, 3월 4일   / 한국전쟁기 민간인학살 유해발굴 공동조사단
　~3월 8일(추정)

◆ 2017년 2월 24일   경남 진주시 명석면 용산리 산425-1 용산고개/ 유해
　~3월 2일   38구·유품 33점/ 한국전쟁기 민간인학살 유해발굴 공동
　　　　　　　　　　　조사단

◆ 2018년 2월 20일   충남 아산시 배방읍 설화산(배방읍 중리 산86-1 뒷터골
　~5월 14일   폐금광)/ 유해 208구(추정)·유품 551점/ 아산시[한국전
　　　　　　　　　　　쟁기 민간인학살 유해발굴 공동조사단]

◆ 2018년 9월 28일   세종 연기면 산울리 257-2 비성골 일대 야산/ 유해 7구·
　~10월 중순   일부 유품/ LH세종본부[연기면 유해매장지 시굴조사팀]

◆ 2019년 3월 7일   충북 보은군 내북면 아곡리(아곡리 15-1, 산4)/ 유해
　~3월 17일   40구(추정)·유품 136점/ 충청북도[한국전쟁기 민간인학
　　　　　　　　　　　살 유해발굴 공동조사단]

◆ 2019년 5월 9일   충남 아산시 염치읍 백암리 49-2(탕정면 용두1리)/ 미발
　~5월 29일   굴/ 아산시[한국전쟁기 민간인학살 유해발굴 공동조사단]

식 뒤 유해를 세종 추모의 집에 안치시켰다.

◆ 2019년 5월 23일   충남 아산시 염치읍 백암리 96-4 새지기1(황골)/ 유해
~5월 28일, 6월 6일   6구(추정)/ 아산시[한국전쟁기 민간인학살 유해발굴 공
~6월 22일, 8월 28일   동조사단]
~9월 3일

◆ 2019년 10월 22일   전북 전주시 완산구 효자동 3가 산194-1 황방산/ 유해
~2020년 1월 22일   34구·유품 129점/ 전주시[전주대 박물관]

◆ 2019년 11월 11일   전북 전주시 덕진구 산정동 산41-1(소리개재)/ 미발굴/
~12월 6일   전주시[전주대 박물관]

2020년대

◆ 2020년 5월 26일   충북 청주시 상당구 남일면 두산리 423 여우골/ 유해
~6월 11일   1구·유품 2점/ 충청북도[한국전쟁기 민간인학살 유해발
굴 공동조사단]

◆ 2020년 8월 13일   충북 보은군 내북면 아곡리 42-2/ 미발굴/ 충청북도[한
~8월 21일   국전쟁기 민간인학살 유해발굴 공동조사단]

◆ 2020년 9월 4일   전북 전주시 덕진구 산정동 산41-1(소리개재)/ 미발굴/
~9월 23일   전주시[전주대 박물관]

◆ 2020년 9월 20일   대전 산내 골령골(동구 낭월동 13, 1지점 확장 발굴)/ 유해
~11월 20일   234구/ 행정안전부·대전동구청[한국전쟁기 민간인학살
유해발굴 공동조사단]

◆ 2020년 9월 26일   전북 전주시 완산구 효자동 3가 산194-1 황방산/ 유해
  ~11월 13일   44구·유품 84점/ 전주시[전주대 박물관]

◆ 2021년 3월 7일   충남 서산시 성연면 일람리 산163 메지골/ 미발굴/ 서산시
  ~3월 17일   [한국전쟁기 민간인학살 유해발굴 공동조사단·서산 유해
                 발굴추진위원회]

◆ 2021년 5월 5일   경남 진주시 명석면 관지리 산72/ 유해 19구(추정)·유품
  ~5월 14일   34점/ 동방문화재연구원

◆ 2021년 6월 7일   대전 산내 골령골(동구 낭월동 13, 1지점 확장 발굴)/ 유해
  ~11월 19일   962구/ 행정안전부·대전 동구청[한국선사문화연구원]

◆ 2022년 3월 25일   충북 단양군 영춘면 곡계굴/ 유해 50구/ 단양군[한국전쟁기
  ~4월 25일   민간인학살 유해발굴 공동조사단]

◆ 2022년 4월 27일   대전 산내 골령골(동구 낭월동 13, 1·2지점)/ 유해 191구·
  ~12월 13일   유품 1931점/ 행정안전부·대전 동구청[한국선사문화연
                 구원]

◆ 2022년 6월 7일   경남 진주시 집현면 봉강리 산83-7/ 유해 35구·일부 유
  ~6월 16일   품/ 진주시[역사문화재연구소]

◆ 2022년 6월 27일   경기 김포시 하성면 석탄리/ 일부 유해 조각/ 김포시[고려
  ~2022년 7월(추정) 문화재연구원]

◆ 2023년 2월 22일   경기 안성시 보개면 기좌리 309-6(장재울)/ 미발굴/ 2기
  ~3월 23일   진실화해위원회[한국선사문화연구원]

◆ 2023년 3월 6일   충남 아산시 배방읍 공수리 산110(성재산 교통호)/ 유해
  ~3월 28일   62구·유품 600점/ 2기 진실화해위원회[한국선사문화연
    구원]

◆ 2023년 3월 22일   경남 진주시 명석면 관지리 산174/ 유해29구·유품
  ~4월 17일   49점/ 2기 진실화해위원회[동방문화재연구원]

◆ 2023년 4월 11일   충남 아산시 염치읍 백암리 산96-4(새지기 2지점)/ 유해
  ~4월 21일   2구·유품 16점/ 2기 진실화해위원회[한국선사문화연구원]

◆ 2023년 4월 11일   충북 충주시 호암동 749-4(싸리재 2지점)/ 미발굴/ 2기
  ~5월 10일   진실화해위원회[한국선사문화연구원]

◆ 2023년 4월 12일   전북 전주시 완산구 효자동 3가 산194-1 황방산/ 유해
  ~6월 19일   100구(추정)·일부 유품/ 전주시[전주대 박물관]

◆ 2023년 5월 10일   충남 서산시 갈산동 196-4(갈산동 교통호)/ 유해 60구·
  ~6월 7일   유품 130점/ 2기 진실화해위원회[동방문화재연구원]

◆ 2023년 5월 22일   대구 달성군 가창면 용계리 산89-6/ 미발굴/ 2기 진실화
  ~6월 13일   해위원회[한국선사문화연구원]

◆ 2023년 10월 13일   충남 예산군 오가면 신석리 16-29/ 미발굴/ 2기 진실화해
  ~10월 18일   위원회[일영문화유산연구원]

◆ 2023년 10월 16일   서울 강북구 우이동 338번지/ 유해 15구·유품 30점/ 서
    ~10월 20일   울 강북구[삼한문화재연구원]*/ • 2기 진실화해위원회 보조
                         금 사업**

◆ 2023년 10월 30일   충남 아산시 배방읍 644·653·883/ 유해 21구·일부
    ~11월 24일   유품/ 2기 진실화해위원회[한국선사문화연구원]

◆ 2023년 11월 16일   충남 아산시 염치읍 산양리 558번지 우물터/ 유해 2구/ 아
    ~12월 8일   산시[더한문화유산연구원]/ • 2기 진실화해위원회 보조
                         금 사업

◆ 2023년 11월 16일   충남 아산시 염치읍 서원리 산97 동막골/ 유해 7구/ 아산
    ~12월 8일   시[더한문화유산연구원]/ • 2기 진실화해위원회 보조금
                         사업

◆ 2023년 11월 16일   충남 아산시 염치읍 백암리 49-1/ 미발굴/ 아산시[더한문
    ~12월 8일   화유산연구원]/ • 2기 진실화해위원회 보조금 사업

  *   앞서 2017년 11월 16일 이곳에서 인수천 옹벽 공사를 하던 노동자들이 땅속
에 묻힌 유해를 발견해 신고했는데, 강북경찰서와 국방부 유해발굴감식단이 나서 유해
6구를 수습한 결과 6세 어린이부터 60대까지 군인이 아닌 민간인들로 추정되는 유해가
나왔다. 국방부 유해발굴감식단은 남은 유해가 더 있다는 사실을 알고도 군이 법적으로
민간인 유해를 발굴할 권한이 없다는 이유로 추가 발굴 작업을 하지 않고 흙을 덮었다.
남은 유해들은 2023년 10월 공식 발굴되었다.
  ** 진실화해위원회 보조금 사업은 진실화해위원회가 각 지방자치단체에 교부
금을 지급해 유해발굴을 지원한 사업을 일컫는 것으로, 진실화해위원회가 직접 용역업
체를 선정해 유해발굴을 추진한 사업과 구분된다.

◆ 2023년 12월 18일   경기 여주시 북내면 신남리 산35/ 미발굴/ 2기 진실화해
  ~12월 22일   위원회[일영문화유산연구원]

본 헌터

© 고경태 2024

초판 1쇄 인쇄   2024년 1월 23일
초판 1쇄 발행   2024년 2월 5일

글   고경태
펴낸이   이상훈
편집1팀   이연재 김진주
마케팅   김한성 조재성 박신영 김효진 김애린 오민정

펴낸곳   (주)한겨레엔 www.hanibook.co.kr
출판등록   2006년 1월 4일 제313-2006-00003호
주소   서울시 마포구 창전로 70 (신수동) 화수목빌딩 5층
전화   02-6383-1602~3 | 팩스 02-6383-1610
대표메일   book@hanien.co.kr

ISBN   979-11-7213-000-8 03300

* 책값은 뒤표지에 있습니다.
* 파본은 구입하신 서점에서 바꾸어 드립니다.